UNE POIGNÉE
DE
VÉRITÉS

MÉLANGES PHILOSOPHIQUES

PAR

ALPHONSE KARR

> Un sage disait : « Si j'avais la main pleine de vérités, je me garderais bien de l'ouvrir. »
> Le titre de ce volume prouve que je ne suis pas du même avis... peut-être parce que je ne suis pas aussi sage.

NOUVELLE ÉDITION

PARIS

MICHEL LÉVY FRÈRES, LIBRAIRES ÉDITEURS

RUE VIVIENNE, 2 BIS, ET BOULEVARD DES ITALIENS, 15

A LA LIBRAIRIE NOUVELLE

—

1866

Tous droits réservés

AU GÉNÉRAL

EUGÈNE CAVAIGNAC

Un Sage disait : « Si j'avais la main pleine de vérités, je me garderais bien de l'ouvrir. »

Le titre de ce volume prouve que je ne suis pas du même avis, — peut-être parce que je ne suis pas aussi sage. — Voilà pour le fonds.

Voici maintenant pour la forme.

Il y a des gens qui pensent que l'on n'a raison que lorsqu'on est froid, lourd, empesé et ennuyeux. Ils débitent des mensonges, des niaiseries et des lieux communs avec des habits de couleur sombre et des mines refrognées ; et, parce que leurs sottises récitées sérieusement ne font rire que les autres, ils se croient des hommes forts et capables. Ils traitent de léger tout ce qui s'élève, et médisent des esprits hospitaliers dans lesquels la vérité entre nue pour en sortir parée. Par avarice ou par pauvreté, cette parure les irrite, et ils ne reconnaissent pour la vérité que celle qui s'enrhume dans leurs froides cervelles.

L'esprit n'est rien autre que la raison ornée et armée.

« *Ride si sapis*, — disait Martial. — Riez si vous êtes sages. »

« Il ne suffit pas, dit Horace, de prendre un air farouche et de s'habiller mal comme Caton pour avoir les vertus de Caton. »

» Il y a beaucoup de choses dont on doit se moquer, dit Tertullien ; c'est à la vérité qu'il appartient de rire : elle est sereine et gaie ; elle se joue de ses envieux parce qu'elle est sûre de la victoire. »

Platon, Diogène, Socrate, saint Jérôme, saint Grégoire de Nazianze, aimaient à donner à leur pensée une forme vive, spirituelle et gaie. — Le pape Benoît XIV était un grand diseur de bons mots.

« La philosophie est gaye, dit Montaigne, elle n'a pas la mine triste et transye. — C'est à ceux qui cherchent si le verbe grec *ballô* a deux l au futur à se rider le front. Quant aux discours de la philosophie, ils ont accoutumé d'égayer et resjouir ceuls qui les traictent, non les renfrogner et les contrister. »

« Il y a bien des gens que la sagesse conduit aux *Petites-Maisons*, » disait le prince de Ligne.

La gravité fatice est l'étui des sagesses fragiles ou empesées, qui se briseraient au moindre choc ou se chiffonneraient et se friperaient à l'air.

Ne nous laissons pas enfermer dans l'antre de Trophonius, qui, disent les anciens, produisait cet effet singulier, que ceux qui en sortaient ne riaient dès lors jamais du reste de leur vie.

Il y a des gens en grand nombre qui, malgré leur air satisfait d'eux-mêmes, se sentent justiciables de la gaieté, et ont une sorte de conscience qui leur dit que leurs mauvaises actions et leurs mauvaises intentions ont un côté ridicule.

D'ailleurs, c'est ainsi que je suis fait ; il y a longtemps que j'ai écrit :

> Et Minerve n'osa sortir que bien armée
> Du cerveau paternel.

C'est ma forme ; je ne puis ni ne veux la changer.

Les livres musulmans racontent que Mahomet se trouva un jour avoir affaire au ciel. Il ne savait comment s'y transporter. — Il vint des anges qui lui offrirent les voitures usitées en pareille occasion ; mais il refusa les chars, les serpents ailés, les hippogriffes, etc. — Je suis accoutumé à mon âne, dit-il, je ne veux pas changer de monture ; ou j'irai au ciel sur mon âne, ou je n'irai pas au ciel. » Les anges durent passer par où il voulut.

UNE POIGNÉE
DE VÉRITÉS

I

I. — Où l'on établit — que la sagesse humaine est une folie prétentieuse — que les vices valent mieux que leur réputation — et que le Créateur n'est ni un méchant ni un idiot, ainsi que le prétendent la plupart des moralistes.

Un prince un jour s'égara dans une forêt en poursuivant un cerf. — Le gros de sa suite l'avait perdu, et il n'avait avec lui que son écuyer et son maître d'hôtel. Après mille tours et détours, le prince déclara qu'il était fatigué et qu'il mourait de faim : aussi découvrit-on une cabane de bûcheron avec une joie que n'avait jamais causée la vue des plus somptueux palais.

L'écuyer et le maître d'hôtel entrèrent dans la cabane et ne tardèrent pas à ressortir — le premier avec un banc sur lequel le prince descendit de cheval et ne se fit pas prier pour s'asseoir, le second avec une table.

— Qu'avez-vous à nous donner à manger? bonhomme, dit le prince au bûcheron.

— A peu près rien, dit le bûcheron.

— Alors donnez-nous-le bien vite avant que notre appétit s'accroisse encore.

— Mais ça a besoin d'être préparé. Je n'ai que des pommes de terre crues.

— Pour ce qui est de préparer n'importe quoi, voici notre maître d'hôtel qui prétend s'y entendre, conférez-en avec lui.

Le maître d'hôtel demanda quelques instants de réflexion. Il s'écarta soucieux sous les arbres et revint auprès du prince.

— Eh bien! avez-vous trouvé moyen de nous faire un repas?

— Prince, dit le maître d'hôtel, j'ai réfléchi qu'il est bien malheureux que ces pommes de terre ne soient pas des truffes, et que nous n'ayons pas un dindon dans lequel je les glisserais. Il est vrai qu'il faudrait aussi que nous ne fussions pas aussi pressés et que Votre Altesse voulût bien accorder au moins huit jours au dindon avant qu'il eût l'honneur d'être mangé par elle, pour qu'il pût imprégner loyalement ses chairs du parfum savoureux des truffes...

Le prince l'interrompit.

— Si vous venez me faire la nomenclature de tout ce que nous pourrions manger si nous l'avions, ce sera long et peu nourrissant. — On dit que nous n'avons que des pommes de terre, c'est donc avec des pommes de terre qu'il faut me faire à dîner.

— Rien n'est plus sage que le raisonnement de Votre Altesse, dit le maître d'hôtel, et je ne lui demande que cinq minutes, pour chercher comment je vais lui accommoder ce modeste repas.

Le maître d'hôtel alla encore rêver sous les arbres — puis il revint.

— Prince, j'ai notre affaire — puisque nous n'avons que des pommes de terre, il faut faire un plat de pommes de terre, mais il y a quatre-vingt-trois manières d'accommoder les pommes de terre. C'est donc à moi, par mon art, de donner en saveur à ce mets ce qu'il ne dépend pas de moi de lui donner en variété. Entre les quatre-vingt-trois manières connues d'accommoder les pommes de terre, j'ai décidé que je vais vous faire des pommes de terre à la polonaise.

Puis, se récitant la recette à lui-même à demi-voix :

« Vous prenez des pommes de terre ; vous les faites cuire dans l'eau avec du sel, vous les pelez, vous les coupez par tranches, et vous les servez pour une sauce blanche aux câpres avec des cornichons coupés par petits morceaux et des filets d'anchois. »

— Bonhomme, dit-il au bûcheron, vous allez me donner ce qu'il me faut pour la sauce blanche ; d'abord, du beurre.

— Je n'en ai pas, dit le bûcheron.

— De la farine ?

— Je n'en ai pas.

— Deux œufs ?

— Je n'en ai pas.

— Et des câpres, et des cornichons, et des filets d'anchois ?

— Je n'en ai pas.

— Diantre ! dit le prince.

— Il n'y pas moyen d'apprêter les pommes de terre à la polonaise, alors, dit le maître d'hôtel, et c'est bien malheureux : comment peut-on n'avoir ni anchois, ni beurre, ni œufs !

Il réfléchit un moment, puis il dit :

— Allons ! faisons simplement des pommes de terre en boulettes. Ah ! fichtre... pardon, Altesse... c'est que je pense que, pour les pommes de terre en boulettes, il faut quatre œufs, de la crème, de la muscade. Il faut encore renoncer aux pommes de terre en boulettes, c'est pourtant un mets excessivement simple et assez agréable. Cherchons autre chose.

L'écuyer impatienté disparut.

Le maître d'hôtel passa en revue d'autres façons de plus en plus simples d'accommoder les pommes de terre, mais il manquait toujours quelque chose au bûcheron, qui n'avait que des pommes de terre.

— C'est dommage, disait-il, ça serait excellent.

Le prince commençait à se fâcher.

— Eh bien ! dit le maître d'hôtel — faisons un plat horriblement vulgaire, un plat qui n'a jamais osé paraître sur la table de Votre Altesse — des pommes de terre frites ! veuillez les excuser et moi aussi. — Bonhomme, dit-il au bûcheron, allons, promptement une poêle et de la graisse.

— Je n'ai pas de poêle, et je n'ai pas de graisse, dit le bûcheron.

— Comment se fait-il, dit le maître d'hôtel en colère, que vous n'ayez ni poêle ni graisse ? J'ai vu des gens pauvres, mais il faut qu'à la pauvreté vous joigniez du désordre et quelque vice pour n'avoir pas des choses aussi peu coûteuses et aussi indispensables !

— Ah ! maître d'hôtel, s'écria le prince, c'est trop fort ! Eh quoi ! non-seulement vous ne me faites pas à manger quand je meurs de faim, mais encore vous me débitez des discours ennuyeux ; — je vous admets, dès aujourd'hui, à faire valoir vos droits à la retraite et à vous retirer dans vos terres, car on m'a dit que vous êtes devenu très-riche.

— Altesse, j'obéirai avec douleur et respect, et, malgré la rigueur de votre décision, je ne me rappellerai que vos bienfaits dans ces terres que je dois à votre munificence; mais il n'en est pas moins vrai que, si vous ne pouvez faire un repas aujourd'hui, la faute en est à cet homme qui manque des ustensiles et des denrées les plus vulgaires et les plus nécessaires à la vie.

— La faute en est à vous, dit le prince, qui n'avez pas eu le bon sens de vous dire : « Puisque je n'ai que des pommes de terre, il ne faut pas m'obstiner à faire une dinde truffée, ni toutes sortes de mets savoureux dont je n'ai pas les éléments. » — Pourquoi, au lieu de quereller ce bonhomme qui nous donne de bon cœur tout ce qu'il possède, ne querellez-vous pas les pommes de terre de ce qu'elles ne sont pas des côtelettes d'agneau ou des filets de chevreuil?

— Mais, prince...

— Mais, maître d'hôtel...

Ici le prince allait, sans aucun doute, pulvériser le faible raisonnement du maître d'hôtel et lui démontrer de la façon la plus humiliante pour le maître d'hôtel et la plus triomphante pour lui-même, que tous les torts étaient de son côté.

Mais l'écuyer survint, qui, par son seul aspect, démontra les torts et l'absurdité du maître d'hôtel plus victorieusement encore que n'aurait pu le faire la faconde du prince, si toutefois j'ose émettre cette opinion un peu hardie.

Tandis que le maître d'hôtel imaginait des perfections impossibles à donner aux pommes de terre, tandis que le prince faisait à l'écuyer de magnifiques discours contre la folie du maître d'hôtel, il s'était glissé dans la cabane, et il avait tranquillement fait cuire les pommes de terre sous la cendre chaude du foyer, et il les apportait toutes fumantes.

Et le prince dit souvent depuis qu'il n'avait de sa vie fait un meilleur repas — et il ôta de son cou le collier de l'Éléphant bleu, l'ordre le moins prodigué de ses États, et il le passa au cou de l'écuyer, — et toujours depuis il l'appela à ses conseils dans les circonstances difficiles.

Je suis de l'avis du prince — l'écuyer était un homme sage. — Pour le maître d'hôtel, il ressemblait à un armurier qui ferait des casques, des hauberts et des cuirasses à la taille des géants, et qui voudrait les vendre à des hommes en leur soutenant que ça leur va très-bien, et qu'il serait honteux à eux de se reconnaître petits, fluets, malingres, en en mettant d'autres; à un architecte qui ne ferait pas de portes à une maison et soutiendrait au propriétaire qu'il a des ailes et qu'il peut bien entrer par la fenêtre.

Il faut que l'homme se voie tel qu'il est, et qu'il ne s'impose pas des tâches au-dessus de ses forces, car cela n'a qu'un seul résultat : c'est qu'il regarde le fardeau, tourne à l'entour, le pèse du regard, le déclare trop lourd et s'assied en face; si la charge était divisée en deux, il la mettrait résolûment sur ses épaules.

> Avec des airs pédants et des mines fâchées,
> Des philosophes faux prêchent d'un ton cagot
> De rigides vertus en si haut lieu juchées,
> Qu'on renonce d'y tendre, — et qu'on se dit bientôt :
> L'homme est né trop pesant pour s'élever si haut.

Je connais un jeune homme merveilleusement doué, et qui se tourmente néanmoins, quoiqu'il soit le meilleur des hommes, de ne pouvoir atteindre à la hauteur des théories de la sagesse et de la vertu.

— Que je voudrais, dit-il quelquefois, qu'il ne fût pas si difficile et si ennuyeux d'être sage!

Aussi les sages de profession sont semblables aux marchands de cette fade tisane appelée coco, que l'on vend sur les boulevards de Paris au prix de deux liards le grand verre, et ils font, à pleins poumons et avec accompagnement de clochette, un éloge magnifique de leur tisane ; mais lorsqu'à force de la préconiser ils se sont desséché le gosier, ils ne s'avisent pas de boire à leur fontaine et vont se désaltérer chez le marchand de vin du coin, auquel ils donnent en échange de son vin le prix qu'ils ont retiré **de leur coco**; de même ces gens qui vendent la sagesse **et qui étalent** pompeusement les vertus à la montre de leur **boutique** se régalent dans l'arrière-boutique de choses plus **humaines**, qu'ils achètent au moyen des bénéfices de leur commerce.

Notez que je parle ici des philosophes et des sages de bonne foi, ou du moins des sages et des philosophes naïfs. Je parlerai des autres quand je dirai pourquoi on a inventé la sagesse, et à quoi elle sert en réalité.

Pour ce qui est de la sagesse des livres et des discours publics, connaissez-vous quelqu'un qui la pratique ? — Au point de vue, à la mesure de cette sagesse, nous sommes donc tous des coquins et des fous. — Il me paraît prouvé, après tant de siècles et de discours envolés, et tant d'hectares de papier noirci, que l'homme ne peut changer et ne changera pas, — et qu'alors, pour ne pas l'humilier, il faut que ce soit la sagesse qui change ; — il faut lui faire une sagesse possible et des vertus à sa taille.

Je ne connais pas l'ambroisie. Linnée prétendait que c'est l'odeur du réséda. Je ne dis pas de mal de l'ambroisie, et j'aime beaucoup l'odeur du réséda ; mais, si l'on voulait faire croire à un homme qu'il est Dieu, et qu'on lui servît, sous ce prétexte, à déjeuner et à dîner uniquement le parfum du réséda, je suis sûr que, lorsque viendrait l'heure du souper, il croirait faire une excellente affaire s'il trouvait à vendre, comme Ésaü, non pas son droit d'aînesse, mais sa divinité, pour un plat de lentilles.

De même, c'est pour l'homme un mets excellent que des côtelettes de mouton, mais donnez-en pour nourriture à un chardonneret ou à un poisson, et vous verrez combien de temps ils vivront avec ce régime.

Je déclare donc la sagesse ancienne parlée, mais non pratiquée jusqu'à ce jour, la sagesse théorique, une chose inapplicable et non-seulement inutile, mais encore dangereuse, en ce qu'elle décourage les gens, les dispense et les empêche de suivre une sagesse plus facile et plus humaine.

Me voici au second point de mon discours; mais la démonstration est encore plus courte, et surtout plus facile :

— Établir que le Créateur n'est ni méchant ni idiot, ainsi que le prétendent les moralistes qui m'ont précédé.

Je ne me représente pas Dieu sans la toute-puissance, et j'ai souvent blâmé, à part moi, les professeurs de religion qui, en instruisant les enfants, leur disent que Dieu ne peut pas faire qu'un triangle n'ait pas trois angles, et qu'un carré n'ait pas quatre côtés. Entre hommes, c'est une vérité incontestable, mais, de l'homme à Dieu, il faut reconnaître que Dieu s'est réservé la vérité, et ne nous a permis que des opinions.

Je ne sépare pas de l'idée de Dieu l'idée de la toute-puissance; eh bien! je crois que nous sommes précisément ce que le souverain maître a voulu que nous fussions — ni meilleurs ni plus mauvais; — il y a certaines choses qu'il ne veut pas que nous fassions, nous ne les faisons pas — nous ne pouvons rien déranger dans l'ordre éternel de la nature; nous ne pouvons pas plus anéantir une seule goutte d'eau que décrocher une étoile.

Il y a dans les livres un point de départ qui est la cause de bien des erreurs et de bien des sottises : — c'est que le monde a été fait pour la commodité et les plaisirs de l'homme. Ainsi vous le voyez, avec une adorable naïveté, rechercher l'utilité de certains êtres ou de certains objets qu'il ne peut ni manger, ni asservir, ni employer, et il croit faire preuve d'indulgence envers Dieu en ne le chicanant pas sur la création faite un peu à l'étourdie de ces êtres et de ces objets.

L'homme, le premier dans l'échelle de la vie, quoique plusieurs animaux l'emportent sur lui par le développement de certaines facultés, l'homme n'en est pas moins un des agents chargés de la conservation de l'ordre éternel fixé par le souverain maître. L'homme n'a pas un besoin, un goût, une passion, un plaisir, qui ne le fasse concourir à ce but. Donnons-en un seul exemple, parce que nous aurons à en développer d'autres plus tard.

Qu'un ingénieur habile fasse une mécanique : il faut la graisser et l'entretenir, la réparer et la remplacer quand elle est usée. Il faut remonter une montre ou une pendule.

Dans ces nécessités paraît l'infériorité de l'homme, quelque habile qu'il soit, et aussi dans la recherche, devenue ridicule à force d'impossibilité, du mouvement perpétuel. Eh bien ! l'homme est l'exemple d'une mécanique bien autrement belle que celle que son génie peut créer. Figurez-vous une horloge qui se remonterait elle-même, avec régularité, avec plaisir, avec passion même; empêchez cette horloge de se remonter, elle imaginera les moyens les plus ingénieux pour y réussir malgré vous. Ladite horloge même ne reculera pas devant le crime, parce que, si le crime enfreint une loi des hommes, il y a une loi de l'horloger qui lui ordonne de se remonter.

Cette horloge, c'est l'homme, il se remonte par la nourriture deux ou trois fois par jour — il croit obéir à un besoin, à un goût, à un plaisir, à la gourmandise : il obéit à une loi immuable ; il croit manger, il se remonte.

Si la machine a besoin de réparations, elle est malade, elle souffre — elle souffre aussi si elle s'expose à se casser, et c'est encore avec empressement, avec joie, avec passion, qu'elle se fait à elle-même les réparations nécessaires.

Cependant elle doit finir par s'user ; elle a des goûts et des passions qui font qu'elle est enchantée de s'user. Enfin, elle doit laisser après elle une machine nouvelle qui puisse fonctionner à sa place.

Eh bien ! l'homme a encore une passion contre laquelle il fait parfois de gros livres — c'est avec une ardeur invincible qu'il s'occupe de cette machine qui doit remplacer la machine qu'il est, quand ses rouages seront usés et hors de service. — Cette passion est l'amour, et l'homme se figure que c'est pour son plaisir uniquement qu'elle lui a été donnée !

C'est ainsi que par le plaisir, par la douleur, il est renfermé inexorablement dans un cercle de devoirs et de corvées.

C'est en vain que, les premiers législateurs et les maîtres des hommes ont prétendu faire de Dieu une sorte de commissaire de police chargé de faire respecter les lois qu'il leur plairait d'établir, et qu'ils ne lui ont pas même refusé l'écharpe, insigne de ses fonctions, en faisant jouer à l'arc-en-ciel un rôle quasi politique, et en lui faisant proclamer l'amnistie.

Les gens qui regardent par leurs propres yeux, et qui n'ont pas la vue trop courte, savent que le Créateur n'a pas permis à une des créatures qu'il a jetées sur un des plus petits mondes qui gravitent dans l'espace où il les a semés d'entrer en révolte contre lui et de braver les lois suprêmes.

De longues et constantes méditations dans la solitude m'ont amené à prendre mon parti sur tout, et c'est à ce point de quiétude et de calme que je prétends vous amener si vous ne vous effarouchez pas des prémisses de ma démonstration.

Il faut nous défendre contre nos co-hommes, mais nous épargner les discours parlés et écrits contre leurs passions et leurs défauts, passions et défauts non-seulement permis, mais encore ordonnés, créés par le souverain dominateur, dans le but de la conservation de l'ordre qu'il a établi le jour où il lui a plu de peupler l'étendue de ces mondes innombrables dont quelques-uns sont si loin de nous, que la lumière des soleils qui les éclairent ou la lumière qu'ils réfléchissent n'est pas encore parvenue jusqu'à nous depuis la création de notre monde, quoique cette lumière, comme le doit toute lumière honnête, ait toujours, depuis cette époque, parcouru trois cent dix mille deux cents kilomètres par seconde.

Je vous laisse le plaisir des calculs et de la multiplication. — C'est ce qui fait que des gens, parfois, prétendent découvrir des planètes et sont à ce sujet couverts d'honneurs et de pensions, tandis qu'il a suffi d'avoir le nez en l'air par hasard au moment où la lumière de ces planètes éloignées arrivait enfin jusqu'à nous.

Partant donc de ce double principe, que la sagesse prêchée jusqu'ici par les hommes n'a pas le sens commun — et que le Créateur est tout-puissant et parfaitement raisonnable, je prétends vous réconcilier avec l'homme et vous délivrer du ridicule que nous avons tous de croire que tous les humains — excepté nous — sont de criminels gredins.

Je termine en priant les gens faciles à s'étonner de

prendre provisoirement ce qui précède et ce qui suivra pour une plaisanterie — j'autorise les autres à n'en rien faire.

II. — Autre apologue. — Jupiter déménage.

Nous allons examiner maintenant pourquoi on a inventé la sagesse — qui est-ce qui l'a inventée — à quoi elle sert à ceux qui la pratiquent et à ceux qui la prêchent — puis nous verrons quelle doit être l'opinion de Jupiter à l'égard des prières et des vœux des mortels ; et autre chose encore.

Un jour que j'étais allé voir Pradier dans une cave de l'Institut qui lui sert d'atelier, et que son praticien m'avait dit qu'il était absent et reviendrait dans une demi-heure, — je commençai par l'attendre ; mais le soleil, que je voyais par un soupirail, briller au dehors, ne tarda pas à me persuader que, si je restais dans cette cave, j'allais, moi aussi, devenir en marbre, et je pris le parti de flâner sur le pont des Arts, en songeant que, malgré la grande réputation qu'il a bien fallu accorder à Pradier, on attendrait sans doute qu'il fût mort pour dire tout haut que c'est tout simplement un sculpteur de la force de Praxitèle, avec lequel il a, du reste, tant de rapports, que je le suppose d'une même famille, dont le nom a été altéré dans la terminaison par le temps et par les traducteurs.

Il y avait à l'angle du quai et du pont des Arts un bouquiniste qui avait sur le parapet étalé au soleil sa bibliothèque dépareillée. — J'ouvris un livre au hasard, et je tombai sur une sorte d'apologue — à la fin du volume, qui était lui-même un second volume ; l'apologue n'était pas terminé, et le volume suivant n'existait pas ; — néanmoins cet apologue me resta dans la mémoire, et il me revient aujourd'hui précisément au moment où je veux dire ce que c'est que la sagesse — c'est-à-dire on ne peut plus à propos — du moins selon moi.

« Il y avait, du temps des païens, un petit peuple qui habitait une petite île de la mer Baltique. Ce peuple était le plus altéré des peuples. Mais Odin, c'est le nom que les gens du Nord donnaient en ce temps-là au Créateur du monde, Odin y avait pourvu, et Thor, fils d'Odin et de Frigga, leur avait appris à cultiver l'orge et le houblon et à faire de la bière.

» Non-seulement ce peuple faisait assez de bière pour apaiser sa soif, mais encore il pouvait, chaque année, en vendre un peu aux habitants d'une île voisine, qui lui donnaient en échange des jambons fumés et des saucisses. — Le commerce appartenait à une certaine classe de gens qui prélevaient sur la récolte d'orge et de houblon la quantité nécessaire pour l'échange à faire avec les voisins ; puis ils vendaient dans l'île les denrées salées qu'ils recevaient. Or, le jambon fumé et les saucisses avaient augmenté la moyenne de la soif du pays. L'île était fort petite ; il n'y avait pas moyen d'augmenter la culture de l'orge et du houblon. On imagina la petite bière, c'est-à-dire qu'avec la même quantité de houblon et d'orge on augmenta la production de la bière au moyen d'une plus grande quantité d'eau. C'était beaucoup moins bon, mais ça désaltérait, et c'était le principal. On ne tarda pas à s'y accoutumer, à l'exception de ceux qui l'avaient inventée, et qui, pour prix de leur invention philanthropique, s'étaient réservé sur la récolte annuelle le prélèvement d'une certaine quantité de bière fabriquée suivant les anciens rites.

» Tout allait donc passablement dans l'île, et, à diverses époques de l'année, on célébrait des fêtes en l'honneur d'Odin et de son fils Thor, pour les remercier d'avoir donné la bière à un peuple aussi altéré.

» Mais ceux qui avaient inventé la petite bière étaient des esprits ingénieux qui ne devaient pas s'arrêter là; en effet, ils ne tardèrent pas à inventer en sens contraire l'ale d'abord, et ensuite le porter. C'était meilleur; mais, avec ce qu'on récoltait d'orge et de houblon, il n'y avait pas moyen de faire de l'ale et du porter pour tout le monde; bien plus, pour en faire seulement pour les inventeurs, qui ne voulaient plus et ne pouvaient plus s'en passer, il fallait prendre sur la petite bière. Après avoir longtemps cherché, on forma une association ayant pour double but de boire du porter et de l'ale et d'en prêcher l'abstinence aux autres. On commença en conséquence à établir que la soif n'était pas aussi innocente qu'elle en avait l'air et qu'on l'avait pensé jusque-là; que c'était une épreuve à laquelle Odin soumettait les hommes, et que ceux-là lui faisaient un très-grand plaisir qui savaient résister à leur soif. Les hommes forts, disait-on, les hommes vertueux, les hommes selon le cœur d'Odin, les hommes qui sont, à proprement parler, l'image d'Odin sur la terre, ne boivent pas du tout; en vain ils mangent du jambon fumé et des saucisses, ils savent triompher d'une soif immonde dont les autres hommes sont les esclaves.

» Nous ne pensons pas que tous les mortels soient appelés à ce point de perfection, — mais il est, à un degré inférieur, d'autres moyens d'attirer sur soi les regards bienveillants de l'époux de Frigga. D'abord ne satisfaire sa soif qu'à moitié, et ensuite mettre beaucoup d'eau dans sa bière. Plus on mettra d'eau dans sa bière et moins on en boira, et plus on passera pour un homme vertueux, et plus on jouira de l'estime et de la considération publiques.

» Au commencement, ces prédications eurent un grand succès. Quelques personnes mirent un peu d'eau dans leur petite bière, d'autres en mirent beaucoup, d'autres ne firent que mettre un peu de petite bière dans leur eau — d'autres ne burent que de l'eau, d'autres se mirent à ne pas boire du tout. — Parmi ces derniers les uns moururent, mais, ce qui est pis, c'est que les autres vécurent également enragés. Ces derniers et les autres furent honorés à triple carillon, les morts compris. — On fit d'eux des éloges publics ; on leur donna des cordons de toutes couleurs, des dignités de toutes sortes — et on but énormément d'ale et de porter en leur honneur sous forme de libations, comme on a fait en l'honneur des dieux. Mais rien n'est éternel, et cet ordre de choses ne put durer. On ne tarda pas à découvrir que ceux qui prêchaient si fort contre la soif buvaient du porter dans des verres énormes, ce qui leur permettait de guérir leur soif par le moyen le plus radical, et ensuite de jouir par le monde de tous les honneurs attachés à la réputation de ne boire par jour qu'un verre de bière.

» Le procédé fut jugé ingénieux, et trouva facilement des imitateurs ; mais, en même temps que beaucoup de gens eurent des grands verres, on vit augmenter dans la même proportion le nombre de ceux qui louaient la résistance à la soif et récitaient des invectives contre ceux qui satisfaisaient cette passion honteuse ; — puis graduellement on en vint à ceci, que tout le monde eut des grands verres et que tout le monde prêcha l'abstinence, et que tout le monde but de l'ale et du porter autant qu'il s'en put procurer, et que ce ne furent plus ceux qui s'abtenaient de boire qui recevaient les honneurs et les dignités, mais ceux qui prêchaient le mieux contre la soif, se réservant de satisfaire de la façon la plus complète et la plus agréable leur soif particulière du produit des injures débitées par eux contre la soif des autres. »

Le volume finissait là, et l'auteur disait : « Nous vous dirons dans le volume suivant ce qui arriva de tout ceci. »

Mais le volume suivant ne se trouva ni à l'étalage du bouquiniste ni à celui d'aucun autre, de sorte que je n'achetai pas le livre dépareillé, ce que je regrette aujourd'hui que je suis forcé de citer de mémoire.

Un autre exemple : deux hommes se prennent de querelle.

—Lâche! dit l'un des deux, tu as un bâton! pose ton bâton.

L'homme armé pose son bâton, que l'autre prend pour le rosser avec.

Au commencement des sociétés, les hommes ont été chasseurs. Les animaux des forêts leur ont fourni longtemps la nourriture de toute l'année, et les habits d'hiver, — les feuilles de figuier n'ayant jamais été qu'un costume d'été. Les hommes sont toujours chasseurs, — c'est-à-dire que chaque homme doit attraper de façon ou d'autre sa nourriture et ses vêtements, et la nourriture et les vêtements de sa femme ou de ses femmes, selon les pays et les mœurs, et de ses petits. C'est toujours le même but, les moyens n'ont guère changé : on fait toujours la chasse à courre, au tir, au passage, à la pipée, au miroir, aux collets, — la pêche au filet et à l'hameçon, — seulement on pêche et on chasse un gibier indirect. C'est-à-dire qu'il s'agit aujourd'hui de prendre des places, des fonctions, des dignités et des chasseurs. — Je vous décrirai un autre jour ces diverses chasses en détail ; — la chasse et la pêche seulement demandent des procédés nouveaux et perfectionnés, —parce que, outre le gibier et le poisson, il faut prendre aussi la sauce et le condiments, — et que, dans la sauce et les condiments, il faut compter l'argenterie et la porcelaine, etc.

La feuille du figuier surtout et la peau de loup ont subi de grandes modifications : — une feuille de figuier doit avoir au moins aujourd'hui une quinzaine de mètres, surtout si l'on y met des volants ; — les plus riches feuilles de figuier, celles qu'on met au bal, seraient moins dispendieuses sans les broderies, car elles laissent nue une notable partie du corps féminin.

Eh bien ! il ne faut pas s'étonner de voir apporter dans le commerce de la vie toutes les ruses de la pêche et de la chasse. — Les affaires par action, par exemple, ne sont-elles pas des chasses au miroir et à la pipée ? — Les marchands de tous genres n'amorcent-ils pas leur hameçon avec les éloges de la quatrième page des journaux ? et les journaux eux-mêmes... Le respect pour la sainte hospitalité dont j'use quelquefois me défend de poursuivre.

Cependant le monde est plein de gens, — et c'est dans mon métier qu'on trouve le plus grand nombre de ces gens — qui passent leur vie à crier : « Dans quel siècle vivons-nous ? il n'y a plus de bonne foi ni de probité ! le monde est devenu une caverne de brigands ! etc. »

Notez que ces mêmes phrases se sont dites et imprimées de tout temps, et que, dans le premier siècle du monde, on se demandait déjà : « Où allons-nous ? Dans quel siècle vivons-nous ? » Eh ! mon Dieu ! nous sommes dans un siècle où tout le monde a un grand verre et où personne n'aime plus guère la petite bière ; — mais, comme on a en même temps augmenté et perfectionné la culture de l'orge et du houblon dans une proportion à peu près égale à l'augmentation de la soif humaine, il est juste de dire, quand on a bien regardé avec de bons yeux, que nous sommes toujours à peu près au même point. « Comment cela finira-t-il? » me demanderez-vous. —Je vous répondrai ici, — comme le bouquiniste me répondit sur le quai : « Je n'ai pas le volume suivant. »

Toujours est-il qu'il n'est pas juste d'exiger que les chasseurs chargent leurs fusils avec du son, et que les pêcheurs tendent des hameçons sans appât, — si ce n'est qu'on espère par là tromper un certain nombre de niais comme moi, comme vous, peut-être, si vous voulez bien me permettre de le supposer, ce qui n'est pas aussi malhonnête que ça en a l'air, — et diminuer le nombre des concurrents dans la chasse laborieuse, difficile, incertaine, à laquelle nous nous livrons sans relâche.

Cependant tout le monde fatigue Jupiter de plaintes amères et incessantes.

— Quelle infamie! s'écrie le gantier, l'épicier m'a vendu du café dans lequel il y a la moitié de chicorée! O Jupiter! ta foudre est-elle éteinte, morte ou endormie?

Et le gantier, qui s'indigne si fort, a passé toute sa vie à vendre du mouton pour du chevreau, et ne trouve à cela qu'un inconvénient : c'est qu'on ne puisse remplacer à son tour le mouton par du papier gris.

C'est ce que blâme de tous ses poumons le marchand de vin, qui fait du vin avec tant de choses, que quelquefois il y entre un peu de raisin par mégarde.

Et moi, est-ce que je néglige quelque chose pour faire croire qu'il est très-important pour vous que vous lisiez ces lignes et que vous me les payiez le plus cher possible? est-ce que je n'emprunte pas des idées à divers bouquins, comme je viens de vous l'avouer, une fois sur dix, à l'instar des mendiants qui louent des enfants?

— O Jupiter! s'écrie-t-on de toutes parts, anéantissez la friponnerie et la déloyauté.

Jupiter, consumez la vanité et la coquetterie.

Jupiter, détruisez le mensonge.

Jupiter, défaites-nous du luxe.

Jupiter, délivrez-nous de la gourmandise.

Jupiter, faites justice de la paresse.

Jupiter, je vous dénonce l'égoïsme.

Jupiter, je vous signale le jeu.

Jupiter, ne voyez-vous pas l'adultère?

Jupiter, laisserez-vous vivre plus longtemps la chicane?

Jupiter, faites donc enfin régner la justice, la bonne foi, la simplicité, la vérité, la bienfaisance, l'abnégation, etc., etc., etc.

Je crois que Jupiter a pris le parti de se transporter simplement dans un ciel plus élevé que celui qu'il a habité jusqu'ici, et où il n'a plus les oreilles assourdies par ces cris, ces invocations et ces inspirations, qui s'élèvent chaque jour vers son trône avec l'opiniâtreté des grenouilles qui coassent dans leurs marais vers la fin du jour.

En quoi, Jupiter a parfaitement raison.

En effet, outre que les pétitionnaires, en réalité, ne veulent qu'imposer aux autres ces vertus onéreuses dont ils comptent bien continuer à s'affranchir, c'est-à-dire amener leurs rivaux de chasse et de pêche, — les uns à ôter le chien de leurs fusils, les autres à les charger avec de la cendre ou de la sciure de bois, — les autres à ne pas mettre d'hameçons à leur ligne, ou du moins à ne pas mettre d'appât à leurs hameçons.

Jupiter entend des demandes si perpétuellement, si obstinément contradictoires, qu'il ne pourrait contenter les uns sans désespérer en même temps les autres.

Quand l'un demande de la pluie, l'autre implore de la sécheresse.

Celui-ci veut du froid, l'autre désire de la chaleur.

— Accordez-moi de longs jours pour jouir de ma fortune, dit l'avare.

— Comptez donc les jours de mon oncle, dit son héritier : il y a des gens, grand Jupiter, qui ne savent pas mourir, et leurs héritiers souffrent.

Écouter les prières des hommes, ce serait leur donner part au gouvernement de l'univers, ou tout au moins de leur monde sublunaire ; or, le monde ne va pas déjà trop bien, au dire des philosophes, quoiqu'il soit gouverné par une intelligence divine, — car il n'y a pas de hasard. J'ai recueilli sur le hasard deux pensées qui m'ont paru raisonnables ; les voici : « La Providence est le nom de baptême du hasard. »

> Dans les projets de l'homme et ses folles visées,
> La Providence a su garder une part ;
> C'est ce que le vulgaire appelle le hasard.

Que serait-ce donc si les hommes, par leurs prières trop écoutées, en arrivaient à gouverner eux-mêmes notre monde ? Heureusement il n'en est pas ainsi, — car l'un retarderait la marche du soleil pour le plus petit de ses intérêts, et l'autre la hâterait pour un caprice, — et il y aurait des années sans pommes en Normandie et sans raisin en Bourgogne :

> Di, talem avertite casum !

Faisons cependant une supposition, — admettons que Jupiter n'aurait pas eu l'excellente idée de monter tout au haut du ciel, et qu'il serait resté à la portée de la voix opiniâtrement glapissante des hommes et de leurs demandes obstinées, et qu'un jour, lassé de ces criailleries, il dise aux Français, par exemple, du pays desquels un vent importun lui apporterait les plus bruyantes clameurs : — Vous voulez donc, mes braves gens, que je fasse régner la justice, la bonne foi, l'égalité et la fraternité sur la terre?

Vous voulez que je vous délivre du mensonge, de la vanité, de la paresse, de la gourmandise, du luxe et de la luxure, de l'égoïsme, du jeu, de la chicane et de cent autres vices et défauts dont vous êtes dégoûtés?

— Oui, grand Jupiter! s'écrieraient les Français en chœur.

— Cependant, — ferait observer Jupiter, — vous êtes fiers d'être Français?

— Oui, certes.

— Vous voulez que votre patrie reste riche et puissante, redoutée au dehors par la force de ses armes, admirée au dedans par les progrès de son industrie, par les découvertes de ses savants, par les créations de ses artistes?

— Sans aucun doute.

— Je vous ai donné déjà la seconde moitié des avantages que nous venons d'énumérer.

— Nous le reconnaissons, grand Jupiter, et nous en sommes profondément reconnaissants.

— Vous ne voulez pas retomber dans la barbarie de vos ancêtres? Vous ne voulez pas retourner aux glands des forêts?

— Ça ne se demande pas.

— Au contraire, ça se demande, et vous verrez plus tard pourquoi.

— Une pareille pensée n'est entrée dans la tête d'aucun de nous.

— Très-bien ! Eh bien ! vos vœux actuels seront exaucés. Allez-vous-en tranquillement vous coucher, et demain matin vous vous relèverez à l'état de peuple vertueux. Vous ne vous en prendrez qu'à vous, et vous ne m'importunerez plus de vos cris.

Les Français vont se coucher, mais ils ont de la peine à s'endormir. — Chacun s'occupe avec satisfaction du mauvais tour que la munificence de Jupiter va jouer à ses voisins, à ses connaissances, à ses amis.

Enfin on voit luire ce jour si impatiemment attendu ; — tout le monde se réveille transformé.

Il n'y a plus de vanité, — donc plus d'affectation, plus de déguisement de laides en belles, de vieux en jeunes, plus de manières prétentieuses, plus de mines étudiées, il y a des gens qui paraissent pour la première fois tels qu'ils sont, et que personne ne reconnaît parce qu'ils sont eux-mêmes, et qu'on ne les avait jamais vus comme cela ; leur masque ôté, on les croit déguisés. La femme, en se réveillant, envoie dire à sa couturière de ne pas couper la robe de velours noir et la robe de moire bleue qu'elle lui a commandées. — Est-ce qu'elle n'a pas une bonne robe de mérinos pour la maison, et une robe de soie encore fraîche pour sortir ? — Le mari renvoie deux domestiques qui n'ont rien à faire dans la maison ; lui et sa femme rient aux éclats en regardant la livrée de leurs gens, livrée couverte de galons d'argent et de soie ; — ils vendent au fripier ces habits ruineux et ridicules.

Au même instant, dans toutes les maisons de Paris, on fait les mêmes exécutions ; chacun renonce à paraître plus riche qu'il n'est ; — les gens riches eux-mêmes se contentent de l'être, et comprennent qu'ils le seront encore davantage en le paraissant moins.

Le règne de la justice commence ;

Le débiteur reconnaît ses dettes, va trouver son créancier et le paye, ou prend avec lui des arrangements amiables. — Le créancier confesse de son côté que les intérêts étaient trop élevés, que le mémoire était enflé, et propose de lui-même une réduction.

Les ex-voleurs restituent ce qu'ils ont dérobé.

Il n'y a plus de gourmandise ;

On ne s'amuse plus à manger des fruits et des légumes de primeur, du gibier en temps prohibé. — On ne joue plus le rôle honteux de parasite ni le rôle sacrifié d'amphitryon, sous prétexte de truffes, de vin de Champagne et de vin de Tokai. Ainsi on n'a plus d'indigestions, on ne s'enivre plus, on n'a plus besoin des drogues de l'apothicaire ni des visites du médecin.

On n'est plus avare ni cupide ;

On ne s'ennuie plus à passer des journées à piétiner à la Bourse et à faire des gageures sur les fonds publics. On ne se creuse plus la tête à imaginer des affaires ou des apparences d'affaires ; on ne tend plus de gluaux aux passants ni de pièges aux capitalistes ; ceux qui n'ont qu'un petit revenu arrangent leur vie d'après ce petit revenu ; ceux qui vivent de leur travail voient leurs besoins tellement diminués, que ce travail nourrit et entretient facilement eux et leur famille, — chacun retranchant de ses dépenses ce qui était fait pour exciter l'admiration et l'envie des autres, on se trouve riche avec étonnement.

Chaque femme se consacre à son mari, à ses enfants, à son ménage ; chaque mari se contente de sa femme ; — le jeune homme s'occupe de se rendre digne de la fille qu'il espère épouser, et la jeune fille, au sein de sa famille, s'occupe de se préparer aux devoirs sérieux du bonheur paisible auquel elle borne ses vœux. — Ainsi on ne porte plus de robes décolletées, on ne fourre plus douloureusement ses pieds dans des souliers qui résolvent ce problème jugé insoluble dans toute autre chose que la chaussure des femmes : faire que le contenu soit plus grand que le contenant. — On ne déforme pas une taille qui appartient au mari pour la faire paraître plus mince aux yeux des passants.

La paresse n'existant plus, un seul employé fait très-bien dans une administration ce que dix employés faisaient autrefois très-mal.

Les femmes nourrissent elles-mêmes leurs enfants, et s'occupent des soins de leur ménage ; elles font leurs vêtements et ceux de leurs maris. Ceux-ci, à leur exemple, s'occupent de l'éducation de leur famille et rougiraient de demander certains services à des domestiques.

C'est un spectacle touchant que de voir un tel pays et un tel peuple : — l'heureuse Bétique n'a jamais joui d'une pareille innocence. On démolit les prisons, — il pousse de l'herbe dans la salle des Pas-Perdus du Palais de Justice ; et on y mène paître les moutons qu'on y conduit hier ; — personne n'a plus besoin de fermer ses portes, même pendant la nuit ; — l'union règne dans les familles et entre les citoyens.

On s'assemble dans tous les temples pour rendre à Jupiter de solennelles actions de grâces : — on voit avec plaisir, mais sans surprise, que les cérémonies religieuses sont simples et les pontifes sans magnificence ; on se rappelle ce vieux proverbe :

> Crosse de bois, évêque d'or,
> Crosse d'or, évêque de bois.

Qui ne porterait envie à un pareil peuple ?

Eh bien! Jupiter, qui voit de plus loin que ce peuple, que vous et que moi, et que nous supposons n'être pas encore monté dans un ciel supérieur pour se mettre à l'abri des criailleries, réclamations et supplications des mortels ; Jupiter, qui nous donne la vie comme je vous raconte une histoire, c'est-à-dire qui sait la fin dès le commencement, Jupiter se hâte d'effectuer son déménagement.

Eh quoi! ce peuple n'est-il pas à tout jamais le plus heureux comme le plus vertueux des peuples ?

III. — Un peuple vertueux.

Voici donc les Français dans l'honnête et respectable situation que voici : Jupiter, cédant à leurs instances, les a délivrés de tous les vices dont ils étaient honteux, tout le peuple français se réveille en se frottant les mains. Néanmoins, après les premiers instants donnés à la joie légitime de se sentir vertueux, chacun reprend ses occupations de la veille. — Mettant la tête à la fenêtre — le marchand de vin du coin vient d'ôter ses volets et d'ouvrir sa boutique ou plutôt cette caverne

> Où l'on vend, sous le nom de doux jus de la treille,
> La fureur, la folie, au litre, à la bouteille.

Comme il s'est réveillé honnête, il n'a pas mis d'eau dans le premier broc de vin qu'il compte vendre à ses habitués du matin ; ses bénéfices seront moindres, mais, le vin étant meilleur, on en boira davantage. — Debout, sur le seuil de sa boutique, il regarde à droite et à gauche, mais personne ne vient : — il n'y a plus d'ivrognes.

Plus loin est un lapidaire-joaillier ; lui aussi ouvre sa boutique en songeant avec joie qu'il n'aura plus besoin de replacer le soir de lourds volets doublés de tôle et de pesantes barres de fer, — car il n'y a plus de voleurs. Plus heureux que le marchand de vin, il ne tarde pas à voir des chalands dans sa boutique; on ne vient pas lui acheter, mais on vient lui vendre des bijoux; c'est une opération avec laquelle il a également des bénéfices à faire; je n'ai pas besoin de dire que, de part et d'autre, les transactions se font avec une probité parfaite; — le soir il n'a plus d'argent, mais sa boutique est pleine de bagues, de bracelets, de chaînes qu'il a payés fort bon marché et sur lesquels il fera un joli bénéfice quand il les revendra; — mais il ne les revendra pas: — il n'y a plus de vanité, personne n'a envie de paraître plus riche que les autres; la femme, ne cherchant plus à plaire qu'à son mari, n'a pas besoin de se faire voir à lui couverte de pierreries. —Avant cette époque de régénération, chaque femme ne voulait se montrer dans le monde que chargée d'ornements de tous genres, — c'est-à-dire semblable au chêne sacré où les Gaulois vainqueurs attachaient la pourpre des sénateurs et les anneaux des chevaliers romains, — semblable à un autel entouré d'*ex voto*. — Ces riches atours, qu'on étalait avec orgueil, étaient des sacrifices faits à la divinité par ses dévots; c'étaient les prix de beauté décernés par les hommes, et qu'il s'agissait de faire voir aux autres femmes.

Le jeune homme n'avait plus rien à espérer des présents même les plus ruineux; il ne s'occupait que de la femme dont il devait être l'heureux et fidèle époux. Il lui donnait, le jour de leur union, une petite bague d'or bien simple.

— Ah ça! se disait le soldat en s'habillant le matin, cet habit bigarré est assez brillant; mais, pour le plaisir d'avoir quelques galons et quelques passe-poils qui me demandent de grands soins, serai-je assez dupe pour risquer ma vie à chaque instant dans des guerres qui ne me regardent pas ? Bien plus, en cherchant bien, on a toujours plus à se plaindre du roi pour lequel on se bat que de celui contre lequel on fait la guerre. Je ferai mon devoir, c'est-à-dire que je finirai mon temps de service, et que je défendrai de mon mieux le territoire contre les étrangers qui voudraient l'envahir ; mais je ne ferai que mon devoir : je ne me ferai pas tuer par vanité.

A ce moment on lui apporte son congé, car le roi regarde avec horreur et mépris la fausse et sanglante gloire du conquérant. Il compare avec justesse la guerre que se font les rois à une querelle dans la rue entre deux cochers de cabriolet qui, chacun, conduisent un chaland à ses affaires. Après quelques paroles énergiques, l'un des deux cochers sangle un coup de fouet à travers la figure de la pratique de son adversaire.

— Ah ! dit celui-ci, tu m'abîmes mon bourgeois, — eh bien ! je vas t'abîmer le tien.

Et en effet, il zèbre la figure de l'autre bourgeois.

— Je suis animé de la noble passion de la gloire, disait auparavant un roi ; hohé ! là-bas, souverain, mon féal cousin, je vais échiner, hacher et tuer pas mal de vos sujets.

— Et moi, dit l'autre, je vais tailler les vôtres en morceaux.

Après quoi, celui qui en avait tué le plus à l'autre était déclaré vainqueur, glorieux, et recommandé par les poëtes à l'admiration de la postérité.

Le marchand de comestibles voit son approvisionnement du jour rester intact dans ses montres ; — personne n'a le désir d'inviter ses amis pour leur faire voir des pois chers : on attend patiemment qu'il y ait des pois verts ; — ils coûtent huit sous le litre, et ils sont meilleurs ; tant pis pour les convives si ça leur déplaît ! On ne tient pas non plus à montrer sur une table une truite pêchée dans le lac de Genève, — on aime mieux manger un bon poisson que de voir un poisson qui vient de loin ; — on est convaincu de la vérité de cet aphorisme qui contredit un peu les nomenclatures de la science : — il y a deux sortes de poissons, celui qui est frais, et celui qui ne l'est pas. — On mange des carpes, des brochets, des anguilles, des perches, des truites pêchées dans les rivières voisines. Tant pis pour ceux qui n'aiment pas le poisson frais ! Le lendemain, le marchand de comestibles n'achètera rien à la halle, le surlendemain ses fournisseurs n'y apporteront rien, si ce n'est les fruits et les légumes de la saison, — exquis, savoureux, mais pas chers.

Il en est de même de tous les autres commerces. — On ne tarde pas à voir qu'au lieu de quelques milliers de marchands de vin il n'en faut plus que deux douzaines dans Paris ; — c'est assez d'un joaillier ou deux.

Ce n'est pas tout — personne ne veut plus payer cher des denrées étrangères quand on peut avoir les substances équivalentes chéz soi. Ira-t-on chercher du sucre de canne aux colonies ? Donnera-t-on, par la *protection*, au sucre de betterave un encouragement à être perpétuellement cher, quand on peut avoir du miel dans son jardin ? Armera-t-on des navires pour aller chercher du bois d'acajou en Amérique, quand nous avons des bois magnifiques dans nos forêts ?—D'ailleurs, qui voudra exposer sa vie aux hasards de la mer, puisque personne n'a plus d'ambition ni d'avidité, et qu'on a besoin de si peu pour vivre ? — On se dit que la France est un pays très-fertile, que le climat permet d'y cultiver des végétaux plus variés qu'en aucun autre pays— et on reste chez soi— il n'y a plus de marine.

Dans un autre ordre d'idées — il n'y a plus de société, plus de salons pleins de fugitifs d'eux-mêmes. — On ne cherche plus à éblouir les autres, on ne courtise plus la femme d'autrui ; on a de temps en temps, chez soi, un ou deux vieux amis, qui viennent partager la fortune du pot. D'ailleurs, rien ne vient plus diviser les familles, et chacun trouve dans la sienne des amis tout faits.

Bientôt il n'y a plus de commerce, guère d'industrie. Il reste bien quelques peintres, quelques musiciens, quelques poëtes ; mais ce sont les vrais ; ils font des vers, de la musique, de la peinture, pour eux-mêmes d'abord, comme les oiseaux chantent, comme les fleurs exhalent leurs parfums, qui sont l'âme des fleurs, puis pour quelques amis, dans le coin d'un bois ou d'un atelier. Comme on ne va plus au théâtre pour y être le spectacle, on n'y va plus guère ; au bout de quelques années il n'y en a plus ; il n'y a plus en France qu'un seul danseur, et il est au Jardin des Plantes, empaillé, entre un icthyosaurus et un plesiosaurus fossiles ; — tous les ouvriers des travaux de luxe sont retournés à la charrue ; il en est de même de ces armées de jeunes hommes vigoureux qui grasseyaient dans les magasins de nouveautés, où ils exerçaient l'état de couturières et de marchandes de modes, concurremment à de pauvres femmes ; à celles-ci on a rendu toutes les professions à leur portée, y comprise celle de faire les habits d'homme ; — l'arme de l'homme étant l'épée dans la guerre et la bêche dans la paix, on a restitué l'aiguille aux femmes, etc., etc.

On comprend qu'il n'y a plus de procès, plus de magistrats, plus d'avocats — plus de serruriers.

— Eh bien ?

— Eh bien ! le peuple français devient un peuple heureux, pauvre et paisible. — On le laisse tranquille en Europe, si ce n'est qu'on rogne un peu ses frontières de temps en temps, et qu'on ne l'admet plus au conseil des puissances. — C'est un peuple pasteur; il n'est plus question de lui au dehors, — et l'histoire ne s'en occupe plus, et il mange un peu de glands.

— Eh bien?

— Eh bien! Jupiter a bien fait de changer de ciel. — Jamais grenouilles ayant obtenu une grue en remplacement d'un soliveau, — comme il arrive souvent, — n'ont rempli l'air de clameurs plus désespérées que celles qu'il entendrait s'il ne les avait pas prévues, — c'est-à-dire que ce serait à ne pas entendre les pianos, s'il y en avait encore dans Paris, cette ville qui avait mérité autrefois d'être appelée Pianopolis. Chacun comprend alors que les vices de ses compatriotes étaient sa fortune, son champ qu'il cultivait et où il faisait sa récolte; — la vertu universelle est une ruine générale — la suppression des vices, c'est, pour tout le monde, ce que serait la suppression des nez pour les marchands de lunettes.

Les prédicateurs eux-mêmes sont ruinés : — d'abord contre quoi feraient-ils paraître leur éloquence? Et ensuite les femmes, n'allant plus à l'église pour faire oublier Dieu, y vont beaucoup moins; elles croient prier en s'acquittant de leurs devoirs envers leurs maris et leurs enfants; elles pensent que leur vie tout entière, pure et honnête, est un sacrifice agréable au souverain maître de toutes choses. Celles qui vont à l'église vont, le matin, vêtues simplement, entendre une messe basse.

— O Jupiter! s'écrient tous les Français, rendez-nous les vices que nous avions méconnus! Jupiter! reprenez pour vous la vertu; c'est bon pour un Dieu qui n'a pas besoin de gagner sa vie, pour un immortel qui n'est pas exposé à mourir de faim!

Heureusement que Jupiter, lequel, comme je vous le disais dimanche dernier, sait très-bien ce qui arriverait, se donnerait bien de garde d'exaucer les vœux hypocrites ou aveugles des hommes qui lui adressent des dénonciations contre les vices de l'humanité — et qu'il a transporté son séjour à une hauteur où n'arrivent ni les clameurs, ni les prières, ni les plaintes. Donc nous resterons comme nous sommes, prenons-en notre parti.

UN LECTEUR. — Mais, monsieur, prétendez-vous faire l'éloge du vice et stigmatiser la vertu?

L'AUTEUR. — Moi, monsieur, point du tout, et, si vous étiez seul avec moi, je vous ferais des éloges de la vertu aussi prolixes que bon vous semblerait. Je veux seulement établir :

1° Que l'on ne peut être à la fois une société vertueuse et un peuple très-poli, très-riche, très-puissant, très-redouté de ses ennemis, très-célèbre et très-glorieux;

2° Que les hommes sont des hommes, et ne sont que des hommes, et que vous ne les changerez pas tant que vous n'aurez pas changé leur organisation, c'est-à-dire tant qu'ils auront cent quatre-vingt-dix-huit os et quarante-trois paires de nerfs; tant que, outre les sept cent quatre-vingt-six litres d'air qu'il absorbe par heure, l'homme aura besoin de remonter sa machine avec des aliments et des boissons; — tant qu'on ne réalisera pas ce conte qu'on fait aux enfants, qu'on les a trouvés sous les feuilles d'un chou, dans le jardin; — tant que l'homme aura huit dents incisives, vingt molaires et quatre canines — l'homme aura les mêmes besoins, les mêmes goûts, les mêmes appétits, les mêmes passions; vous lui apprendrez à les déguiser par le mensonge, mais vous ne les supprimerez pas.

Vous aurez beau fermer les égouts, comme vous ne dessécherez pas les ruisseaux, vous n'amènerez que désordres et inondations.

3° Que ce que vous demandez et prêchez avec tant d'insistance, vous n'en voulez pas, puisque vous voulez être à la fois un peuple puissant dans les arts de la paix et dans la science de la guerre, et que la simplicité de la vertu est incompatible avec l'éclat de la gloire et l'orgueil de la puissance.

4° Que les vices de chacun de nous sont le champ, le grenier, le gibier des autres, et que vous demandez la vertu des autres dans le même but que cet usurier priait un prédicateur de prêcher contre l'usure.

— Mais, reprit le prédicateur un peu embarrassé, on m'avait dit...

— On vous avait dit la vérité, mon père.

— Mais alors vous voulez donc renoncer à...

— Au contraire, je voudrais y faire renoncer mes concurrents, qui me font beaucoup de tort.

Les hommes ont des vices en les comparant à une image supernaturelle, fantastique, dont on n'a pas vu souvent la réalisation. — La pomme est un fruit médiocre si on la compare à la pêche, — la pêche sera un fruit détestable si vous la comparez à des fruits imaginaires; — mais il faut juger la pomme comme pomme, et ne pas vous désespérer ou vous irriter de ce que les pommiers ne produisent pas de pêches. L'homme est une espèce comme cela, il faut s'en arranger et ne pas prolonger indéfiniment cette plaisanterie inutile, qui consiste à vouloir faire croire aux autres que vous êtes au-dessus de l'humanité, et leur persuader de grimper sur un piédestal d'où ils se casseront le cou.

Le souverain maître a fait ce qu'il a voulu — il nous a faits comme nous sommes, nous sommes comme il nous a faits — nul doute qu'il aurait pu faire mieux, je pense même que, dans quelqu'un de ces mondes qui gravitent dans l'espace, il y a des races et des espèces supérieures. Nous avons des défauts, mais comme les poissons ont des arêtes — elles sont incommodes pour ceux qui les mangent maladroitement, mais elles sont indispensables pour eux, qui ont reçu de la nature l'ordre de vivre, de se nourrir et de se reproduire.

Nos vices ont leurs fonctions : la gourmandise remonte l'horloge, la lâcheté nous conserve, la vanité et l'avarice nous font faire diverses corvées utiles à la conversation, à l'entretien et au nettoyage du globe que nous habitons.

En fait de folies, de scélératesses, d'atrocités, tout est prévu par la providence. Un cheval aveugle qui fait tourner un manége, au bout de quelques heures, croit avoir fait beaucoup de chemin, et n'a pas bougé : il rue, il hennit... il n'en fait pas moins son tour, toujours le même.

Quand, le soir, vous entendez, sur le bord de la petite rivière, des grenouilles, cachées dans les roseaux et dans les iris à fleurs jaunes, faire leur concert opiniâtre, concert dans lequel les mâles sont les ténors et les femelles les basses, il vous est arrivé quelquefois de maudire les grenouilles ; — la grenouille fait, vers le milieu de l'été, une ponte abondante. « Horrible engeance! dites-vous, va-t-elle encore se multiplier? » Ne craignez rien, l'espèce est renfermée dans des bornes certaines ; le frai et les têtards qui en sortiront sont, en grande partie, destinés à la nourriture de ces rapides truites que vous aimez tant à pêcher et à manger. Vous blâmez parfois aussi la multiplication des chenilles, mais cette multiplication a des limites fixées:

il y a des oiseaux qui s'en nourrissent, eux, et surtout leurs petits, et ces oiseaux ont un chant ravissant : ce sont les rossignols et les fauvettes. Tout est prévu, dis-je ; les autres poissons et les carpes elles-mêmes peuvent manger des œufs de carpe et les jeunes poissons qui en sortent ; une seule grosse carpe pond six cent mille œufs ; on peut diminuer sa famille sans même avoir à craindre de trop blesser le cœur d'une mère. Un amour maternel divisé entre six cent mille enfants ne peut donner à chacun que de la tendresse de billon.

La Providence n'a pas multiplié l'homme à ce degré, et elle lui a confié à lui-même le soin de sa conservation et de sa destruction dans des limites infranchissables. Au commencement, les bêtes féroces mangeaient assez d'hommes. — Les hommes eux-mêmes s'entremangeaient un peu. Mais l'homme inventa des armes qui lui firent combattre les hôtes des forêts avec avantage ; il découvrit que la viande d'homme est dure, coriace et d'une médiocre saveur. Il allait y avoir trop d'hommes. — Dans les contrées du nouveau monde récemment découvertes, nos missionnaires font perdre aux sauvages l'habitude de s'entre-manger ; mais en même temps nos matelots leur donnent de l'eau-de-vie qui les tue dans la proportion où ils se mangeaient autrefois. La peste, la guerre, les querelles de religion, ont remplacé les lions, les tigres et les hyènes. A mesure qu'il y a eu moins de guerre, on est devenu plus gourmand, plus avide, plus envieux, et on a trouvé le même résultat.

Quand l'homme croit inventer quelques monstruosités, il se flatte ; il ne fait que s'acquitter de quelque besogne nécessaire à l'harmonie générale de la nature.

L'homme, chargé de mettre lui-même des limites à sa

trop grande multiplication, avait, dans lemps, imaginé le droit d'aînesse, — les couvents, — l'ordre de Malte, — la honte injuste qui retombe sur les produits innocents d'un amour non consacré par les lois, etc.—Il n'y a plus d'ordre de Malte, il n'y a plus guère de filles cloîtrées. Saint Vincent de Paul a donné un asile aux enfants abandonnés; il a fallu réparer cela.

Les besoins se sont accrus, l'avarice a augmenté; alors les filles pauvres n'ont plus trouvé à se marier; — on a fermé dans plusieurs villes les *tours* destinés à recevoir les enfants abandonnés, et on parle de décanoniser saint Vincent de Paul. Examinez votre passion la plus frénétique comme votre goût le moins suspect : tout cela est ordonné, nécessaire, et rentre dans un plan général.

D'où vient la bizarrerie du goût qu'ont les hommes de grande taille pour de petites femmes qui ne peuvent pas leur donner le bras? D'où vient le goût des hommes de petite stature pour des femmes énormes? D'une prévoyance de la Providence. En effet, si, comme il serait plus naturel de s'y attendre, les hommes de grande taille aimaient les grandes femmes, si un petit homme recherchait une petite femme, il y a longtemps qu'il y aurait sur la terre deux races distinctes— une race de géants et une race de nains, dont l'une opprimerait et peut-être détruirait l'autre. Je parie pour les nains.

Il en est de même au moral qu'au physique. Un homme se manifeste grand par le cœur et par le génie. Où irait-il? Que ferait-il? Il n'aurait qu'à casser quelque chose dans la constitution du monde; il n'aurait qu'à interpréter un des rébus que la Providence ne nous permet de deviner qu'à des époques déterminées. Naturellement, les petits et les sots se liguent contre lui; ils le déclarent ennemi public et lui font boire la ciguë ou le mettent en croix.

On dit beaucoup de mal de l'avarice ; — on dit aussi quelquefois du mal de la pluie quand elle nous surprend à la promenade, mais il faut bien de la pluie.

Tirons notre comparaison de la pluie.

La pluie forme les sources ; les sources, les rivières et les fleuves ; les fleuves se réunissent dans la mer. Là le soleil aspire l'eau et la fait retomber en pluie. — Les avares sont des citernes ; ils amassent les richesses, mais d'une façon si odieuse, qu'ils rendent leurs fils prodigues, et que ceux-ci se chargent de lever les écluses et de rendre à la circulation des richesses qui se sont multipliées et accrues par ce repos et cette accumulation.—L'argent est comme l'eau qui part d'un réservoir large et élevé, et qui ensuite, resserrée dans un étroit canal, s'élance avec force : ainsi l'argent amassé acquiert une puissance de jet d'impulsion qu'il n'aurait pas divisé entre tous ceux auxquels l'avare l'a extorqué à divers titres.

Voyez encore un cercle, — car l'homme est destiné à marcher en rond.

L'indigence et l'obscurité produisent la vigilance, l'économie, quelquefois le génie, presque toujours la richesse. La richesse engendre l'oisiveté, les plaisirs, la vanité, qui reconduisent à l'indigence.

Cessez donc de vous plaindre de la société, vous n'y changerez rien. Vous aurez beau gémir sur le sort de ceux qui boivent de bons vins et épousent de jolies femmes, vous n'en ferez pas passer la mode; vous n'empêcherez pas qu'à l'heure où l'évêque et le donneur d'eau bénite disent leur *Pater noster* le matin et demandent au ciel leur *pain quotidien*, ils n'entendent tous les deux par leur pain quotidien des choses assez dissemblables : — le pauvre parle littéralement : c'est le pain de chaque jour qu'il demande, du pain bis même au besoin, mais du pain pour lui et sa famille ; — l'évêque entend par le pain quotidien toutes sortes d'accessoires et de condiments de toutes les parties du monde qui lui ajoutent beaucoup de saveur.

Je vous parlais tout à l'heure du nombre de mètres que doit avoir aujourd'hui, *pour ne pas être ridicule*, la feuille de figuier telle que l'ont modifiée les femmes de ce temps-ci ; je vous dirai de même que certains hommes entendent, par le pain quotidien qu'ils demandent, quelque chose qui se sert à trois services dans des plats de porcelaine peinte et de vermeil, — tandis que saint Macaire d'Alexandrie ne mangeait qu'une feuille de chou crue chaque dimanche.

A ceux qui répètent aujourd'hui contre la société et le siècle présent les lamentations que l'on retrouve dans les plus anciens livres, — il faut leur montrer l'habit d'un bossu. « Quel affreux habit ! s'écrieront-ils. Quel est le barbare qui a coupé et cousu un pareil habit ? comme il est mal fait ! » Mais non... il est fait à la taille et à la mesure du bossu ; il faut bien qu'il mette sa bosse quelque part.

Vous comprenez que, depuis le temps que la société existe, les choses se sont tassées et ont pris leur place ; que ce qui est est nécessaire, que tout vieillit, s'use, se pourrit, tombe en poussière, se décompose et se transforme avec le temps. Il y a et il y aura toujours des coquins, des traîtres, des avares, des égoïstes. Tout cela est, parce que cela doit être. Nous sommes même tous, plus ou moins, un peu égoïstes, un peu avares, un peu traîtres, un peu coquins. Si l'on est un peu plus tout cela à certaines époques, cela a sa raison d'être, soit pour déblayer le passé, soit pour préparer l'avenir.

II

A PROPOS DU CARÊME ET DU JEUNE.

Il y a diverses manières d'envisager le carême et ses austérités. Qu'il ait été institué par les apôtres, ainsi que quelques-uns veulent l'établir par quelques passages un peu tourmentés de saint Mathieu ou de saint Marc, ou qu'il doive son origine au pape Télesphore, dans le deuxième siècle de l'ère chrétienne, comme c'est le sentiment le plus général, ce n'est pas cette question que je veux soulever.

Les uns voient dans le carême une de ces lois d'hygiène que les premiers législateurs ont mises sous la protection de l'Être suprême, tant ils les considéraient comme nécessaires à leurs peuples. C'est ainsi que Mahomet a fait de la propreté, qui est un devoir envers soi-même et envers les autres, et qu'un ancien philosophe appelait une demi-vertu, un devoir rigoureux envers la divinité, et qu'il a fixé le nombre d'ablutions quotidiennes au-dessous desquelles l'homme était, pour son Créateur, un objet de dégoût et d'indignation dont il détournait soigneusement les yeux.

En effet, après l'hiver, au moment où la nature se renouvelle, où la terre, comme dit Virgile, est gonflée de printemps, *vere tumet*, il n'est pas un médecin qui ne conseille l'usage des nouveaux légumes et des herbes, et qui en même temps ne vous prémunisse contre les excès en tous genres, plus dangereux en cette saison qu'en toute autre.

Selon les personnes qui ne veulent voir l'institution du carême que sous ce point de vue, l'imitation du jeûne de Jésus-Christ et la préparation par l'abstinence et les austérités à la solennelle fête de Pâques ne seraient que le prétexte religieux donné à une sage loi humaine que l'on voulait rendre inviolable, tandis que, pour l'Eglise et pour les esprits dévots, c'est la seule et unique cause, et il n'entre dans le jeûne et le carême aucun but humain.

Seulement il est arrivé à ce sujet un quiproquo dont on peut trouver facilement d'autres exemples, et en voici un. Pendant bien longtemps les poëtes français n'ont eu aucune communication directe avec la nature. Ceux du règne de Louis XIV d'ailleurs, malgré tout leur talent, vivaient à une époque où elle n'était pas pour eux fort abordable. De même qu'il était toujours, selon la réponse d'un courtisan, l'heure qu'il plaisait au roi ; de même que les dents, lorsque le roi perdit les siennes, furent déclarées quelque chose de trivial, de commun, d'assez mal porté et sentant la populace, les arbres de Versailles se transformaient en murailles, en péristyles et en portiques ; d'autres affectaient la forme d'un vase ou d'une cigogne, etc. La nature, pour ainsi dire, ne paraissait à la cour qu'en grand habit, et avec la perruque des courtisans. Sous son successeur, la peinture elle-même crut devoir, avec une certaine grâce apprêtée, corriger la nature un peu trop rustique pour le beau monde, et lui donner un œil de poudre et des mouches. C'est l'époque des arbres bleus et des ciels roses, le ciel bleu et les arbres verts étant le ciel et les arbres de tout le monde, un ciel et des arbres de campagne bons pour des paysans. Les poëtes donc regardaient la nature dans Théocrite et dans Virgile ; ils ne savaient pas très-bien ce que c'était qu'une rose, mais ils savaient que la première rose était blanche, et qu'elle fut teinte du sang de Vénus ; qu'Anacréon en couronnait ses cheveux blancs et sa coupe, etc.

La vigne était une plante qui, sur les coteaux de Falerne,

s'enlaçait dans les ormes.—Quand on parlait d'une chèvre, on lui donnait l'épithète de *lascive :* — c'était celle qu'on trouve chez les Latins, et on n'avait aucune raison d'en changer, n'ayant jamais vu de chèvre que dans les *Bucoliques*. Aussi la montrait-on toujours — « pendante d'une roche moussue » et broutant « le cytise amer. » On aurait donné une chèvre à quelqu'un de nos poëtes, qu'il aurait dit à sa servante :

— Marton, vous donnerez à la chèvre du cytise amer.

— Qu'est-ce que le cytise, monsieur ? aurait demandé Marton.

— Je ne sais pas trop, Marton : c'est un mot qui a deux syllabes brèves et une longue ; c'est un anapeste.

— Où ça se trouve-t-il, monsieur ?

— Mais, Marton, dans bien des endroits, — à la fin de la première églogue de Virgile, par exemple :

... Cytisum et salices carpetis amaras.

Et dans la seconde :

... Cytisum sequitur lasciva capella.

C'est ainsi qu'on a toujours appelé en France le mois de mai le mois des roses, tandis que c'est au mois suivant qu'il faut reporter cette belle fête de la nature. Mais ce qui n'est pas vrai pour nos poëtes l'était pour les poëtes grecs et latins qu'ils traduisent, et même pour nos premiers poëtes méridionaux.

De même, dans l'institution du carême, qui vient de l'Orient, l'époque de ces abstinences de viande coïncidait avec le réveil de la nature, avec les premières productions de la terre ; en un mot, avec les peuples de l'Orient, le carême est au printemps, tandis que, pour la France, sauf quelques coins du Midi, le carême arrive pendant l'hiver, c'est-à-dire alors que la terre est encore dure et nue, de sorte que, n'ayant pas la ressource des légumes et des herbes, la plupart des gens,—je ne parle pas des riches,—se nourrissent, pendant le carême, presque exclusivement de poisson salé, et on en consomme alors une si grande quantité, qu'un pape, ayant à se plaindre des Hollandais, les menaça de supprimer le carême, — ce qui leur aurait fermé un énorme débouché pour leurs salaisons, objet de commerce très-important.

Les austérités du carême ne sont plus aujourd'hui qu'une ombre des austérités, non-seulement des premiers siècles de l'Église, mais encore d'époques beaucoup plus rapprochées de nous.

C'est pourquoi il est bon de faire savoir aux gens qui, en s'acquittant de ce devoir scrupuleusement, en prenant trop d'avantages sur ceux qui y mettent quelque négligence, qu'ils sont plus loin de nos ancêtres, sous le rapport de l'observation du carême, que ne sont loin d'eux ceux qu'ils maltraitent si fort, et que, à juger rigoureusement, personne ne fait plus le carême aujourd'hui, c'est-à-dire que personne ne se conforme plus à la véritable règle, et que, d'adoucissements en tolérances, on en est venu à si peu de chose, que réellement ceux qui l'observent n'ont guère le droit de gourmander ceux qui s'en dispensent.

D'ailleurs, quelque agréable qu'il puisse être à Dieu que vous mangiez du poisson au lieu de manger de la viande, cela à ses yeux ne vous exempte pas de quelques autres devoirs, tels que la charité, l'indulgence, l'amour du prochain, etc., dont quelques personnes font l'économie, pensant que tout est permis, pourvu qu'on ne mange pas de viande en carême. Saint Jérôme lui-même a déclaré qu'il ne fallait pas préférer le jeûne à la charité.

Selon la véritable institution du carême, voici quelle est la règle à suivre.

Pendant tout le temps du carême, on ne doit faire qu'un seul repas chaque jour; ce repas ne devait pas, dans l'origine, être fait avant le soleil couché; mais on en fixa plus tard l'heure à midi, comptant le jour de minuit à minuit. Ce n'est que beaucoup plus tard qu'on imagina la collation, dont on fixe l'origine au treizième siècle. — Il fut d'abord permis, entre midi et minuit, de prendre un peu d'eau *pour se rafraîchir, mais non pour satisfaire sa soif.* — Dans le siècle suivant, on ajouta un peu de pain et de fruit; mais cette collation n'a jamais été approuvée, mais seulement tolérée, — et on trouve la relation suivante d'un cas présenté à un confesseur :

« Léonore a mangé quelques petits poissons à sa collation, mais en si petite quantité, qu'elle ne pense pas avoir péché.

» Léonore se trompe : la collation n'est qu'une tolérance, y manger du poisson est un abus et un péché. »

Voici quelques autres cas jugés par des docteurs et quelques-uns par le pape Benoît XIV, et qui feront voir comment on entendait autrefois le carême, ses abstinences et ses austérités. — J'espère démontrer ainsi à ceux qui se soumettent aujourd'hui à l'ombre du carême qui se pratique que, loin de s'enorgueillir vis-à-vis de ceux qui font moins qu'eux, ils seraient plus sages et plus justes de s'humilier du peu qu'ils font eux-mêmes, car ils ressemblent à ce pèlerin qui, ayant fait vœu d'aller je ne sais où avec des pois dans ses souliers, trouva la chose si dure, qu'au premier relais il fit cuire ses pois.

Je ne parle pas des gens riches et gourmands qui attendent avec impatience ce temps d'austérité pour se régaler, et cette époque de jeûnes pour faire leurs meilleurs dîners : pour eux, grâce à l'art des primeurs, le carême se trouve en effet au mois de juin et de juillet, c'est-à-dire qu'ils ont à discrétion les légumes et les fruits. De telle sorte que l'abstinence du carême n'est réellement observée que par ceux qui le plus souvent ne jeûnent que trop pendant le reste de l'année.

On sait l'histoire de ce paysan qui avait été domestique chez son seigneur, — et qui disait : « Je ne peux pas faire maigre : c'est trop cher ; — il faut des truites de Genève, des carpes du Rhin, des fruits et des légumes de primeur, du vin de Champagne et des truffes. »

Ce n'est pas ainsi qu'on entendait l'abstinence aux époques où je vais prendre quelques exemples encore parfaitement jugés bons en 1760 et probablement plus longtemps.

« Un aubergiste appelé Gobart loge chez lui plusieurs personnes qui veulent souper les jours de jeûne, — et il leur donne à souper croyant ne pas pécher, parce que, s'il leur refuse à souper, ils ne s'abstiendront pas pour cela, mais iront simplement souper chez un autre aubergiste, et que le seul résultat sera qu'il ne pourra plus gagner sa vie et celle de sa famille.

» Gobart se trompe : il ne doit pas pourvoir à la subsistance de sa famille et à la sienne par le péché. C'est la doctrine de saint Paul sur ce sujet : Gobart est criminel. »

« Le mardi gras, Émeric mange jusqu'à ce que l'horloge voisine sonne minuit. Au premier coup de minuit, il remet sur son assiette la bouchée qu'il tenait déjà aux pointes de sa fourchette. Mais il se trouve que cette horloge retarde d'un quart d'heure, et que, au moment où elle sonne minuit, il est minuit un quart à toutes les autres horloges : donc, en réalité, Émeric ne peut se conformer au jeûne, dont la règle est de ne rien prendre depuis minuit jusqu'à midi. Émeric a-t-il péché ? »

Si l'horloge passe pour une bonne horloge, si elle est d'ordinaire bien réglée, et si c'est elle qu'Émeric a coutume de consulter, il n'a pas précisément violé la loi du jeûne, — il est inutile de dire qu'il est criminel s'il savait cette circonstance que l'horloge retardait, — mais seulement, si cette horloge passe dans la ville pour ne pas être excellente, pour se déranger facilement, pour retarder ordinairement sur celles de la ville, Émeric alors est coupable : c'est l'opinion du père Sanchez.

« André, un jour de jeûne, tout en l'observant rigoureusement, c'est-à-dire en ne mangeant de minuit à minuit qu'une seule fois à l'heure de midi, se laisse aller à penser avec plaisir au moment où il fera ce repas, ou bien il se rappellera avec complaisance quelque bon dîner qu'il a fait dans une autre occasion : cette gourmandise platonique n'est qu'un péché léger, mais c'est un péché. »

Parmi les moines anciens, on en a vu qui ne mangeaient qu'une fois en trois jours ; d'autres une fois en six jours. — Il y a eu, parmi les moines d'Orient, dans le monastère de saint Pacôme, un religieux nommé Jonas, qui, pendant quatre-vingt-cinq ans, fut employé à cultiver le jardin : — jamais il n'en goûta un seul fruit. Il ne mangea jamais rien de cuit ; sa nourriture consistait en herbes crues trempées dans du vinaigre. Il ne se permettait, la nuit, de dormir que sur une chaise.

Saint Julien Sabas ne mangeait qu'une fois la semaine ; ce repas se composait de pain de millet avec de l'eau et du sel ; il avait cent disciples qui suivaient le même régime.

— Saint Macaire d'Alexandrie, dont je vous ai parlé déjà, avait renoncé au pain et à l'eau, y trouvant trop de sensualité : il ne mangeait que le dimanche, et ce jour-là son repas se composait d'une feuille chou crue.

Les moines du mont Sina avaient de même rejeté le pain de leur nourriture : ils ne mangeaient que quelques dattes scrupuleusement comptées. Il y avait du pain dans la cellule du supérieur, mais il ne servait qu'à régaler les voyageurs et les hôtes.

Saint Pierre Damien, cardinal, parlant des austérités des religieux dont il avait été le supérieur, affirme qu'il y en avait quelques-uns parmi eux qui passaient l'avent et le carême sans manger, excepté les dimanches et fêtes.

Selon l'ancienne constitution des chartreux, dont la règle est plus récente, ils ne faisaient qu'un seul repas le lundi, le mercredi et le vendredi, et ce repas consistait en un morceau de pain, une certaine mesure d'eau et un peu de sel. Les autres jours, ils ajoutaient un peu de légumes. Depuis les ides de septembre jusqu'à Pâques, ils ne faisaient qu'un de ces repas chaque jour.

Saint François de Paule, instituteur des Minimes, qui a vécu jusqu'à quatre-vingt-onze ans, ne mangeait chaque jour qu'après le coucher du soleil. Il passait souvent deux, trois et quatre jours sans manger.

Jean de la Barrière, auteur de la réforme des Feuillants, ne vécut pendant quatre ans que de fleurs de genêt et d'herbes sauvages, sans pain. Sa vie fut imitée par plusieurs religieux de son ordre, qui embrassèrent la réforme. Voici leur règle : ils marchaient nu-pieds, sans sandales ; ils avaient toujours la tête nue, dormaient tout vêtus sur des planches et ne mangeaient qu'à genoux. — Il y en avait qui buvaient dans des crânes de mort ; ils se nourrissaient d'herbes cuites avec du sel ; mais quelques-uns retranchaient le sel, d'autres mangeaient les herbes crues ; ils mangeaient du pain de farine d'orge dont on ne séparait pas le son. — En 1595, on modéra ces rigueurs.

Les Carmélites réformées par sainte Thérèse se faisaient un plaisir d'imaginer des privations et des austérités : — quelques-unes mangeaient des glands, d'autres ne se nourrissaient que de feuilles de vigne ; — celles qui mangeaient des légumes n'y mettaient pas de beurre, puis elles ne tardèrent pas à se retrancher également le sel ; — quelques-unes saupoudraient leurs aliments de cendre, ou y mêlaient quelques herbes amères ou fétides, telles que l'absinthe et l'aloès. On en a vu qui ne mangeaient jamais que du pain avec un peu d'eau, — se fixaient un nombre de bouchées de pain qu'elles s'efforçaient sans cesse de diminuer : — c'était un grand triomphe quand on en était arrivé à ne plus manger que douze ou treize bouchées de pain chaque jour ; — on s'exerçait aussi à ne pas boire ; on se fixait un nombre de gorgées d'eau qu'on ne dépassait jamais, et que l'on s'occupait sans cesse à restreindre.

On lit dans un livre de sainte Thérèse des détails curieux sur la bienheureuse Catherine de Cordoue. Après avoir dans le monde et à la cour d'Espagne pratiqué de grandes austérités, elle prit la résolution de quitter la cour et de se retirer dans une caverne. Elle couchait sur la terre nue ; une pierre lui servait de chevet.

Elle se réduisit graduellement à paître l'herbe comme les bêtes, et, pendant le carême, pour augmenter ses austérités, elle ne se permettait pas de s'appuyer sur ses mains pour brouter avec moins de fatigue.

Les mahométans, du reste, pratiquent encore le jeûne avec une extrême sévérité. Joseph de l'Isle, prieur et abbé, affirme qu'il est défendu aux Persans, durant le temps du jeûne, de se baigner, de se laver la bouche, les lèvres et même le visage, de peur que ce rafraîchissement ne soit une infraction à l'abstinence. Quelques-uns n'avalent pas leur salive et tiennent leur bouche fermée le plus possible, prétendant que l'air rompt le jeûne s'il est pris au delà de ce qui est rigoureusement nécessaire pour ne pas étouffer.

Pour les mahométans, toucher la main d'une femme en temps de jeûne, c'est y manquer complétement.

Je ne rapporterai pas ici les lois et les rigueurs cruelles appliquées à ceux qui mangeaient de la chair en carême : — cela n'entre pas dans le plan de ce chapitre, où je veux surtout montrer aux fervents d'aujourd'hui combien ils sont loin des austérités que s'imposaient volontairement les fervents d'autrefois.

Jeanne, fille de Louis XI, qui fut épousée et répudiée par le duc d'Orléans, depuis Louis XII, en 1498, se retira à Bourges, où elle fonda l'ordre des Annonciades.

Lorsque le cardinal de Luxembourg lui lut la sentence de nullité de son mariage avec le roi, — à peine commençait-il la lecture, dit un écrivain ecclésiastique, que le ciel, jusque-là fort serein, s'obscurcit; le tonnerre gronda, d'épaisses nuées changèrent le jour en sombre nuit, de sorte qu'il fallut faire apporter des flambeaux pour notifier l'arrêt de divorce, que le cardinal lut d'une voix tremblante.

Entre autres austérités auxquelles elle se livra, on en cite une assez étrange.

Jeanne de France jouait bien du luth : elle considéra comme un péché le plaisir qu'elle y prenait, et, pour en détruire la cause à la fois et l'expier, elle cassa son luth et en fit un instrument de pénitence et de mortification; c'était une croix à laquelle elle attacha cinq clous assez longs dont les pointes sortaient d'un côté ; elle s'appliqua ces pointes sur la poitrine et porta ainsi cette croix sur la peau le reste de ses jours.

Jeanne de France a été béatifiée, et l'Église la commémore le 4 février.

Tout en gardant quelques doutes sur le degré de plaisir que font à Dieu ces cruautés exercées sur soi-même, il est intéressant de voir comment cette malheureuse reine expiait les péchés de son mari, tandis que tant d'autres gens, méconnaissant les principes de la religion, la pratiquent de telle façon qu'ils trouvent moyen de faire expier leurs propres fautes aux autres, et montrent moins d'amour de Dieu que de haine du prochain, n'ayant de religion que tout juste ce qu'il en faut pour se haïr sans scrupule les uns les autres.

Je n'entrerai pas dans les détails des austérités de toute nature qu'inventaient les anciens solitaires : je n'ai voulu parler que du carême, et d'ailleurs quelques-unes de ces imaginations consistant à ne jamais changer de vêtements et à se laisser manger tout vivant par les vers, ce serait un médiocre plaisir pour les lecteurs que les offrir à leur imagination.

J'ai lu dans un casuiste le récit d'une leçon ingénieuse donnée à un prédicateur trop sévère par un curé de campagne.

C'était sur une montagne escarpée qu'était la paroisse. — Le prédicateur y arrive fatigué, mais seulement au moment de monter en chaire ; — il était naturellement rigide, mais de plus la difficulté des chemins et la fatigue l'avaient mis un peu de mauvaise humeur. — Il n'en prêcha que mieux et fut terrible en parlant de la nécessité des austérités, de l'abstinence et du jeûne ; il n'épargna pas les menaces à ceux qui ne les pratiquaient pas ; il tonna contre le luxe, la gourmandise, les plaisirs et la volupté, ; — puis, le sermon terminé, il alla dîner chez le curé.

Celui-ci était un très-brave homme, qui aimait ses paroissiens comme s'ils eussent été ses enfants ; il avait été affligé de les voir traiter aussi rudement.

Cependant il ne dit rien. On met la table, on s'assied, et la vieille servante du curé apporte un gâteau de farine de châtaigne et de l'eau. Le prédicateur accepte un morceau de gâteau en se réservant pour la suite du dîner ; mais le curé l'avertit que c'est tout le repas.

— Hélas ! dit-il, nous sommes ici tous pauvres, et, malgré mes efforts, il y a encore des familles qui sont loin d'avoir leur suffisance de ce pain de châtaignes qui ne vous paraît pas très-bon.

Le casuiste approuve le curé jusqu'à un certain point ; mais il blâme le prédicateur d'avoir, après cette leçon, adouci dans un second sermon les principes développés dans le premier.

Je n'ai pas voulu, dans ces lignes, rien dire contre l'institution du jeûne et des abstinences ; cela m'est parfaitement égal ; tout ce qu'on fait en but d'honorer la puissance divine est respectable ; mais je me persuaderai difficilement que le zèle qu'on emploie à faire jeûner les autres soit un corollaire indispensable du zèle qui vous porte à vous imposer à vous-même des abstinences. Il me semble même assez vraisemblable que le complément d'un carême pendant lequel vous, qui vivez d'ordinaire dans l'abondance, vous vous imposez le jeûne avec l'intention et l'espoir d'être agréables à Dieu, rendrait ce résultat plus certain peut-être si, en même temps que vous jeûnez, vous empêchiez de jeûner quelques-unes de ces pauvres familles qui ne jeûnent que trop malgré elles, et pour lesquelles la vie tout entière n'est qu'un long et rigoureux carême. Appliquez à leurs besoins ce que vous retranchez de vos habitudes pendant ce temps de sévérité, et alors, de l'aveu de tout le monde, catholiques fervents ou catholiques modérés, ou pis encore, vous aurez fait, sans contestation possible, pendant votre carême, une œuvre sainte et tout à fait agréable à Dieu.

III

SOUS PRÉTEXTE DU PROGRÈS.

On parle souvent de progrès ; un des malheurs de ce temps-ci, et peut-être du pays où nous sommes, c'est que chacun confond le *progrès* avec la réalisation de ses propres rêves, la satisfaction de ses besoins ou de ses ambitions, et surtout s'efforce de faire passer cette confusion dans l'esprit des autres. « Le progrès, dit l'un, c'est qu'un homme de talent et de mérite... comme moi... ait un carrosse et des chevaux alezan brûlé. — Le progrès, dit un autre, c'est que je sois à mon tour à la tête des affaires. — Le progrès, s'écrie un troisième, ce serait que le Café de Paris fût chargé par l'État de me nourrir, et que Bernard me coupât les habits les plus élégants sans jamais me présenter de mémoire. » — Si ce ne sont les paroles qu'on emploie, c'en est du moins le sens.

Beaucoup d'esprits cependant commencent à voir clair dans tout cela et à débrouiller ces fagots de contradictions. Le progrès qu'il faut poursuivre, selon ces hommes que j'appellerai clairvoyants, parce que je suis de leur avis, doit consister à faire un certain nombre de pas en arrière, à se débarrasser de l'énorme quantité de sottises et d'absurdités que le genre humain a amassées et colligées depuis cinq mille ans, et à remettre un tant soit peu l'homme dans la situation où Dieu l'avait placé en le créant.

Il est évident que l'homme naît laboureur, chasseur ou pêcheur, c'est-à-dire que c'est à la nature qu'il doit demander directement la satisfaction de ses besoins. Il est incontestable que ces métiers sont les plus nobles de tous les métiers ; les plus nobles, parce qu'ils ne relèvent que de la Providence, parce que le bien et le mal leur viennent directement du ciel.

Ceux-là seuls doivent être autre chose qui ont une aptitude naturelle et très-nettement marquée pour une autre profession que laboureur ou chasseur.

Eh bien ! de progrès en progrès, on est arrivé à ceci, que toute la jeunesse se jette avec violence dans deux ou trois professions dites libérales, sans qu'on tienne aucun compte ni de la vocation, ni de l'aptitude des gens, ni de l'encombrement de ces professions. Donnez à tous les pères de famille les moyens de *pousser* leurs enfants, et vous les verrez les destiner tous à la médecine et au barreau.

Il serait bon de revenir au point de départ.

Les hommes sont nés libres : — la société a dû demander à chacun une part de sa liberté dans l'intérêt de la sécurité commune. — Il s'agit aujourd'hui de rendre à l'individu tout ce que la sécurité de la société permet de lui rendre de sa primitive liberté, de partager le reliquat du fonds social : — c'est encore se rapprocher du point de départ.

L'égalité n'existe pas et ne peut pas exister — du moment qu'il y a une femme plus belle qu'une autre femme ou un homme plus fort qu'un autre homme, il n'y a plus d'égalité possible. La philosophie s'efforce d'achever d'effacer l'inégalité de caste, mais ce sera nécessairement au pofit de l'inégalité des individus. On tâche de s'acheminer vers cette vérité que l'égalité ne consiste pas à être tous la même chose, mais à parvenir à un même degré d'excellence chacun dans sa fonction ; qu'un bon laboureur est l'égal d'un grand poëte ou d'un homme d'Etat distingué, mais qu'un homme d'Etat médiocre et un mauvais poëte ne sont pas les égaux d'un bon laboureur, — c'est-à-dire qu'il faut n'attendre que de soi-même son rang dans la société. C'était ainsi au commencement du monde

On abat des rues entières à Paris pour faire des maisons plus saines, plus aérées ; — pendant des siècles, les hommes se sont agglomérés, entassés les uns sur les autres : — cela n'a été bon ni pour la santé, ni pour la vertu, ni pour la tranquillité. L'haleine de l'homme est mortelle à l'homme : — les hommes doivent vivre, même en société, à une certaine distance les uns des autres. Il faut à l'homme de l'air et du soleil. Un homme qui se porte bien aspire environ sept cent quatre-vingt-six litres d'air par heure. On supporte bien plus longtemps la privation de nourriture que la privation de l'air. — Eh bien ! ces cages superposées que l'on appelle maisons, — qui sembleraient bien singulières si l'habitude de les voir n'en détruisait pas l'impression, ces cages dans lesquelles il faut payer son emprisonnement, ne contiennent pas à beaucoup près la quantité d'air suffisante pour les malheureuses familles qui y sont entassées.

Cet air vicié, empoisonné, a tellement fait sentir ses effets en dépeuplant certains quartiers, qu'on commence à s'occuper de les assainir, — c'est-à-dire que l'on retourne en arrière, et que l'on va écarter un peu plus les uns des autres les habitants des grandes villes. Avant ces prodigieuses agglomérations d'hommes, il y avait sans doute quelquefois des gens qui ne mangeaient pas assez, — comme aujourd'hui, — mais tout le monde avait au moins de l'air à discrétion ; — chacun pouvait chaque jour dépenser ses dix-huit mille huit cent soixante-quatre litres d'air sans que rien l'en empêchât. C'est à cette situation que l'on doit revenir.

Le commerce a commencé ainsi : ma terre est forte et fertile ; — le blé y a végété admirablement, — mais les légumes y sont de qualité médiocre, la tienne est légère et sablonneuse : le blé y serait faible et grêle, mais les pommes de terre et les navets y sont excellents. Si j'ensemence toute ma terre de blé, il y en aura trop pour ma famille et pour moi ; si tu ensemences la tienne de légumes, tu ne pourras manger tous tes légumes, et tu n'auras pas de blé.

Eh bien ! faisons produire chacun à notre terre ce qu'elle produit le mieux : — tu me donneras de bonnes pommes de terre, et je te donnerai en échange de bon blé ; — de cette façon, chacun de nous aura des grains et des légumes, et aura le tout excellent.

Plus tard, on a facilité ces échanges par l'invention de la monnaie, signe représentatif de toutes les denrées.

Ces relations, ces échanges, ce commerce enfin, qui s'étaient naturellement établis de voisins à voisins, d'individus à individus, s'établit bientôt de province à province, puis de peuple à peuple. Alors ce qu'un pays produisait abondamment et à bon marché était donné à un pays dont le sol et le soleil ne l'auraient pas produit ou l'auraient donné à un prix beaucoup plus élevé. Ce pays donnait en échange celles de ses productions qui se trouvaient dans le même cas, et tous deux s'enrichissaient ainsi.

Mais il vint un jour à de grands génies une idée lumineuse. « Si nous continuions à vendre aux étrangers, se dirent ces grands génies, et si nous ne leur achetions plus, nous recevrions leur argent et nous garderions le nôtre. Pour cela, il faut faire tout chez nous et nous-mêmes. »

Ces grands génies se trompaient en plusieurs points. D'abord l'argent n'est pas la richesse : il n'en est que le signe représentatif ; il se multiplie en circulant, à peu près comme dans les représentations des drames du Cirque-Olympique on fait passer sous les yeux du public une armée de trois cent mille hommes au moyen de cinquante figurants qui rentrent par une coulisse à mesure qu'ils sortent par l'autre.

Un autre point plus grave, — c'est que la France, par exemple, si fertile et si riche par son sol,—de tous les pays de l'Europe, sans contredit, celui qui pourrait le plus facilement se passer de commerce, ne produit pas cependant tout également bon, et surtout ne produit certaines choses qu'à un prix élevé. Or, les étrangers apportant sur nos marchés les mêmes objets à un prix inférieur, il aurait fallu que les Français vendissent au même prix, c'est-à-dire au-dessous du prix de revient, c'est-à-dire qu'ils auraient bien vite renoncé à cette ingrate production, — ce qui aurait été parfaitement raisonnable; car alors ils auraient augmenté d'autant la production des choses qu'ils peuvent donner meilleures et à plus bas prix que les étrangers, et on revenait ainsi au point de départ.

Les susdits grands génies corroborèrent leur première invention par une seconde invention ; ils imaginèrent de frapper d'un droit les produits de l'étranger, droit qui l'oblige à vendre sur nos marchés plus cher que nous.

Alors les étrangers ont suivi cet exemple, et ont également imposé un droit à nos productions.

Cependant il y avait à côté de l'invention des grands génies une idée juste et raisonnable. — Ils l'ont évitée avec l'adresse que mettait un bon conducteur de char dans les jeux olympiens à raser la borne.

Cette idée était celle-ci. Voyons une bonne fois celles de ces productions, celles de ces industries, qui peuvent devenir propres à la France ;—n'achetons aux étrangers que ce qu'ils font et produisent ou meilleur ou moins cher que chez nous. Mais cette expérience demande des essais, des tentatives, un apprentissage ; il ne faut pas décourager et rendre inutiles des efforts qui nécessairement n'arriveront pas tout de suite au but.—Frappons d'un droit tels et tels produits de l'étranger que les apparences nous désignent comme pouvant se naturaliser chez nous ; — mais fixons à ce droit une limite de dix ans, de vingt ans si on veut. — On le diminuera au bout de dix ans, on l'abolira au bout de vingt ans, car dans cet espace de temps on sera fixé : — ou la France produira aussi bon et au même prix, ou on saura qu'elle ne le peut pas. — Dans le premier cas, elle n'aura rien à craindre de la concurrence ; dans le second, elle ne s'amusera pas à continuer à payer plus cher à elle-même et à consommer plus mauvais ce que l'étranger lui offre à meilleur marché et de meilleure qualité.

Cette épreuve faite, — il est probable que la France aura conquis une ou deux industries.

Mais les grands génies susdits ont imaginé d'imposer ces droits à toujours, — les bestiaux étrangers, par exemple, viendraient sur nos marchés à un prix bien plus bas que ne s'y présentent les nôtres, — c'est-à-dire que la viande, le plus utile des aliments, serait à la portée des plus pauvres. Certes, il est fâcheux de voir nos belles prairies et nos riches campagnes ne pas arriver à des produits égaux à ceux de l'étranger.— Il était très-juste de se dire : Le pays va s'imposer un grand sacrifice : —une génération peut-être ne mangera pas de viande, en mangera peu, la mangera à haut prix, — selon la fortune de chacun, mais une industrie sera conquise par notre pays, et l'histoire gardera le souvenir de la génération qui aura accompli cet acte de dévouement.

Nous allons imposer les bestiaux étrangers pendant cinquante ans, de manière qu'ils ne puissent être vendus en France à un prix plus bas que les nôtres. Pendant ce temps-là, on va multiplier les encouragements à l'agriculture, les tentatives, les essais, les efforts de tous genres. Dans dix ans, on fera une statistique, et on abaissera le droit sur les bestiaux étrangers en proportion des progrès que nous aurons faits,—et ainsi de suite de dix ans en dix ans. A la fin de la cinquantième année, les droits protecteurs seront abolis, ou nous serons arrivés de progrès en progrès à pouvoir produire dans les mêmes conditions que l'étranger, ou nous saurons que nous ne le pouvons pas. Dans les deux cas, le temps de l'épreuve et du sacrifice sera écoulé, — et on mangera en France de bonne viande et à bon marché.

Mais, je l'ai dit,—cette idée raisonnable a été évitée avec le plus grand succès.

On a frappé à tout jamais les bestiaux étrangers d'un droit dit protecteur. — Grâce à ce droit, qui permet de vendre toujours la viande trop cher, nos éleveurs, ou ne s'occupent nullement du progrès, dont ils n'ont pas besoin, ou, s'ils s'en occupent, ils en bénéficient seuls. Et nous payerons toujours la viande trop cher, et toujours le plus grand nombre des Français n'en mangeront pas, — ce qui ne me paraît pas compensé par la gloire, pour le nombre relativement très-petit qui mange de la viande française, fût-elle tricolore.

Il serait donc raisonnable, il est donc indispensable de revenir aux formes originelles du commerce, — c'est-à-dire à l'échange et à l'abolition d'un système protecteur qui ne protége que la routine, la misère et la faim.

Autrefois, le café se faisait avec les grains du caféier, — aujourd'hui, de progrès en progrès, on le fait avec de la chicorée sauvage; puis on a imaginé de fausse chicorée. La chicorée était devenue très-chère : on lui substitua avec avantage, — pour le marchand, — de la poudre d'orge grillée et du charbon d'os.

Le pain se faisait jadis avec de la farine de froment ; — quelques-uns ont adopté un perfectionnement qui consiste à y mêler de la farine de cailloux blancs qui se trouvent dans le département de l'Allier, — ou de l'albâtre, — sulfate de chaux. — Au moyen de sulfate de cuivre, on peut se servir de farines avariées. — Autrefois on faisait le vin avec le jus du raisin : — c'était l'enfance de l'art, c'était barbare, c'était gaulois ; — les baies du sureau et de l'hièble se mêlent très-utilement aux baies de la vigne :— avec de la litharge, on peut encore vendre des vins aigris qu'il aurait fallu jeter : — c'est un poison, mais c'est d'un bon produit.

Autrefois — les biftecks se faisaient de bœuf, les civets de lièvre, les gibelottes de lapin ; — certains petits cabaretiers ont inventé le bifteck de cheval, le civet de chat et la gibelotte de poulains tirés morts du ventre de leur mère abattue.

La cassonade pendant quelque temps était le produit de la canne à sucre ou de la betterave ; on y mêle aujourd'hui du sable, du plâtre, de la craie, etc.

Le miel autrefois était pris dans les ruches : — on le perfectionne aujourd'hui en y mêlant de la farine de haricots.

Je ne donne aujourd'hui qu'un petit nombre d'exemples de ce genre, et je les ai pris dans les Mémoires de l'ancien préfet de police, M. Gisquet, et dans les écrits de MM. Orfila, Duvergier, Parisot, Robine, Garnier, Harel, etc., où il y en a bien d'autres.

Eh bien ! de bonne foi, je pense qu'il faut en revenir à faire le café avec du café, le pain avec de la farine, le vin avec du raisin, les biftecks avec du bœuf, les civets avec du lièvre, les gibelottes avec du lapin, le sucre avec la canne et la betterave, et à laisser faire le miel aux abeilles d'après leur ancienne méthode, qu'elles n'ont pas changée et qui est la bonne.

Il ne serait pas, je crois, non plus hors de propos de remettre la livre à seize onces.

J'abrége à dessein, me contentant d'indiquer certains points, dans la crainte d'ennuyer les lecteurs, ce que ce soin ne m'a peut-être pas fait éviter; — mais je veux au moins qu'ils sachent, si je les ai ennuyés un peu, que je pouvais les ennuyer davantage, et que je ne l'ai pas voulu.

Mais, de tout ceci, quelque sommaires que soient mes arguments, il me semble résulter :

Que l'homme n'a pas toujours réussi dans ses perfectionnements, et qu'un certain nombre de ses progrès sont d'assez mauvaises choses ;

Qu'en cinq mille ans, au moins, l'homme, qui a mis tout ce temps à se faire tel qu'il est aujourd'hui, n'a peut-être qu'à gagner à se rapprocher un peu de l'homme tel que Dieu l'avait créé ;

Que, s'il est juste de s'occuper de certains progrès, il est urgent de se débarrasser d'un bagage assez volumineux de sottises, d'absurdités et d'idées fausses et funestes amassées à grands frais, à grand'peine, à grande misère, depuis l'origine du monde.

Permettez-moi d'employer ce qui me reste de papier blanc aujourd'hui à remarquer que la France est bien riche; elle ne s'en aperçoit que par ses pertes, de même qu'on n'apprécie la santé que quand on est malade. Dans l'espace d'un an, la France a été assez riche pour perdre Balzac et Pradier.

Il y a quelques années, je disais de Balzac dans les *Guêpes :* « L'Académie de notre temps veut avoir aussi son Molière à ne pas nommer. » Et il y a quelques mois de Pradier, dans le chapitre précédent : « Quand Pradier sera assez mort, on reconnaîtra que nous aussi nous avions notre Praxitèle. »

Que l'on me pardonne l'orgueil de n'avoir pas attendu leur mort pour me donner le bonheur de les apprécier, c'est-à-dire de les admirer et de les aimer.

IV

DE L'INJUSTICE DE CERTAINES PLAINTES, RÉPONSE A UNE LETTRE.

Voici en deux lignes, monsieur, le résumé de votre lettre : « Vous êtes riche, vous aimez à faire le bien, mais vous n'avez jamais rencontré que des ingrats ; vous êtes rebuté et vous allez devenir égoïste. » Vous ajoutez le récit de quelques désappointements que vous avez éprouvés. Permettez-moi de vous dire que votre découragement vient de ce que vous vous êtes trompé vous-même; si vous vous adressez à un pommier et que vous lui demandiez des pêches, il vous dira : « Prenez mes pommes, si vous voulez, mais je ne produis pas de pêches. » Si vous croyez que l'arbre vous doit des pêches, si vous l'abattez et le brûlez, je vous en avertis, vous regretterez les pommes plus tard.

Beaucoup de gens—je ferais mieux de dire presque tout le monde—croient trouver sur les routes de la vie des ombrages parfumés, du soleil, des roses doubles — peut-être des roses bleues — et des fruits savoureux. — Croyez-moi, cueillez les églantines et les fruits noirs des ronces, sans même vous plaindre des épines — au lieu de passer dédaigneusement devant les haies.

Vous avez cru que vous pouviez compter sur la reconnaissance des gens à qui vous faisiez du bien. C'était une erreur : vous agissiez en usurier, on ne vous a pas payé ; le diable en rit, et Jupiter ne froncera pas le sourcil pour cela. Au moment où j'écris, je vois, par la fenêtre qui donne sur mon jardin, un grand sorbier chargé d'ombelles de graines rouges ; sur le sorbier sont deux gros merles noirs, qui, de leurs becs orange, font un festin somptueux aux dépens des baies de corail du sorbier. Croyez-vous que le sorbier exige des merles qu'ils chantent ses louanges, ou qu'il les querelle de ce qu'ils n'ont pas de fruits à lui donner en échange des siens? Non, le sorbier est très-heureux de ce que les merles chantent sous son feuillage jauni. Et voulez-vous savoir ce que les merles chantent? Vous croyez peut-être qu'ils disent: « Oh! le grand sorbier, le généreux sorbier! qu'il soit béni entre tous les arbres! » Nullement, écoutez-les :

« Oh! les bonnes sorbes! jamais je n'en ai mangé de si

mûres et de si rouges. Moi qui m'inquiétais pour l'hiver !
il y a ici de la nourriture pour jusqu'au printemps.—Ohé !
accourez, mes compagnons, et vous, mes petits, accourez
faire un repas délicieux. » Vous voyez, il n'y a rien là pour
le sorbier ; mais cela se chante sur une mélodie suave et
joyeuse, et le sorbier jouit de la joie des oiseaux, et il ne
désire pas n'avoir pas de fleurs et de graines l'année prochaine. Voyez-vous, la Providence a fait les sorbiers pour
les merles ! Si vous êtes un sorbier, faites tranquillement
votre état de sorbier, et ne gémissez pas, et ne grognez pas.

D'ailleurs, malgré vos terribles résolutions, vous ne réus-
sirez pas à changer de nature, vous resterez ce que vous
êtes. Lui aussi, le sorbier, quand les merles et les grives
l'auront dépouillé, il aura un air assez refrogné ; mais re-
gardez-le au printemps, entre tous les arbres des bois, il
sera premier à étaler les fleurs qui doivent être des fruits.

Si une porte mal fermée vous empêche de dormir la nuit,
vous vous levez pour la fermer, et vous n'attendez pas que
la porte vous dise : « Grand merci ! »

Eh bien ! si, au moment de vous mettre à table devant
un bon feu, vous vous dites : « J'ai rencontré tout à l'heure
mon voisin Pierre, qui revenait de la ville avant la fin de
la journée, — c'est qu'il n'a pas d'ouvrage, — il ne doit y
avoir dans sa maison ni feu, ni pain. » — Voilà tout votre
dîner gâté, il va se mêler de l'amertume à ce gigot qui
exhale un fumet savoureux, — vous faites vite porter un
pain, un pot de cidre, un fagot et trois livres de viande chez
votre voisin Pierre, et il ne manque plus rien à votre dîner,
puisqu'il n'y manquait qu'une chose, à savoir que votre
voisin dînât aussi. — Vous doit-il de la reconnaissance ?
Nullement, à moins que ça ne lui fasse plaisir : il y a des
gens à qui ça fait plaisir d'avoir un sujet d'aimer quelqu'un.

— Mais, s'il n'est pas ainsi construit, il ne vous doit rien du tout. — Lui et ses enfants crieront : « Oh ! le bon cidre ! oh ! le beau pain blanc ! oh ! l'excellente soupe ! » — et vous, vous ferez un bon dîner, — de même que vous dormirez mieux après avoir fermé la porte ou le volet que le vent faisait battre.

Non-seulement le voisin ne vous doit rien, mais c'est vous qui lui devez quelque chose. — En effet, vous l'avez mis à même de satisfaire les besoins et l'appétit de l'homme et de la brute, — tandis que lui vous a donné l'occasion de satisfaire les besoins et l'appétit d'un Dieu : faire du bien. — Ceci n'est qu'un côté de la question.

— « Un service qu'on rend est une dette qu'on contracte. »

Pierre et sa famille n'avaient pas de quoi dîner, vous vous êtes érigé à leur égard en Providence secourable ; très-bien. Mais dans huit jours, dans huit mois, dans huit ans, si, un soir que Pierre et sa famille n'auront pas à souper et qu'ils viendront vous prier de les aider, vous ne le faites pas, vous les aurez trompés ; ils avaient compté sur vous : vous les volez ; et, je vous le dis en vérité, ils seront vos ennemis et vous feront tout le mal possible. Je ne vous dis pas cela pour achever de vous rebuter, bien au contraire. — D'ailleurs, vous obéirez à votre tempérament ; si vous êtes né sorbier, vous vivrez et vous mourrez sorbier. Épargnez-vous donc les regrets et les projets. Le sorbier souffrirait bien plus de ne porter ni fleurs ni fruits qu'il ne souffre de les voir mangés par des merles qui s'envolent lorsqu'ils ont mangé sa parure.

Permettez-moi de vous donner trois exemples et une preuve de ce que je vous dis.

Quelqu'un, dont il est inutile de dire ici le nom, a reçu de la nature un triste privilége ; — c'est ce privilége, surtout, qui distingue l'homme des autres animaux, et certains hommes des autres hommes.

Expliquons ce privilége :

Il fait froid, vous souffrez du froid depuis la tête jusqu'aux pieds, jusqu'aux ongles :—mais naturellement votre souffrance s'arrête là. Vous avez faim, vous remplissez votre estomac, — et naturellement vous n'avez plus faim ; il ne vous reste plus qu'à digérer.

Eh bien ! il y a des gens qui ont froid aux doigts des autres, et qui, lorsqu'ils ont rempli leur estomac, souffrent encore du vide de l'estomac d'autrui.

Vous comprenez que ces gens-là sont très-exigeants, impossibles à satisfaire, qu'en un mot ce sont des espèces de monstres— qui coûteraient fort cher à nourrir, qui seraient une cause de ruine inévitable pour la Providence, et qui sont obligés de rester un peu sur leur appétit. Il est parfaitement ridicule de demander pour cela de la reconnaissance et de la réciprocité. — Vous avez froid à vos doigts, réchauffez-les — vous avez froid également à mes doigts, eh bien ! chauffez aussi mes doigts—puisque vous en souffrez, c'est votre affaire, je ne vous dois pas plus de reconnaissance parce que vous réchauffez mes doigts que parce que vous réchauffez les vôtres ; c'est ma souffrance que vous vous ôtez. Moi j'ai froid à mes doigts, c'est vrai— mais, comme je n'ai pas froid aux vôtres, je ne réchauffe que les miens. — Ah ! si je m'occupais aussi de réchauffer les vôtres, moi qui n'y ai pas froid, vous me devriez de la reconnaissance, mais je n'y penserai seulement pas — pas plus que vous ne penseriez à réchauffer les miens si vous n'y aviez pas froid—cela vous regarde—c'est votre égoïsme à vous, arrangez-vous-en.

Vous avez faim et soif, et vous pouvez manger un perdreau et boire une bouteille de vin du Rhin, cela remplirait agréablement le vide de votre estomac ; mais, par suite de votre anomale et monstrueuse organisation, vous souffrez aussi du vide du mien. — Comment allez-vous faire pour ne pas souffrir? Je suis assez curieux de voir cela. Vous prenez la monnaie de votre perdreau et de votre bouteille de Johannisberg — comme on change une pièce d'argent en sous pour la partager entre plusieurs pauvres, vous ne remplirez votre estomac que de bœuf bouilli et de petit vin du cru, — mais vous remplirez aussi le mien de la même façon, et vous aurez bien dîné. — Tant mieux pour vous ! je vous en félicite ; mais que j'en sois reconnaissant ! — allons donc ! mon brave homme, vous badinez. Si vous aviez quatre mains au lieu de deux, il vous faudrait bien acheter deux paires de gants. — Vous avez deux estomacs, il faut bien sacrifier la qualité à la quantité. — Je sais bien que Brillat-Savarin parle assez mal du bœuf bouilli, mais vous n'aviez pas le choix ; vous avez simplement agi pour le mieux de votre propre satisfaction. Grand bien vous fasse !

Revenons donc à l'homme dont le nom ne fait rien à l'affaire, maintenant que son infirmité est bien constatée.

Cet homme vit depuis nombre d'années retiré à la campagne, au bord de la mer.

Un matin que la mer était un peu grosse et houleuse, il revenait de relever ses filets dans un de ses canots ; il vit venir à lui un autre canot monté par un vieux pêcheur et ses deux fils, et il se mit à regarder ce canot avec complaisance. En effet, c'était lui qui, pour tirer une famille d'une misère dont la vue le gênait, avait donné ce canot au vieux pêcheur. Ces trois hommes, depuis les bottes jusqu'aux bonnets, n'avaient rien qui ne vînt de lui. Leur canot marchait bien, et notre homme s'en réjouit. Quelques instants plus tard, il rencontra son second canot, le plus grand et le plus beau, qui avait rompu son câble et s'en allait seul en dérive. Les trois pêcheurs avaient passé à côté et ne l'avaient pas arrêté. « C'est juste, se dit notre homme, cela les aurait dérangés et leur aurait fait perdre du temps. D'ailleurs, s'il ne leur a pas pris l'envie de l'arrêter, c'est que cela ne leur faisait pas plaisir de me rendre service. Quand, moi, je les ai obligés, c'est que cela me faisait plaisir, autrement je ne les aurais pas obligés, j'aurais fait comme eux. »

Un autre jour, il causait, avec le maire d'un village voisin, de l'infortune persévérante d'une autre famille de pêcheurs, et il cherchait des moyens de venir au secours de ces pauvres gens. Le maire donnait de tristes détails sur eux ; deux de leurs fils étaient morts à la mer, l'un noyé, l'autre foudroyé, et ces deux fils étaient les deux aînés, c'est-à-dire ceux qui aidaient le père à nourrir la famille.

— La femme, dit le maire, a écrit ses malheurs.

*** se frappa le front.

— Une idée ! s'écria-t-il, il faut que je voie cette histoire !

— Pourquoi faire ? dit le maire, elle est bien ignorante et vous aurez peine à comprendre.

— C'est égal, il y a là de quoi les sauver.

Notre homme alla trouver la femme du pêcheur.

— Vous avez écrit votre vie ? lui dit-il.

— Qui est-ce qui vous a dit ça ?

— Le maire.

— Je lui avais dit de n'en pas parler. Ce n'est rien : le soir à la veillée je couche quelquefois sur des bouts de papier ce que je me rappelle de ma vie.

— Montrez-le moi.

— Je n'oserai jamais.

— Faisons mieux : vendez-moi vos papiers.

— Vous voulez vous gausser.

— Je ne veux pas gausser. Tenez ; deux louis pour vos papiers.

— Allons donc ! l'épicier n'en voudrait pas pour faire des cornets.

La femme résista, *** insista. — Ça me gêne dans mon récit de ne pas avoir de nom pour l'homme en question : appelons-le *Jean*.

Jean donna les deux louis et emporta le manuscrit ; il le lut. C'était diffus, incohérent, dans une langue impossible : — cependant quelques faits avaient de l'intérêt, l'auteur avait évidemment de l'esprit naturel ; Jean s'en ferma, coupa, hacha, rejoignit, traduisit, etc., et fit un livre, puis il le fit imprimer. Il n'avait rien changé aux faits ; il avait conservé autant que possible la naïveté du langage. Le livre de la bonne femme eut du succès et lui fit une petite célébrité. Jean, qui l'avait fait imprimer à ses frais, lui en envoya quelques centaines d'exemplaires qu'elle vendit très-fructueusement aux étrangers. Il reçut pour elle cinq cents francs de la duchesse d'Orléans. Elle éleva sa petite maison d'un étage : — c'était à qui logerait chez elle des gens qui venaient prendre des bains de mer sur la plage qu'elle habite ; elle fit un petit établissement qui prospéra. Jean eut la joie de voir toute la famille dans l'aisance ; il n'y avait plus d'exemplaires du livre ; il en fit faire une nouvelle édition avec le portrait gravé de l'héroïne. Il lui en envoya un grand nombre qui fut bien vite enlevé.

Vers le milieu de cet été, il n'y en avait plus. Jean écrivit à Paris pour en faire acheter et lui envoyer d'autres volumes. Mais la commission ne se fit pas très-promptement, et Jean reçut un matin une lettre de la bonne femme, qui lui écrivait « qu'elle était fort étonnée de ne pas recevoir d'exemplaires de son livre, qu'elle ne lui cachait pas qu'elle était également surprise qu'il ne lui eût, dans le temps, payé que deux louis un ouvrage que tout le monde trouvait si bien ; que c'était bien le moins qu'il lui envoyât des exemplaires quand elle en avait besoin, et que, si à l'avenir il ne la faisait plus ainsi attendre, elle voulait bien ne pas élever de réclamations sur les deux louis *que tout le monde trouvait* n'être pas un prix suffisant, etc. »

— Cette pauvre femme, se dit Jean, — elle ressemble à quelqu'un qui avait trouvé un jour un sac plein de pièces jaunes ; — il a cru que c'étaient autant de louis. — Quand il vit que ce n'étaient que des pièces d'argent doré, il maudit celui qui a perdu le sac et l'appela voleur.

J'ai eu le tort de faire concevoir à cette pauvre femme des espérances supérieures à ce qu'il m'était possible de faire, et elle m'en veut : c'est bien naturel. — D'ailleurs les qualités du cœur qu'elle avait quand elle était pauvre ont disparu avec sa pauvreté : c'est encore bien naturel. — La mousse qui pare si richement les pauvres toits de chaume pendant l'hiver se dessèche au soleil de l'été, et se dessécherait encore plus vite si on la transplantait dans une terre fertile. Elle était bonne quand elle était misérable. — J'aurais tort de m'étonner et bien plus tort encore de me fâcher : ce serait une injustice.

Une autre femme, — celle-là n'était pas une paysanne ; elle avait un chapeau, cette couronne de la bourgeoisie. — Il la reçut poliment ; elle venait le prier de jeter les yeux sur un manuscrit de sa composition ; — elle ne « *lui cachait pas »* qu'elle aurait quelque intérêt à en tirer parti si la la chose avait quelque mérite. —Hélas ! ses vêtements affligés le cachaient encore moins. — Jean promit de lire le manuscrit dès le lendemain, et tint parole. — En ouvrant le cahier, il faisait des vœux ardents pour trouver un chef-d'œuvre ; déjà il se demandait s'il l'offrirait à Lecou, à Hetzel, à Charpentier, à Lévy, à Souverain, à Didier, etc.

Dès la fin de la première page, il n'y avait plus d'illusion possible : — non-seulement il n'y avait ni style, ni sensibilité, ni esprit, — mais il n'y avait pas le moindre soin : l'auteur évidemment n'avait pas relu son cahier.

Il vit arriver le lendemain avec tristesse. —L'auteur vint à l'heure indiquée. —Jean lui dit avec la franchise la plus édulcorée qu'il ne fallait pas qu'elle attendît des ressources de la littérature.

— Avez-vous une autre profession ?

— Je fais des fleurs artificielles et des plumes.

— Ça se trouve à merveille : c'est un heureux hasard ; j'ai précisément besoin de fleurs artificielles ; — voudriez-vous m'en apporter demain un joli bouquet ?

— Très-volontiers.

— Apportez-en un carton plein. Quelques femmes de ma connaissance en ont également besoin ; je vous enverrai chez elles.

Le soir, Jean avertit quelques personnes, assez heureuses pour être à la fois riches et généreuses, qu'elles auraient, le lendemain matin, un besoin urgent de fleurs artificielles un peu chères. En effet, il paya son bouquet et conduisit la marchande, qui fit d'excellentes affaires ; elle le remercia avec effusion.

— A propos, dit Jean, et votre manuscrit ?

— Ah ! monsieur ! jetez-le au feu, je vous en supplie ;

je puis vous avouer maintenant que ce n'était qu'un prétexte pour entrer chez vous et vous intéresser à ma situation.

Jean n'avait pas de feu ; il déchira le papier en deux et le jeta dans un panier.

A un mois de là, il reçut une lettre de la faiseuse de fleurs ; — elle avait un enfant malade : les médecins ne viennent pas toujours pour rien ; les médicaments d'ailleurs sont chers, et les soins à donner à son enfant l'empêchaient de travailler.

— C'est juste, se dit Jean, l'Arabe qui a trouvé un puits dans le désert retourne à ce puits quand la soif le reprend : il est très-naturel qu'elle s'adresse encore à moi.

— Il lui envoya un secours ; — la même chose se répéta trois ou quatre fois pendant l'été. — Enfin, un jour elle vint elle-même ; elle trouvait de l'occupation à Paris ; désormais elle serait à l'abri du besoin ; seulement les pauvres ne comptent pas la distance par kilomètres : — elle était à vingt francs cinquante centimes de Paris.

— Parfaitement raisonné, dit Jean.

Il n'avait que quinze francs ; il alla frapper à la porte d'un ami, auquel il fit donner autant. — Il fut six mois sans entendre parler de sa protégée.

— J'aurais mieux aimé savoir qu'elle avait réussi, se dit-il ; mais son silence me l'indique suffisamment, et il serait absurde à moi de demander davantage.

Mais il ne tarda pas à recevoir une lettre. On lui demandait un secours nouveau et assez important. Cette fois il répondit qu'il ne pouvait faire ce qu'on lui demandait ; il s'excusait de son mieux ; il reconnaissait son tort, mais il était pour le moment très-pauvre lui-même, etc. Il reçut une seconde lettre dans laquelle on le priait d'envoyer à Paris le *manuscrit* qu'on lui avait confié.

— Mais, ma chère dame, répondit Jean, depuis que vous m'avez donné ce que vous appeliez alors des paperasses, depuis que, par votre ordre, je l'ai jeté au panier, ce panier a été rempli et vidé trente fois.

Troisième lettre, dans laquelle on le priait sèchement de faire chercher cet *ouvrage*, auquel on tenait beaucoup.

Jean ne répondit pas.

Quatrième lettre : « Il est donc vrai qu'il est des auteurs qui s'approprient le *fruit des veilles* d'auteurs inconnus, etc. ! Si on a perdu l'*œuvre*, il est juste d'offrir une juste indemnité; on attend l'indemnité. »

Jean continua à ne pas répondre.

La cinquième lettre était de M. Boucly, procureur du roi. Une partie de la lettre était imprimée et disait :

PARQUET.

DÉPARTEMENT DE LA SEINE.

N° 36,579.

Dans cette lettre, M. Boucly annonçait officiellement à Jean qu'il était accusé de *vol de manuscrit*.

A la notification officielle, M. Boucly avait bien voulu ajouter de sa main quelques paroles polies pour Jean.

Mais celui-ci bouleversa sa maison, retrouva le chef-d'œuvre, le porta au parquet et se fit annoncer comme le criminel n° 36,579.

M. le procureur du roi parut fort indigné contre la dénonciatrice, et se livra à son égard à des menaces assez énergiques.

Eh bien ! Jean prétend avoir trouvé, non-seulement d'excellentes raisons pour ne pas se rebuter de rendre quelques services dans l'occasion, mais encore une complète explication et justification de la façon d'agir de la fleuriste. — Les raisons de ne pas devenir égoïste et dur, je vous les ai précédemment énumérées. — La justification de la fleuriste, je ne me la rappelle pas.

Faites comme Jean, monsieur, obéissez à votre nature, accomplissez votre mission, — ou plutôt faites comme vous voudrez : vous ne vous changerez pas. Pourquoi les bons changeraient-ils ? Est-ce que les *autres* changent ?

V

LES PAUVRES ET LES MENDIANTS.

On a fait de gros livres et de longs sermons sur la charité ; on a gourmandé mille et mille fois la dureté des riches, etc., et l'on n'a pas diminué le nombre des pauvres.

Je commencerai ce que j'ai à dire à mon tour sur ce sujet par défendre ces pauvres riches, qui ne sont pas aussi mauvais qu'on le dit. On sait bien qu'ils ne donnent pas autant que les pauvres, mais ils ne le peuvent pas, et cela par une bonne raison : c'est qu'ils ne savent pas. Ils n'y a que ceux qui n'ont pas assez de pain qui partagent ce qu'ils en ont avec ceux qui n'en ont pas du tout. On ne compatit pas facilement aux maux qu'on n'a pas soufferts : quand je vois un riche donner, j'en suis très-touché.

> Défiez-vous des gens qui n'ont jamais souffert.
> Né riche le rimeur ne fera rien qui vaille.
> Sous peine rester un fruit dur, âpre, amer,
> La nèfle doit mûrir, au grenier, sur la paille.

J'ai retenu deux belles paroles sur la bienfaisance : l'une est de Bossuet, je crois.

« Rappelez-vous, dit-il aux riches, que de tous vos trésors vous n'emporterez avec vous, dans l'autre monde, que la part que vous en aurez donnée dans celui-ci. »

L'autre est de Victor Hugo :

« Qui donne aux pauvres prête à Dieu. »

Pour résumer, — les riches donnent et donnent beaucoup en France, — et je vois même tous les jours des gens qui sont loin d'avoir du superflu, faire à de plus pauvres qu'eux une part sur leur nécessaire. Il faut donc s'étonner de voir autant de misère dans un pays où on est aussi naturellement généreux; — j'en ai souvent et assidûment cherché les causes; je ne prétends pas les avoir toutes découvertes, je n'ai pas l'intention non plus de dire ici tout ce que je sais, — je ne veux traiter qu'un côté de la question.

Un médecin qui ne s'occuperait que de combattre les effets d'une maladie, sans en rechercher les causes et les attaquer passerait, à juste titre, pour un médiocre médecin ou pour un homme plus soucieux de se conserver de l'ouvrage que de guérir son malade. — La jaunisse durerait longtemps à celui qui se contenterait d'user de cosmétiques pour changer la couleur fâcheuse de sa peau, ou de se barbouiller de blanc de céruse.

C'est cependant la recette de beaucoup de moralistes, et je parle de ceux qui se disent les plus sérieux, et ne parlent jamais qu'avec les sourcils froncés. — Ils trouvent que c'est une assez vilaine chose que les égouts, et ils se mettent à fermer les égouts, sans s'occuper préalablement si on peut dessécher les ruisseaux ; — de laquelle morale il ne sort que du gâchis.

C'est ainsi qu'on a fermé trois ou quatre maisons de jeu publiques où la police avait ses agents, où les chances du jeu étaient connues d'avance de ceux qui y venaient exposer leur argent, — où ces chances inégales, il est vrai, mais évidentes, une fois acceptées, le joueur était à peu près sûr de perdre, mais seulement par le résultat des chances qu'il savait. Ces maisons publiques ont été remplacées par une quantité innombrable de tripots clandestins, où la police n'exerce et ne peut exercer qu'une surveillance difficile et intermittente, dont elle n'apprend l'existence que lorsqu'ils ont déjà causé beaucoup de mal, et où les dupes, outre les chances ordinaires de la roulette ou de tout autre jeu, sont encore exposées aux ruses variées des filous.

Il y a des gens qui ont la manie, la passion du jeu. Ces gens-là vous ne les empêcherez pas de jouer. Fermer les maisons publiques, c'est les livrer sans protection aux coupeurs de bourse.

Mais beaucoup croient que la vertu consiste à être sévère pour les autres. Ces gens-là démoliraient les garde-fous d'un pont par haine des ivrognes.

C'est ainsi qu'on est arrivé à défendre la mendicité, — je dis défendre et je ne dis pas proscrire, car la mendicité est aussi florissante que jamais. Il est dangereux et immoral de bâcler légèrement des lois ou des décrets, parce que si, dans la précipitation, on a par hasard ordonné une chose impossible ou défendu une chose inévitable, on arrive à passer par-dessus ou par-dessous la loi ou le décret, ce qui diminue d'autant le respect de la loi en général, lequel respect n'a pas besoin d'être diminué en France. Une loi doit être exécutée ou abrogée; tant qu'une loi existe, l'autorité *ne doit reculer devant* RIEN pour la faire respecter; les ordonnances qui défendent la mendicité ne sont pas exécutées et ne peuvent l'être, parce qu'il aurait fallu d'abord défendre la pauvreté et la faim, et que cela présente des difficultés.

Il me semble cependant que ces difficultés ne sont pas insurmon ables. Je l'ai dit en commençant cet article, il se donne en France énormément d'argent pour les pauvres ; cet argent, distribué équitablement entre les besoins véritables, aurait, sans aucun doute, pour résultat la satisfaction de ces besoins. Mais dans les formes insouciantes de la charité ordinaire, cela a servi jusqu'ici, non pas à diminuer le nombre des pauvres, mais à augmenter le nombre des mendiants, en faisant de la mendicité un des métiers les plus productifs.

Je m'explique :

Le pauvre est un homme qui ne peut pas momentanément ou ne peut plus subvenir, par le travail, à ses besoins et à ceux de sa famille.

Dans le premier cas, la cause de sa situation est une maladie, une blessure, ou un chômage, un manque d'ouvrage.

Dans le second cas, il est réduit à la misère par la vieillesse ou les infirmités.

Je crois qu'avec le temps l'association entre les ouvriers du même état, c'est-à-dire faisant les mêmes gains et courant les mêmes risques, arriverait à prévoir ces deux cas de pauvreté et à les rendre à peu près nuls. Le très-peu d'associations de ce genre qui ont été conduites avec probité et intelligence ont produit de si puissants résultats, que c'est une question aujourd'hui hors de doute. Seulement il ne faudrait pas que le gouvernement se contentât de permettre ces associations, il faudrait qu'il les aidât de tout son pouvoir.

En attendant ces heureux résultats, qui commenceront à se faire sentir aussitôt qu'on s'en occupera sérieusement, il faut ne pas laisser mourir de faim les malheureux auxquels manquent ou l'ouvrage ou la force. En attendant que les gens charitables puissent donner avec sécurité à une association, il faut bien donner aux individus, et le moins possible au hasard.

D'ailleurs, il y a un grand nombre de gens qui n'ont pas d'état, qui font un peu de tout et ramassent les miettes du travail ; les gains de ces gens-là sont si minimes, et, d'ailleurs, leurs industries douteuses sont si difficiles à classer, qu'il est à craindre qu'ils ne puissent que bien peu, ou peut-être pas du tout, profiter des bénéfices de l'association.

En un mot, il y aura toujours des pauvres, et il y en a beaucoup aujourd'hui.

Il serait donc bien important que les sommes données par la charité arrivassent en réalité aux vrais besoins et seulement pendant le temps de la durée de ces besoins, c'est-à-dire que l'argent destiné aux pauvres ne fût pas intercepté par les mendiants.

Car il ne faut pas confondre les pauvres et les mendiants : la pauvreté est une situation, la mendicité est une profession. Le mendiant n'attend pas et ne cherche pas d'ouvrage, il a son industrie qu'il exploite ; il cultive la charité comme le laboureur cultive son champ, comme le menuisier rabote les planches, comme le forgeron martelle le fer, comme le maçon gâche le plâtre.

Le mendiant se lève le matin pour aller mendier comme un ouvrier va travailler. Il faut qu'il y ait dans ce pays un fonds bien grand de fierté pour qu'il n'y ait pas plus de mendiants encore qu'il y en a. En effet, il n'y a guère de profession manuelle qui fasse gagner autant à celui qui l'exerce que la mendicité. La maladie, les infirmités, n'amènent pas de chômage pour le mendiant; loin de là, elles augmentent ses ressources et ses bénéfices.

C'est ainsi que les mendiants volent les pauvres.

Au milieu de vos affaires, de vos soucis, de vos plaisirs, de vos chagrins, de vos préoccupations de tout genre, vous songez quelquefois aux pauvres, et vous pouvez, et vous voulez consacrer à soulager la misère de vos semblables une certaine somme chaque année. — Les pauvres sont chez eux dans des greniers, dans des taudis, malades, au lit, — il faut les chercher, il faut les trouver.

Le mendiant, au contraire, se présente à vous, il vient à votre porte, il vous attend sur votre passage; il ne vous laisse prendre aucune peine, ne vous cause aucun dérangement; il vous rend la charité facile, il permet à la bonté d'être paresseuse, il ne vous laisse pas oublier sa misère, il en occupe vos yeux et vos oreilles. — D'ailleurs, si vous ne cédez pas à sa prière, vous céderez à son importunité; il essaye d'abord de vous attendrir : il est infirme, il a faim, il a froid. — Vous êtes préoccupé, vous n'avez pas de monnaie, ou vous n'êtes pas touché de ces plaintes récitées ou psalmodiées. Il a un autre moyen : quand il vous voit décidé, il se décide aussi; il vous fatigue, il vous harcelle, il vous agace; il vous suit en murmurant quelque chose que vous n'entendez pas, mais dont la mélopée traînante vous impatiente. Vous tenez bon quelque temps, vous doublez le pas; mais quelque boiteux qu'il soit, il règle son pas sur le vôtre; vous renoncez bientôt à lutter d'agilité avec lui. Enfin, vous savez que vous pouvez vous délivrer de lui pour un sou, et vous finissez par payer votre rançon.

Comptez combien de sous vous donnez ainsi par semaine, combien par mois, combien par année.

Ce que vous donnez aux mendiants, vous le donnez de moins aux pauvres, et tout le monde est comme vous; de sorte que, de beaucoup d'argent donné pour les pauvres, il leur en arrive réellement fort peu.

J'entendais, l'autre jour, derrière ma cabane, au bord de la mer, quelques hommes qui controversaient sur le temps.

— Beau temps! disait un pêcheur.

— Mauvais temps! lui répondait un laboureur.

— Comment! mauvais temps! Vent d'*amont* depuis un mois! la mer unie comme une glace!

— Oui, mauvais temps, car, avec ce vent nord-ouest, il n'y aura pas de pluie, et la terre souffre.

— Vous demandez toujours de la pluie, vous autres.

— Et vous autres, vous n'en voudriez jamais.

— Ma foi! c'est que ça ne me paraît pas bien arrangé; qu'il pleuve sur vos terres, puisque vous dites que c'est nécessaire pour votre état, je veux bien; mais dites-moi un peu à quoi ça sert qu'il pleuve sur la mer, si ce n'est à mouiller les pauvres diables de pêcheurs?

Le laboureur ne répondit pas.

C'est que le laboureur ferait la même observation lui-même, s'il voyait, par impossible, tomber une pluie insuffisante pour la soif de la terre au mois d'avril; il regretterait amèrement ce qu'il en verrait tomber sur la mer; il regretterait aussi ce qui en tomberait sur les routes pavées et sur les toits de tuiles et d'ardoises. N'a-t-on pas d'ailleurs imaginé les gouttières et les citernes pour rassembler et réserver l'eau qui se perdrait inutile et inféconde? La charité n'est pas aussi généreuse que les nuages qui montent de l'ouest; il ne faut pas qu'elle s'expose à rien verser sur les toits ni sur les pavés; il faut ne rien laisser perdre de ce qu'elle donne; il faut rassembler ainsi et réserver ses eaux pour les distribuer avec intelligence.

Voici des marais incultes et malsains, le pays ne produit que la fièvre : — réunissez les eaux, faites-en une rivière, vous assainirez le pays et vous rendrez la terre fertile.

Ce qu'il faut faire, c'est canaliser la charité.

C'est-à-dire rassembler, réserver et distribuer ses dons.

L'institution des bureaux de bienfaisance et la prohibition de la mendicité sembleraient devoir résoudre le problème, et le résoudraient en effet si le livre répondait toujours au titre et le spectacle à l'affiche. D'abord, la mendicité n'est pas abolie, elle n'est que défendue, — par conséquent la mendicité intercepte et absorbe la plus grande partie des ressources sur lesquelles devraient compter les bureaux de bienfaisance : — ceux-ci, trop pauvres eux-mêmes, ne peuvent faire assez pour une partie des indigents qui deviennent mendiants; une fois mendiants, ils font une profession de ce qui n'était qu'un accident, et ils contribuent à leur tour à dépouiller les autres pauvres. Il est donc nécessaire d'abolir la mendicité, — mais on ne peut abolir la mendicité sans férocité et sans imprudence, tant qu'on n'aura pas assuré des ressources à la pauvreté.

Il faudrait que chaque commune fût chargée de ses pauvres,—c'est-à-dire que, tant par les résultats de la charité publique, qui tomberaient tous entre ses mains, que par des travaux et par l'association entre les ouvriers, etc., elle eût à subvenir aux besoins réels de ceux qui ne peuvent pas ou ne peuvent plus travailler, et cela dans la proportion et pour la durée réelle des besoins. On ne peut être facilement trompé à ce sujet par des gens dont on connaît la demeure, la vie, les habitudes, les ressources, les antécédents, comme on l'est par les mendiants prudemment nomades, qui ne vous laissent aucun moyen de vérifier leurs assertions, et dont vous ne pouvez savoir rien, si ce n'est qu'ils vous demandent de l'argent.

Du jour où chaque pauvre trouverait des ressources dans sa commune, il serait permis et facile d'abolir la mendicité. On ne craindrait plus de confondre les pauvres que l'on doit secourir avec les mendiants que l'on doit réprimer, et qui, odieux parasites, vivent aux dépens des pauvres.

Que l'on ne craigne pas de surcharger les communes par cette obligation. De deux choses l'une : ou la charité publique fait assez pour les pauvres, et alors le seul changement est celui-ci : c'est que les bureaux de bienfaisance disposeront, outre les ressources ordinaires, de tout ce qu'on ne donnera plus à l'importunité des mendiants de profession ; ou bien la charité publique ne fait pas assez, et alors il faut s'occuper de faire davantage. Et le moyen le moins onéreux d'augmenter les ressources est, sans contredit, de régulariser l'emploi des ressources ordinaires et déjà acquises.

Quelques communes, il est vrai, auraient plus de pauvres que d'autres, et, en même temps, moins de ressources ; mais c'est l'affaire du gouvernement de rétablir l'équilibre de la même façon que l'on vient au secours d'une commune trop pauvre pour payer son instituteur.

Au point de vue général, le résultat serait incontestablement celui-ci : sans que personne donnât un sou de plus, la misère recevrait davantage.

Mais ce n'est pas tout.

Je suppose cette amélioration réalisée, la mendicité supprimée, les vrais pauvres seuls secourus et héritant de leurs parasites ; les bureaux de bienfaisance usant de ressources énormément accrues par l'adjonction de ce qui ne serait plus intercepté par les mendiants, et aussi par ce que donneraient de plus les nombreuses personnes qui seraient stimulées par la certitude de voir leurs aumônes sérieusement utiles et toujours bien placées, il resterait des avis à donner à un certain nombre de membres des bureaux de bienfaisance. Ces avis, les voici :

En général, on n'a pas, en France, sur les fonctions publiques, des idées très-saines et très-arrêtées. Dans ce pays où l'égalité n'est réclamée et acceptée que par les inférieurs, ce qui lui donne une assez forte ressemblance avec l'envie, tout le monde veut être quelque chose, tout le monde veut sortir de la foule ; il n'est pas de fonction publique, quelque mince, quelque dépréciée qu'elle soit, qui ne soit disputée par de nombreux concurrents. S'il était possible qu'il y eût des fonctions publiques ridicules à force d'être illusoires, ne craignez pas pour cela de manquer de candidats. On veut paraître, et, quand on n'est pas grand, le moyen le plus simple est de se jucher sur quelque chose.

Je ne parle pas pour le moment des fonctions très-rétribuées.

Mais les devoirs qu'imposent les fonctions publiques, les obligations qu'elles renferment, les sacrifices qu'elles exigent, c'est de quoi on ne songe pas même à s'informer.

De sorte que, le jour arrivant de s'acquitter de ces devoirs et de ces obligations, ou de faire ces sacrifices, les gens sont interdits, incertains, ils n'y sont pas préparés, ils n'y ont jamais songé :—c'est ainsi que nous avons vu manquer de résolution et de dévouement des hommes qui avaient obtenu des fonctions plus ou moins éminentes dans lesquelles ils n'avaient prévu que certains avantages tant pour leur bourse que pour leur vanité.

Ce n'est pas seulement se montrer ridiculement vaniteux que de solliciter ou d'accepter des fonctions pour lesquelles on n'a ni assez de capacité, ni assez d'aptitude, ni assez de ferveur : — c'est encore commettre une mauvaise action; c'est usurper inutilement la place qu'un autre remplirait à l'avantage de tous.

Ce n'est pas une sinécure que les fonctions d'un membre de bureau de bienfaisance : — il faut y mettre une grande assiduité et une grande ardeur, — il faut se défier un peu des misères qui se montrent trop volontiers, découvrir celles qui ne se montrent pas, et trahir celles qui se cachent.

Certes il y a parmi les personnes qui ont accepté ces nobles fonctions des exemples nombreux d'une tendresse profonde pour les malheureux et d'un dévouement à toute épreuve.

Mais tous n'ont pas cette aptitude à la bienfaisance.

Celui-ci par sa naissance, par son intelligence, n'avait aucune chance d'exercer jamais une puissance, une domination quelconque : — il trouve dans les pauvres qu'il est chargé de secourir une obséquiosité, une humilité dont il jouit; il parle avec hauteur, sans crainte de représailles; il prononce, il juge sans appel ; — il reçoit des prières, des supplications, on s'adresse à lui en hésitant, en tremblant, on attend sa réponse avec anxiété, et il dit : « Je verrai ! »

Celui-là n'a aucun rapport avec ses fonctions — il met sur ces cartes de visite : « Membre du bureau de bienfaisance ; » il dit au moindre prétexte : « Je suis membre du bureau de bienfaisance — mes pauvres, etc. » et c'est tout.

Un autre espère que c'est un moyen d'avoir la croix d'honneur, ou d'être nommé député.

Je ne veux pas parler de ceux qui tirent de cette position des bénéfices odieux — on m'assure qu'il y en a — je n'en ai pas vu — si ce n'est un seul — celui-là volait franchement l'argent des pauvres.

Le curé de la commune est d'habitude membre du bureau de bienfaisance. En effet, il pénètre dans les familles avec facilité — il peut découvrir une misère cachée, et porter des secours avec des consolations et des espérances — le curé n'est pas un homme, c'est un prêtre : ses secours n'humilient pas.

J'ai très-souvent vu les curés être les membres les plus utiles d'un bureau de bienfaisance — cependant il faut quelquefois balancer leur influence ; quelques-uns, aveuglés par un faux zèle, et peu chrétiens à force d'être catholiques, oublient que les pauvres sont tous les enfants préférés de Dieu : — ils ne donnent volontiers de secours qu'à ceux qui sont de leur communion — qu'à ceux qui s'acquittent, sinon avec ferveur, du moins avec ostentation, des pratiques les plus minutieuses de la dévotion. Ils sont souvent les dupes de leur zèle, et se laissent séduire par des grimaces.

Tel membre du bureau de bienfaisance exige des pauvres de telles vertus et dans une si haute perfection, que peu de riches oseraient se soumettre à un pareil examen. Si les pauvres avaient les vertus qu'il leur impose, ce n'est pas du pain qu'il devrait leur donner, ce serait de l'ambroisie, et il faudrait les servir à genoux. Il faut être un saint pour qu'il vous donne un sou sans regret; si vous n'êtes qu'un sage, il vous dira : « Dieu vous assiste ! » Si vous êtes un homme comme les autres, il vous fermera la porte au nez.

Un autre ne s'occupe que des misères évidentes, notoires, des misères arrivées à un certain point de maturité. Il faut que le bruit public lui dénonce tardivement les endroits et les gens où il aurait fallu porter des secours, auxquels il aurait fallu faire du bien.

Un fait récent peut montrer à quel point la combinaison des défauts dont je viens de désigner sommairement quelques-uns, peut empêcher une institution charitable de parvenir à son but.

Une pauvre fille, une ouvrière a cédé aux prières, aux promesses d'un homme qui devait l'épouser — bientôt elle ne peut plus cacher les suites de sa faiblesse — quelques personnes refusent déjà de l'employer, cependant elle cherche de la besogne d'un autre côté — elle travaille avec une nouvelle ardeur, elle pense à cet enfant qui va venir lui imposer des devoirs difficiles — ceux-là elle n'y manquera pas — elle veille, elle s'épuise; après son travail elle fait la layette — mais les indispositions arrivent, ses forces l'abandonnent, il faut renoncer au travail — elle s'opiniâtre à ne pas entamer le petit pécule qu'elle a si péniblement amassé pour son enfant — elle mange du pain et boit de l'eau — puis elle diminue sa ration de pain.

Mais bientôt elle pense que cette pauvre petite créature ne vit que de sa vie et de son sang — c'est elle qu'elle prive en se privant. A cette pensée, elle n'hésite plus à dépenser ses économies. Elle arrive au moment fatal, sans argent, sans secours. — Ce n'est que tardivement et après des essais infructueux que des voisines obtiennent la présence d'une sage-femme. L'amant est accouru, mais il est aussi pauvre qu'elle. Le bruit public porte enfin la chose au bureau de bienfaisance de la commune; on envoie un médecin, qui prescrit quelques drogues, — médecin et drogues sont insuffisants ou tardifs. — La pauvre fille agonise sur une paillasse. — Quand le prêtre vient lui donner l'extrême-onction, un voisin jette un drap sur le lit, il n'y en a pas dedans. Elle meurt.

A ce sujet, quelqu'un écrit à un journal, pour exprimer avec une grande modération quelques regrets de ce que la bienfaisance n'a pas sa police, comme la politique, comme la justice, — il serait beau d'être espion, d'être mouchard des misères pudiques et cachées, et de les dénoncer à la commisération des bonnes âmes ; — il s'étonne que le bureau de bienfaisance de la commune près du Havre où ce fait si triste s'est passé *n'ait pas connu* ou ait connu trop tard ce sinistre événement.

Que pensez-vous que fasse le président de ce bureau de bienfaisance — cet homme qui a consacré sa vie aux œuvres charitables ? — vous pensez qu'il va joindre ses regrets à ceux qu'on vient d'exprimer ; qu'au besoin peut-être il va expliquer le retard des secours apportés.

Nullement, il n'est pas affligé, il est irrité, exaspéré ; cette fois, il est informé à temps de ce qui se passe ; cette fois, il ne perd pas un instant : tout ce qui lui a manqué d'empressement pour la charité, il le trouve pour la vengeance. Il se fait aider par je ne sais qui dans la fabrication d'une lettre ridiculement injurieuse contre l'auteur de l'article et contre la morte : — Elle a reçu des secours, mais elle ne les méritait guère. » *C'était*, dit-il, *une malheureuse qui vivait en concubinage avec...* » Et il désigne l'amant.

L'auteur de l'article a haussé les épaules, et il s'est levé en même temps autant de paires d'épaules qu'il y a de gens qui ont lu la chose. On a pensé généralement que les membres des bureaux de bienfaisance feraient bien de ne pas se charger de faire de pareilles oraisons funèbres aux malheureux.

L'amant est menacé de perdre la place qu'il occupe.

Le tout sous prétexte de charité.

Résumons : — Les bureaux de bienfaisance sont une excellente institution ; on doit une réelle reconnaissance au plus grand nombre de ceux qui en font partie ; — mais il est important de surveiller plus sévèrement la composition de ces bureaux.

La mendicité est la plaie de la pauvreté — il faut abolir la mendicité, mais on ne peut le faire qu'en imposant à chaque commune la charge de ses pauvres.—Par ce moyen on fera plus de bien, et de vrai bien, avec la même quantité d'argent.

Je pense que cela vaut au moins la peine d'être examiné.

VI

LES CHIENS ET LES AMIS.

Il n'est pas très-prudent d'avoir raison trop tôt, ni d'avoir raison contre tout le monde. Cependant il arrive parfois que, après un espace plus ou moins long, on voit une de ces vérités que l'on a tenues enfermées comme prématurées, et qui s'est échappée malgré vous, devenir un lieu commun, vulgaire. Il n'en est pas ainsi de ce que j'ai à dire à propos des chiens : il y a quelque quinze ans que j'ai, pour la première fois, soutenu ce que je vais soutenir aujourd'hui, et tout me porte à croire que je ne réussirai pas mieux que la première fois. Un des plus grands obstacles que j'aie trouvé dans ma vie a été lorsque j'ai eu à lutter contre des préjugés en faveur desquels il existe des phrases et des formules toutes faites, que les gens répètent comme il les ont apprises, c'est-à-dire sans que ce soit le résultat de la réflexion, mais seulement parce que c'est facile à dire, pas fatigant à trouver, et que ça a assez bon air.

La position inattaquable des chiens tient à deux considérations.

La première est que certains philosophes, à certaines époques, voulant humilier l'homme en général ou quelque homme puissant en particulier, ont prêté aux chiens toutes les qualités et toutes les vertus que s'attribue injustement notre espèce,— à peu près comme Tacite, dans l'*Histoire des Germains*, par l'éloge un peu partial de ce peuple, a fait une satire indirecte et cependant violente des vices des Romains.

L'autre est que le chien a été déclaré « l'ami de l'homme, » et que cela répond à tout.

C'est une singulière révélation du caractère de l'homme que ce consentement unanime pour appeler le chien « son ami. » En effet, le chien obéit sans réflexions ; — il se soumet aux caprices comme aux volontés sans distinction, sans avoir jamais lui-même une volonté.—On le bat : loin de se défendre, il rampe aux pieds de son maître et lèche la main que l'a frappé. C'est donc cela ce que l'homme demande dans un ami? Hélas! oui : — écoutez les plaintes que les amis font l'un de l'autre, et vous verrez que, sans oser précisément le dire, sans même quelquefois oser tout à fait le penser, c'est cette servilité dans le dévouement, cet enthousiasme dans la domesticité, que chacun a rêvé en demandant au ciel de trouver un véritable ami.

Cela n'est pas un paradoxe : puisque le chien est l'emblème de l'amitié, de l'avis de tout le monde, il est clair, il est évident que c'est à proportion qu'un homme se rapprochera de ce type qu'il passera pour mériter la qualification d'ami véritable et sincère. Aussi l'amitié est-elle féconde en désappointements et en récriminations, chacun demandant aux autres de l'or pur et sans alliage contre un billon quelconque, — de sorte que le plus souvent, sauf deux cas, c'est-à-dire si l'un des deux amis est de la nature du chien, ou porte la domesticité jusqu'à la noblesse et l'héroïsme, ou si deux hommes voient dans l'amitié une alliance offensive et défensive, qui fait que chacun réunit la force de deux hommes dans toutes les circonstances de la vie, sauf dans ces deux cas, entre deux amis, il n'en est qu'un qui soit l'ami de l'autre. Chacun veut avoir un ami, mais personne ne s'occupe d'en être un.

Personne plus que moi n'a le droit de dire la vérité aux chiens. J'ai appartenu pendant dix années à un très-beau chien de Terre-Neuve; entre nous, les relations ordinaires étaient renversées : j'étais soumis, humble, fidèle comme un chien; il était capricieux, bizarre, ingrat comme un homme. C'était moi qui étais son ami. Eh bien! après une liaison de dix ans, il a entrepris par deux fois de me dévorer, et m'a forcé de résumer ainsi notre amitié : 1° les chiens ne valent pas mieux que les hommes; 2° mon chien m'aimait comme on aime le bifteck.

Ce sentiment, qui n'est pas si noble qu'il en a l'air au premier abord, et qui fait que le plus misérable mendiant veut avoir aussi quelqu'un qu'il puisse rebuter, maltraiter injustement; — que l'homme qui demande son pain veut avoir aussi son parasite, ce sentiment a fini par amener un danger non-seulement véritable, mais encore horrible.

Le nombre des maux auxquels l'homme est exposé forme facilement une liste d'une honnête dimension et d'une suffisante vérité.— Eh bien! dans cette liste, il n'en est pas un qui puisse entrer en comparaison avec le danger de devenir enragé, et ce danger n'existe pour vous que par les chiens et leur prodigieuse multiplication.

Supposez, inventez, fabriquez un ami, ornez-le de toutes les vertus lucratives et commodes dont vous revêtez volontiers le rêve d'un ami; imaginez-le dévoué jusqu'au crime, riche et généreux jusqu'à la folie.

Formez dans votre imagination la plus charmante femme que vous ayez vue dans vos rêves de vingt ans; douez-la comme fut douée Pandore ou comme le furent les princesses des contes de fées, dont la beauté, plus éblouissante que le soleil, n'est qu'une des moindres qualités.

Puis ajoutez au tableau que vous vous ferez de toutes les félicités qu'engendrerait pour vous la possession d'un pareil ami et d'une semblable femme le petit détail que voici :

— Mon ami est riche comme Crésus, mais sa fortune est à moi; il est fort comme Hercule, brave comme Achille, et c'est à mon bénéfice seulement qu'ils se sert de sa force et de sa bravoure; — il n'a envie de rien, si ce n'est pour moi; me voir heureux lui sert de bonheur; tout le reste lui est indifférent.

Ma maîtresse est belle comme Vénus; elle voudrait l'être davantage pour augmenter mes plaisirs; elle voudrait ne pas exister aux yeux des autres hommes; elle consentirait à être laide à tous les regards : — la plus sincère admiration ne ferait que la chagriner; — elle craindrait qu'on lui prît d'elle-même, par un désir, par un rêve ; — elle voudrait se réserver à moi tout entière et au-delà ; — elle a de l'esprit, et dédaigne de parler devant les autres ; — elle est fidèle, et elle n'en sait rien : elle sait seulement qu'elle m'aime, — j'allais dire uniquement ; cela ne serait pas juste : — elle ignore qu'il y a d'autres hommes que l'on puisse aimer.

Mais...

Mon ami est sujet à une lubie ; il serait possible qu'un jour, sans raison, sans prétexte, il me brûlât la cervelle : — c'est une maladie de famille.

Ma maîtresse a un inconvénient : elle pourrait bien, sans que je lui eusse donné aucun sujet de plainte, verser un peu d'acide hydrocyanique dans le vin de Champagne que je boirais en soupant avec elle : — elle tient cela de sa race.

Je suppose que vous vous sentiriez singulièrement refroidi à l'égard des félicités que vous promettaient d'abord ces deux êtres dévoués, et que vous offririez volontiers un rabais sur quelqu'une des perfections qui vous enchantent en eux, en échange de la lubie du premier et des inconvénients de la seconde, et que, faute de pouvoir faire cette transaction, vous renonceriez aisément à l'amitié de l'ami et à l'amour de l'amante.

Qu'est-ce, cependant, que d'avoir la tête cassée par une balle ou le sang coagulé par le poison, en comparaison de l'épouvantable chance de devenir ENRAGÉ !

Je ne vous ferai pas ici une description de la rage. Il suffit que votre chien soit rencontré dans la campagne, dans la rue, par un chien enragé, pour qu'il vous morde lui-même, malgré son affection pour vous, malgré lui, — et pour qu'à votre tour, furieux, insensé, écumant, changé en bête féroce, vous soyez prêt à mordre et à déchirer avec les dents votre femme, vos enfants, vos amis, et à leur communiquer à leur tour cette horrible maladie,—état si épouvantable, que, pendant longtemps, on ne s'est fait aucun scrupule d'étouffer entre deux matelas les malheureux atteints de la rage.

Chaque jour, à chaque instant, vous courez ce danger, soit de la part de votre chien, soit de la part du premier chien auprès duquel vous passez.

En raisonnant rigoureusement, chaque matin il vous est impossible de dire : « *Certainement* je ne serai pas *enragé* ce soir. »

Vous n'avez jamais une certitude mathématique que vous ne rencontrerez pas dans la rue où vous entrez un chien qui va vous communiquer la rage, cette maladie *contre laquelle il n'y a pas de remède*. Votre femme, qui sort avec vos enfants, court cette chance à chaque pas qu'elle fait dehors.

Certes vous auriez peur si vous saviez qu'un lion ou un tigre est échappé des cages du Jardin des Plantes et se promène dans Paris,—et cependant qu'est-ce que le danger que vous feraient courir ces animaux en comparaison de celui auquel vous expose la rencontre d'un chien enragé? Si vous devez être tué par eux, vous échapperez à cette démence furieuse, à ces convulsions terribles, à cette métamorphose en bête féroce écumant d'une bave contagieuse, qui précèdent la mort de l'homme mordu par un chien enragé.

Mais contre le tigre, contre le lion, avec du courage, du sang-froid, des armes éprouvées, vous pouvez vous défendre ; vous pouvez être blessé par leurs ongles, par leurs dents, et, si vous êtes vainqueur, si vous êtes seulement secouru, il est à peu près sûr que la médecine vous guérira.

Mais, attaqué par un chien enragé, aux prises avec lui, — une armée de cent mille hommes ne peut rien pour vous ; adresse, courage, tout est inutile ; vous êtes vainqueur, vous tuez l'animal ; mais, si ses dents vous ont effleuré l'épiderme, si sa bave a touché votre chair écorchée, vous êtes perdu : — la médecine, la science, les soins, ne peuvent rien pour vous. — Autrefois on vous étouffait entre deux matelas ; — aujourd'hui on ne vous étouffe plus : — on vous laisse mourir ; on n'a rien trouvé de plus ni de mieux.

Et c'est ce danger, le plus grand, le plus effrayant, le plus irrémédiable auquel l'homme soit exposé, que l'on brave tous les jours, non par courage, car il n'y a pas de courage qui ne faiblirait, mais par insouciance, parce qu'*on n'y pense pas*.

Cependant un grand nombre de personnes chaque année meurent *enragées*. Vous n'avez, je le répète, aucune *certitude* que ce ne sera pas votre tour aujourd'hui, dans une heure.

Personne ne nie ce danger. Chaque année, les journaux en racontent de nouveaux exemples ; chaque année la police affiche des avertissements assez mous, des prohibitions assez indifférentes ; elle prend des mesures insuffisantes par elles-mêmes, dont l'exécution est faite avec négligence ; mais enfin cela constate qu'il ne s'agit pas d'un rêve, d'un conte en l'air. Tout le monde est d'accord que la rage se déclare spontanément chez le chien ; — qu'un chien enragé peut mordre vingt autres chiens dans une heure ; — que chacun de ces chiens peut devenir enragé et mordre tous les hommes qu'il rencontrera ; que ces hommes deviendront *enragés* à leur tour, baveront, écumeront, mordront et périront objet de pitié et d'horreur pour leurs amis et leur famille. — Tout le monde est d'accord que la seule chance de salut est dans l'application d'un fer rouge sur la morsure ; — que rien n'est certain contre la rage ; — qu'autrefois on étouffait les hommes mordus ; qu'aujourd'hui on ne les étouffe plus, — et que c'est tout le chemin que la science a fait.

Eh bien ! par un singulier aveuglement, on a l'air de ne pas croire à l'hydrophobie, on ne prend contre elle aucune précaution sérieusement efficace, — ou ceux qui lisent les affiches que la police fait apposer au commencement de chaque été ont plus peur de l'idée du fer rouge à appliquer sur la morsure d'un chien enragé qu'ils n'ont peur de la rage elle-même : — cette image est si horrible, que l'esprit ne la saisit, ne la conçoit pas. — C'est un phénomène de l'esprit humain dont on voit des exemples dans certaines questions ardues, — telles que l'éternité : — cela ne fait pas d'effet, c'est trop grand, ça n'entre pas dans l'esprit de l'homme.

Il est évident que chacun s'inquiète davantage et prend plus de soins s'il redoute qu'il y ait des puces ou des punaises dans sa maison, qu'il ne prend de précautions contre les chances d'être mordu par un chien enragé.

Je parlais tout à l'heure de l'insuffisance des précautions de routine que prend la police, précautions toujours les mêmes, rédigées dans les mêmes termes, sous tous les ministères, sous tous les gouvernements, et toujours inefficaces.

Les voici :

« On jette dans les rues des boulettes empoisonnées. »

Qui vous assure de la fidélité de vos agents ? de la probité de vos fournisseurs ? du nombre de boulettes jetées et de la force de leur préparation ? Combien sont balayées et emportées dans les tombereaux des boueurs aussitôt jetées ?

De plus, un des premiers symptômes de la rage est que l'animal qui en est atteint ne mange plus : donc, en supposant ces boulettes suffisamment nombreuses, suffisamment empoisonnées, les chiens enragés sont exceptés des précautions que l'on prend contre la rage des chiens.

Accessoirement on ordonne de museler les chiens, — mais on ne les muselle pas.

On annonce qu'on tuera les chiens errants : — on en tue quelques-uns, — je le crois, je le sais ; — mais pourquoi quelques-uns ?

Il y a à Paris certains endroits où les chiens paraissent se donner rendez-vous, comme font les hommes à la Bourse : — le Louvre, par exemple, et la place de la Concorde. — Les causes de ces réunions, je les ignore, mais je ne suis pas le seul à les avoir remarquées. Eh bien ! après les exécutions de la police, passez le matin par un de ces endroits, et vous verrez combien peu diminue le nombre des chiens errants.

Si j'étais préfet de police, — je voudrais renoncer à ces affiches banales que tout le monde sait par cœur et auxquelles personne ne fait attention.

Je ne suis pas partisan des impôts sur les chiens, si l'on peut remédier au mal autrement : — il est toujours triste de voir l'argent étendre ses priviléges ; — les pauvres n'oublient pas si souvent qu'ils sont pauvres, qu'il soit bien urgent de le leur rappeler.

Mais que l'on essaye de ce moyen bien simple : — une affiche annonce que tout chien, en toute saison, qui sera rencontré sur la voie publique sans être muselé et sans porter sur son collier le nom et l'adresse de son maître, sera immédiatement abattu ; — on donnera à tous les possesseurs de chiens dix jours pour se mettre en règle.

Les dix jours écoulés, — on tue non-seulement tous les chiens errants, mais encore, et sans exception et sans délais, *tout chien* rencontré sans collier et sans muselière. Cet exemple est suivi dans toutes les villes de France et dans toutes les communes rurales. — Aucune exception n'est admise, aucune indulgence, aucune mollesse n'est apportée dans l'exécution de cet ordre.

On ne me fera pas croire que cela ne se peut pas. — On ne me fera pas croire même que cela soit difficile. Il n'y a pas besoin de prouver que cela est efficace, et que cela seul peut l'être.

Cette exécution faite, l'ordonnance sur les chiens serait maintenue, c'est-à-dire que tout chien sans collier et sans muselière serait à perpétuité abattu. De plus, le maître de tout chien qui deviendrait enragé serait condamné à la prison et à une forte amende si, dès les premiers symptômes de la maladie, il n'avait demandé l'avis d'un vétérinaire juré.

En quinze jours, on serait arrivé à ce résultat qu'on ne rencontrerait pas plus de chiens sans muselière qu'on ne rencontre d'ours libres dans les rues.

Pour ce qui est des réclamations des chasseurs, le chien chassant serait libre ; le collier seul serait obligatoire ; mais il devrait porter la muselière avant et après la chasse, c'est-à-dire sur les routes et dans les chemins. — Un chien enragé ne chasse pas.

Je suis parfaitement convaincu qu'il dépend de l'autorité de rendre la rage un accident excessivement rare et presque problématique.

Je ne vois aucune raison à donner pour ne le pas faire.

Il y a des gens qui vont dire : « Voilà un homme qui a bien peur ! »

Pas si peur que vous qui n'osez pas regarder le danger en face.

J'ai vu souvent des personnes ayant à faire le soir une route réputée dangereuse refuser de prendre des armes et plaisanter le voyageur qui se mettait en état de défense en lui reprochant d'avoir peur.

Cependant, si le danger prévu et possible se réalise, le voyageur qui avait peur, qui s'est armé, se bat et se défend.

Ceux qui n'avaient pas peur sont assommés, dépouillés, essayent de se sauver, demandent grâce ou crient *à la garde !*

J'avoue que j'ai extrêmement peur des chiens enragés et de la rage.

HUIT JOURS APRÈS.

Après quelques hésitations, le préfet de police a été obligé depuis quelques jours d'en venir au moyen que j'avais indiqué : faire abattre sans hésitation et sans exception, non-seulement tout chien errant, mais aussi tout chien même tenu en laisse qui ne serait pas muselé.

Une circulaire toute récente du ministre de la police générale recommande aux préfets, avec beaucoup d'instance, l'application de cette mesure non-seulement dans les villes des départements, mais aussi dans toutes les communes rurales. Cette circulaire m'est apportée au moment précisément où je venais d'écrire quelques feuillets pour demander pourquoi on ne s'occupait de prévenir de la rage que les Parisiens. Je déchire mes feuillets, mais j'insiste sur ce point.

La France et le pays du monde qui possède l'arsenal le plus complet de bonnes lois sur tous les sujets ; seulement on ne les applique jamais.

Je doute fort que les instructions du ministre de la police générale soient suivies avec une sévérité suffisante. Les maires, en général, se sont contentés de faire coller sur la porte de l'église une petite affiche écrite à la main, renfermant l'ordre de museler les chiens et la menace d'abattre ceux qui ne seront pas muselés. On a eu soin de mettre cette affiche un peu haut ; il est vrai que cela empêche de la lire, mais aussi les enfants ne peuvent l'arracher, et elle restera là toute la saison. Puis on ne s'occupe plus de rien.

Le garde champêtre, de temps en temps, dit au maître d'un chien non muselé :

— Ah çà ! maître Pierre, tu sais qu'il faut museler ton chien ?

— J'achèterai une muselière la première fois que j'irai à la ville, dit maître Pierre.

— Et vous, maître Jean, vous savez bien qu'il y a ordre de museler les chiens ?

— Eh bien ! ma foi, tant pis pour l'ordre ! dit maître Jean.

Quelques jours après, le garde champêtre rencontre encore maître Pierre et maître Jean.

— Ah çà ! maître Pierre, dit-il, tu n'as donc pas encore acheté de muselière ?

— Ne m'en parle pas, dit maître Pierre, voilà deux fois que je vais à la ville, et que je l'oublie : je n'ai pas de mémoire.

— Et vous, maître Jean?

— Oh! moi, je ne veux pas museler mon chien.

— Mais vous savez qu'il y a sur l'affiche qu'on les tuera.

— On tuera le mien si on veut, dit maître Jean; mais celui qui tuera le mien fera prudemment de tâcher que je ne le voie pas.

— Est-ce vrai qu'on jette des *gobes* pour les empoisonner? dit maître Pierre.

— Le maire m'avait dit qu'il m'en donnerait, mais il ne men donne pas; et puis on craint que les bestiaux ne les mangent. — Dites donc, sans rire, il faut museler vos chiens.

— Oui, oui, dit maître Pierre.

— Ma foi non! dit maître Jean.

— Tenez, ajoute celui-ci, voilà des gens qui passent avec un chien, vous ne leur dites rien?

— Ça, c'est le cousin de M..., le maître du château de... C'est pas ces chiens-là qui deviennent enragés, c'est nourri mieux qu'un chrétien, et je me suis laissé dire que ça boit du vin de Bordeaux.

— Et le chien d'André?

— Il ne le démusèle que la nuit; je ne le vois pas, je n'ai rien à dire.

— Et le chien d'Onésime?

— Le plus honnête chien du pays : ça ne ferait pas de mal à un enfant.

— Et celui qui passe sur la route?

— C'est à des étrangers; je ne connais pas ces figures-là : — Dites donc, monsieur, muselez votre chien, s'il vous plaît.

L'étranger. — Pourquoi ça?

— Il y a un ordre.

— Je ne suis pas de votre commune, ça ne me regarde pas.

— Alors votre chien sera abattu.
— Qui ça, qui l'abattra?
— Ceux qui en ont reçu l'ordre.
— Eh bien! je vais le museler tout à l'heure.

L'étranger passe et ne s'en occupe pas davantage. Maître Pierre et maître Jean, chacun avec des formes différentes, sont parfaitement d'accord sur le fond. — C'est bien égal au garde champêtre, qui pense avoir rempli son devoir en transmettant l'ordre qu'il a reçu, tandis que le maire est convaincu d'avoir assez fait en ordonnant d'appliquer l'affiche assez haut pour qu'on ne la déchire pas. Il faut cependant penser qu'un seul chien enragé peut, en un quart d'heure, en mordre dix, qui en mordront cent dans le quart d'heure suivant. La fréquence des horribles accidents causés cette année par la morsure des chiens enragés appuie pourtant d'une terrible éloquence mes plaidoiries à ce sujet et les instructions du ministère de la police. — On ne saurait trop avertir le ministère de la police que *ses instructions sont reçues avec beaucoup de froideur;* qu'elles seront *peut-être* suivies dans *quelques* villes, mais dans beaucoup avec mollesse, et qu'elles ne le seront presque point dans les campagnes. — Je ne dis pas cela pour le décourager, au contraire, mais pour l'engager à insister, à s'enquérir du résultat et à ne pas abandonner cette mesure si indispensable, et à en exiger rigoureusement l'application générale et sans exception.

Puis, cette mesure préalable exécutée, c'est-à-dire tous les chiens errants une fois détruits dans toute la France, pourquoi n'a-t-on pas encore proposé un prix d'un million pour la découverte d'un remède contre l'hydrophobie?

Il faut nommer une commission pour l'examen des remèdes proposés, quelque absurdes qu'ils paraissent, parce qu'il est presque aussi utile de détruire la confiance dans les faux remèdes qui empêchent de recourir aux moyens énergiques de la cautérisation, seul préservatif connu jusqu'ici. Il faut que cette commission fonctionne rapidement et qu'on donne une grande et prompte publicité à ses décisions. — L'*omelette antirabique*, depuis qu'il en est question, a déjà causé une horrible mort à des gens qu'on aurait sauvés s'ils n'avaient eu confiance dans cette fable et avaient eu recours à la cautérisation. — Voilà cinq jours déjà, au moment où j'écris ces lignes, qu'on parle, comme antidote de la cétoine, ce beau scarabée d'un vert doré, qui vit dans les roses, et surtout dans les roses blanches. — Eh bien ! on devrait déjà savoir si ce remède est sérieux, ou si c'est encore une illusion ; — s'il est sérieux, c'est un grand bienfait de le constater et de le faire connaître ; s'il est nul, c'est un grand danger que de ne pas établir sa nullité.

J'insiste sur cette question, que j'ai traitée déjà depuis bien des années — parce que, pour la première fois, on paraît s'en occuper sérieusement, et je répète que la circulaire du ministre de la police générale est loin d'avoir produit l'effet qu'il avait le droit d'en attendre. Qu'il se fasse adresser, par chaque préfecture, un procès-verbal du nombre de chiens abattus dans chaque ville et dans chaque commune, et il sera convaincu de la vérité de mon assertion. Ce n'est pas le seul cas dans lequel les départements pourraient se plaindre de ne pas participer aux améliorations qui s'établissent de temps à autre dans la capitale. Depuis longtemps à Paris, le prix du pain est fixé tous les quinze jours d'après le prix de la farine. Cette mesure excellente n'existe qu'à P

Le pain est à Paris, par une autre mesure dont j'ai le droit de revendiquer l'initiative, vendu rigoureusement pour le poids, c'est-à-dire qu'on n'achète plus un pain réputé à tort ou à raison avoir tel ou tel poids, mais qu'on achète tant de livres de pain. A Paris même, on n'a pas complété le bénéfice de la mesure, en ceci qu'on a seulement ordonné aux boulangers de peser le pain à la réquisition de l'acheteur, qui, par cent raisons, indifférence ou complicité des domestiques, timidité ou besoin de crédit, etc., ne fait que rarement cette réquisition. Il devrait être ordonné aux boulangers de peser le pain, même malgré l'acheteur. Cette mesure n'existe pas dans les départements, où l'on vend des pains de six ou de trois livres, au lieu de vendre six, trois ou une livre de pain.

J'ai provoqué, il y a longtemps, une autre mesure relative à la vente des substances vénéneuses. Chaque jour de funestes erreurs viennent démontrer que les précautions prises à ce sujet ne sont pas suffisantes.

Voici quelles sont les précautions exigées : — On ne délivre de substances vénéneuses que sur l'ordonnance d'un médecin. — A la première étiquette indiquant le nom de la substance on en ajoute une autre qui avertit que le remède doit être appliqué extérieurement. — *Usage externe* — telle est la formule. — Je pense qu'il y en a une autre pour les substances qui s'ingèrent, telles que l'opium et beaucoup d'autres.

Mais combien de fois n'arrive-t-il pas que les malades et ceux qui les gardent ne savent pas lire ; — que l'on fait confusion entre deux fioles à peu près pareilles ; que ces mots : — « Usage externe, » ou tous autres, employés par les pharmaciens, ne sont pas compris par ceux qui doivent employer les substances ?

Il est inutile d'insister sur la fréquence des empoisonnements qui arrivent ainsi ; il n'est personne qui n'en ait entendu citer quelques-uns.

Voici ce que je propose :

1° Les substances vénéneuses ne seraient livrées que dans des fioles dans le verre desquelles serait écrit, en creux ou en relief, le mot *poison* ; 2° ces fioles seraient d'une couleur particulière.

Déjà les pharmaciens gardent et vendent dans des fioles de verre bleu les substances susceptibles d'être décomposées ou altérées par l'action de la lumière.

Il est incontestable que cette précaution rendrait les erreurs et de déplorables accidents presque impossibles.

Je viens d'obtenir une grande récompense de l'obstination que je mets depuis que j'écris à demander certaines améliorations à tous les gouvernements, quels qu'ils soient. — Il y a cinq ou six ans déjà, et peut-être un peu plus, j'avais élevé des observations au sujet des *tonnes* ou *bouées*, qui, dans la rade des ports de mer, indiquent aux navires les bas-fonds, les écueils, les récifs et les dangers de tout genre. J'avais demandé pourquoi à ces bouées on n'ajoutait pas des poignées qui permettraient à des naufragés d'y trouver un appui et un secours. — De la façon dont elles étaient construites, en effet, il était impossible de s'y cramponner, et on s'y serait inutilement accroché les ongles. Hier soir, en me promenant en canot, j'ai vérifié ce que m'avait annoncé un pilote ; des chaînes pendent autour d'une des bouées qui sont placées dans la rade du Havre ; un homme tombé à la mer y trouverait un appui et pourrait y attendre du secours.

Les Anglais ont plus de prévoyance encore et de sollicitude ; ce pilote me citait un récif sur lequel on a établi trois énormes pieux sur divers points de l'écueil ; des traverses ajoutées à ces pieux forment de chacun une échelle ou plutôt un bâton de perroquet ; au haut de cette échelle est une petite cabane dans laquelle le naufragé trouve de l'eau fraîche, du biscuit et un pavillon qu'il hisse au-dessus de la cabane et qui avertit de sa situation ou les navires qui passent dans le voisinage ou les vigies placées à terre ; — on vient de temps en temps renouveler les provisions. — Quand cela ne sauverait qu'un homme en cent ans, ce serait déjà beaucoup.

Les journaux sont remplis de récits d'accidents funestes qui arrivent chaque jour à des gens que la chaleur de la saison engage à se baigner dans les rivières. — Quelques observations ressortent naturellement de ces récits : c'est que la natation est peu cultivée en France — de même qu'en général tout ce qui tient à l'éducation physique de l'homme. Comment n'y a-t-il pas des écoles de natation gratuites ? — Comment cette étude n'est-elle pas obligatoire pour toute l'armée, pour tous les colléges, pour toutes les écoles ?

Je ne réponds qu'en passant à une objection vulgaire qu'on entend fréquemment : « Ce sont les bons nageurs qui se noient. » Si les bons nageurs se noient quelquefois, c'est parce qu'ils ne sont pas assez bons nageurs. De plus, on intitule volontiers bons nageurs les gens noyés, parce que cela donne plus de piquant au récit. Une autre observation est celle-ci : « Le plus grand nombre des mariniers ne sait pas nager. » Parmi ces hommes qui chaque jour sont exposés par leur métier à périr dans l'eau et qui auraient les plus fréquentes occasions de porter des secours à des noyés, on ne compte que *très peu* d'habiles nageurs ; et, je le répète, le plus grand nombre ne sait pas nager **du tout.**

Or, pour obtenir la permission d'avoir un bateau sur la Seine à Paris, on exige avec raison que celui qui en fait la demande subisse, de la part des *prud'hommes* de la navigation, un examen qui établisse qu'il sait diriger et manœuvrer convenablement une embarcation : qui empêcherait d'y joindre un examen sur la natation ?

D'autre part, l'ignorance des secours à porter aux noyés est portée à un degré inexprimable ; à chaque instant vous voyez les secours consister à pendre un noyé par les pieds, la tête en bas — sous prétexte de lui faire rendre l'eau qu'il a avalée, eau qui ne va pas à la quantité d'un verre, et, d'ailleurs, n'est pas la cause de l'asphyxie. Pourquoi ne pas exiger de tous ceux que leur métier appelle fréquemment sur l'eau ou sur les rivages la récitation d'un petit catéchisme de cinq lignes*, qui les mettrait à même de sauver les asphyxiés au lieu de les achever, de les tuer, en leur infligeant des traitements qui tueraient en quelques minutes un homme bien portant ?

Un autre triomphe que j'ai eu cette semaine, le même jour que j'ai vu des chaînes de sauvetage aux bouées du Havre, ç'a été de voir un décret émané du ministère de l'instruction publique — lequel aura pour résultat — s'il est exécuté pour les causes ci-dessus relatées — de pro-

---

* D. Est-il vrai que lorsqu'on trouve un noyé on doit lui laisser les jambes dans l'eau jusqu'à l'arrivée du maire ou du commissaire de police ? — Doit-on aussi attendre l'arrivée d'un fonctionnaire public pour couper la corde d'un pendu ?

R. Il n'existe aucune loi aussi sotte et aussi inhumaine, etc., etc.

Il faut desserrer ou couper les vêtements du noyé, le coucher sur le dos, la tête un peu élevée et inclinée sur le côté, lui frotter la poitrine, le ventre et les jambes avec de la laine, et ne pas se décourager trop vite : on a rappelé quelquefois des hommes à la vie après une longue immersion. (Livre des *Cent Vérités*, chez Blanchard, rue Richelieu, 78.)

duire en France un certain nombre de maîtres d'école semblables à un certain *Généreux Hérambert* dont il est grandement question dans un livre appelé *Clovis Gosselin*. « Il cultivait avec une intelligente tendresse un petit coin de terre que la commune lui avait attribué — il donnait des leçons dans son jardin, et disait à son élève : — Tu vas quitter le livre de Dieu pour les livres des hommes ; n'oublie cependant pas le premier. — Et, tout en parlant le latin, il parlait du ciel et de la terre, et des arbres et des fleurs, cette fête de la vue, comme disaient les Grecs. »

La complaisance avec laquelle je parle de ces deux succès va me nuire beaucoup dans l'esprit de certains lecteurs. Il est convenu qu'on ne doit pas parler de soi-même, surtout en bien. Cela se comprend dans une société polie et bienveillante où, chacun relevant le bien qu'il sait des autres, justice se trouve rendue à tous. Mais, dans une société systématiquement dénigrante, c'est une autre affaire. C'est une invention assez ingénieuse des gens qui ne font pas de bien ; ils ne négligent rien pour cacher le bien que font les autres ; ils le nient ; ils lui supposent un but ou un point de départ intéressé : mais, cela ne suffisant pas, ils ont imaginé la modestie. La modestie est une vertu que chacun exige des autres. En cela elle ressemble à la plupart des vertus. Quand des jockeys vont disputer le prix de la course sur le turf, on les pèse préalablement, et on met du plomb dans les poches de ceux qui sont trouvés plus légers et plus dispos que les autres. C'est ainsi que chacun, dans les courses de la vie, voudrait bien charger ses adversaires d'un bagage embarrassant ; les vertus qu'on impose aux autres, la modestie, le désintéressement, le dévouement, etc., remplacent assez bien le plomb. Chacun, une fois en route, s'empresse de jeter son plomb et ses vertus : mais on pèse de nouveau les jockeys à l'arrivée : je voudrais bien espérer qu'il en est de même après l'arrivée au but de la vie.

Toujours est-il que l'on a imaginé la modestie, qui dit aux gens : « Cachez soigneusement le bien que vous faites, ne dites jamais de bien de vous-même, etc. » — On vous aidera tant qu'on pourra dans ce soin de cacher ce que vous aurez fait de bien, et, ensuite, ne croyez pas qu'on vous accorde même la louange de la modestie en échange des vertus auxquelles vous renoncez pour la mériter : point du tout, on vous prendra au mot, et on dira : « Ce pauvre diable se rend justice. » Les mêmes qui ne s'ennuient pas du tout d'entendre parler de vous quand on vous attaque et quand on vous calomnie s'en ennuient bien vite quand vous vous défendez.

Quand on émet une idée utile, beaucoup de gens la laissent passer sans rien dire ; puis, plus tard, quand ils espèrent qu'on ne l'a pas remarquée, ou qu'on l'a oubliée, ils l'émettent à grand bruit, la donnent comme leur, et si vous vous avisez de dire : « *Me, me, adsum qui feci*, c'est moi qui suis l'auteur, » on vous accuse de vanité, comme ferait un voleur qui vous accuserait d'avarice si vous réclamiez votre bourse qu'il essaye de vous arracher.

Pour moi, je ne suis point modeste — et je revendique ce qui m'appartient sans le moindre scrupule.

VII

SUR PLUSIEURS SUJETS.

Ce n'est presque jamais qu'avec une convenable timidité et une préalable hésitation que je me décide parfois à essayer de démontrer ce qui me paraît quelque vérité utile. — Si un certain nombre de lecteurs veulent bien prendre quelque intérêt aux choses que j'écris, et me l'ont même plusieurs fois témoigné d'une façon dont je suis fort touché, d'autres pensent — et en ce temps-ci plus qu'en tout autre temps que j'ai traversé — que l'écrivain ne doit se mêler de rien qui ait un rapport même indirect à quoi que ce soit, et surtout qu'il ne doit pas s'immiscer dans les choses réputées sérieuses. « Votre muse indiscrète, disent-ils, ne trouverait-elle pas sans empiétement et sans usurpation de quoi occuper dignement ses loisirs ? » Et on me rappelle à ce sujet les intéressants objets des travaux et des méditations d'écrivains nos prédécesseurs dans la carrière que nous parcourons.

« Pourquoi, ajoute-t-on, au lieu de prétendre réformer la société, laissez-vous tomber en désuétude et périr une foule de petits poëmes ingénieux auxquels des gens qui vous valaient bien consacraient de longues veilles, en retour desquelles ils acquéraient, sans choquer personne, une gloire immortelle, et cueillaient sans opposition ces belles feuilles toujours vertes qui gardent les noms de vieillir? Que sont devenus les bouts rimés, — les acrostiches, les vers ipsosephes qui devaient, en additionnant la valeur numérique des lettres qui les composaient, former tous le même chiffre,

« Et les anagrammes,

« Et ces poëmes qui, au moyen de vers d'inégales longueurs, présentaient aux yeux le dessin d'un œuf, d'une hache, de deux ailes, etc. ?

« **Qui vous empêche encore**, si vous avez décidément une invincible prétention aux choses sérieuses, — de rechercher, — à l'exemple du savant Huet, évêque d'Avranches, si le présent que fait Eliézer à Rébecca — (*Genèse*, XXIV, 47) est un ornement destiné aux oreilles ou au nez, — question qui, malgré d'érudites et longues dissertations, n'a pu être entièrement résolue ? Il y a encore dans les anciens certains passages obscurs à élucider. On n'est pas d'accord si Plaute, dans un endroit où il fait parler un pédagogue qui menace un écolier de lui *zébrer le cuir : Fieret corium tam maculosum quam nutricis pallium*, — a voulu, en effet, comparer ledit cuir au tablier gâté d'une nourrice, ou au manteau de diverses couleurs d'une courtisane, *meretricis*, ou encore à la peau mouchetée du serpent natrix — *natricis*, — question non encore résolue définitivement, — et mille autres.

« Voilà comment un écrivain traverse la vie honorablement et sans encombre, au lieu de venir étourdiment se jeter au milieu des intérêts des peuples et de la civilisation, où il serait juste de le recevoir, selon une expression vulgaire, comme on accueille un chien dans un jeu de quilles. »

Certes, je comprends toute la force de ces objections et toute la sagesse de ces conseils.

De plus, je ne sais que trop combien il est le plus souvent inutile d'augmenter verbeusement et sans cesse le nombre des conseils qu'on ne suit pas.

Entre les choses perdues que l'Arioste fait retrouver à Astolphe dans la lune, je ne me rappelle pas s'il est question des conseils, mais, à coup sûr, si on ne les y admet pas, c'est par la crainte d'encombrer cette planète.

Je compte certainement ne pas y laisser aller les avis que je reçois, mais je demande encore un peu de temps pour les suivre. — Certes, il y a bien des choses dont je ne me mêle en aucune façon, mais il en est quelques petites dont je me suis occupé toute ma vie, et que je voudrais bien voir arriver à une solution. — Il y en a une douzaine tout au plus, sur laquelle douzaine trois ou quatre déjà ont fait leur chemin et deux ou trois autres sont en bonne route, grâce au concours que m'ont donné quelques esprits qui partagent ma façon d'envisager les choses. Ainsi je n'ai mis que deux ans à amener qu'on vendît le pain au poids, c'est-à-dire que le boulanger ne fût plus autorisé à rogner les portions du pain gagné parfois si péniblement par le père de famille, — c'est-à-dire à démontrer qu'un pain de quatre livres devait peser quatre livres.

A cette première réforme, j'ai essayé d'en adjoindre une autre — à savoir, de faire admettre en principe que le marchand qui vole l'acheteur est précisément aussi coupable que l'acheteur qui vole le marchand ;

Que l'épicier qui empoisonne sa pratique est aussi criminel que la pratique qui empoisonnerait l'épicier. En un mot, que le marchand qui vole et qui empoisonne est un voleur et un empoisonneur.

Cela est plus difficile ; il y a quinze ou seize ans que je plaide cette cause, et elle n'est pas encore gagnée : cependant elle a fait quelques progrès, et c'est une de celles que je voudrais voir résolues, et sortir de l'état de paradoxe où elle est encore tenue.

J'ai mis dix ans à obtenir qu'on couvrît les wagons de troisième classe de certaines lignes ferrées, c'est-à-dire qu'on ne punît plus du froid, de la pluie, du rhume, de la fluxion de poitrine, et, en certains cas, de la mort, le crime de ne pouvoir pas payer les voitures de deuxième classe ; et encore a-t-il fallu qu'une révolution vînt m'aider à ce sujet.

Il y a encore les petites questions des aliments à bon marché, et de l'abolition d'une protection qui ne protége que la faim et la misère — auxquelles je me suis attelé un des premiers, mais non pas cependant le premier — et je voudrais ne quitter le harnois que lorsqu'elles seront sorties de l'ornière.

Je n'ai pu, en quinze ans d'attaques, que mettre un peu de trouble dans cette éducation de collége, qui consiste à renfermer toute l'éducation de la jeunesse française dans l'étude des deux seules langues qui ne se parlent pas ; — cependant il peut sortir quelque chose de bon de ce trouble et de cette confusion, et je désire ne pas quitter le champ de bataille.

J'ai plaidé longtemps pour que tout écrivain signât ses écrits et pour que tout marchand mît son nom à ses produits, c'est-à-dire pour que chacun fût responsable de ses œuvres. Cela est arrivé pour les écrivains et non pour les marchands; mais, si je n'ai rien obtenu à l'égard des marchands, j'ai eu, à l'égard des écrivains, bien plus que je ne demandais. Je ne serais pas fâché de voir l'équilibre se rétablir entre eux, et d'y aider de mon petit mieux.

Je m'efforce, depuis seize ou dix-huit ans, de persuader aux Français d'éviter, ou au moins de diminuer les occasions de mourir enragés; mais cette question est encore toute neuve, et je n'ai obtenu à ce sujet aucuns résultats ! peut-être est-il bon de ne pas l'abandonner.

Il y a une autre question pour laquelle j'avais un appui, un collaborateur : c'est la question des hannetons. Mon collaborateur était M. Romieu. Mais, aujourd'hui, il m'a laissé seul, et est directeur des Beaux-Arts.

Il n'y a pas de sarcasmes que l'on ait épargnés à M. Romieu lorsqu'il était préfet, pour avoir essayé de détruire les hannetons. Ce zèle a failli l'entraver dans sa carrière, et il n'a rien moins fallu qu'un certain nombre de brochures, sur lesquelles je ne partage pas l'admiration de quelques-uns, pour faire oublier ce service sérieux et important qu'il avait voulu rendre à l'agriculture, et qui a failli être la cause de sa perte.

L'année dernière, les ravages causés par les *mans*, *turcs* ou *vers blancs*, larves des hannetons, ont diminué d'un quart la récolte entière de la Normandie.

L'année prochaine, les mans, devenus hannetons, dépouilleront les arbres de leurs feuilles, et pondront une infinité de *mans* qui dévoreront encore une notable partie de la récolte.

Il est vrai que la plupart des préfets, à l'exemple de M. Romieu, allouent une somme par hectolitre pour la destruction des hannetons ; mais cette louable tentative est à peu près sans résultats pour trois causes, et ces trois causes, les voici :

1° Les maires, pour la plupart, ne donnent aucune publicité à cette utile mesure. — Il me semble qu'il serait aussi utile de la tambouriner dans les communes que la plupart des annonces auxquelles on fait cet honneur.

2° La somme allouée est insuffisante dans la plupart des localités.

3° Cette somme n'est payée qu'après de longs délais, — il serait important que les maires reçussent l'ordre de payer immédiatement la somme fixée pour chaque hectolitre de hannetons — les retards apportés à ce payement le rendent sans intérêt.

Si cette question a déjà fait plusieurs pas importants, en voici une autre pour laquelle mes plaidoiries incessantes, depuis un grand nombre d'années, n'ont absolument rien obtenu.

Contrairement à l'opinion d'un grand nombre d'écrivains politiques et moralistes, je suis très-partisan des récompenses honorifiques. Il y a des choses qui sont tellement au-dessus de l'argent, que, lorsque l'argent les atteint, il les blesse ou les tue, comme ferait le plomb à un oiseau qui plane. C'est une noble monnaie qui paye tout ce que l'argent ne peut pas et ne doit pas payer.

Il n'existait en France que deux formes de récompenses de ce genre — les médailles que l'on distribue depuis quelque temps dans l'armée sont une troisième forme sur laquelle je n'ai pas d'opinion à émettre, parce que je ne sais pas suffisamment ce que ces médailles récompensent, dans quels cas elles sont données, et quels sont les statuts de cette innovation.

Les deux autres décorations sont la croix d'honneur et les médailles de sauvetage, qui sont données à des hommes qui ont sauvé la vie d'un de leurs semblables au péril de la leur.

La croix d'honneur, malgré l'abus, est encore la première décoration de l'Europe. Il n'est personne qui, chamarré de tous les ordres étrangers, ne croirait faire une bonne affaire en les donnant tous pour un ruban rouge français, s'il n'avait pas d'autre chance de l'obtenir.

Cependant, je n'hésite pas à mettre les médailles de sauvetage fort au-dessus de la croix d'honneur.

La Légion d'honneur est une institution plus large et d'un ordre plus élevé que ne le pensent beaucoup de gens qui se scandalisent toujours de voir ses insignes à la boutonnière d'un habit bourgeois. La Légion d'honneur, dans l'esprit de son fondateur, n'est nullement une institution spécialement militaire. Elle a pour but de réunir, par un signe commun, toutes les supériorités scientifiques, littéraires, artistiques, industrielles et militaires du pays. Cependant il faut dire que, à cause de l'abus qui en a été fait, les croix qui obtiennent l'assentiment le plus général, et n'excitent aucun murmure, sont celles qui sont données en récompense d'actions d'éclat dans les batailles, c'est-à-dire pour avoir tué le plus de monde possible, au risque de se faire tuer soi-même. Les médailles de sauvetage, au contraire, sont données aux hommes qui en ont sauvé d'autres au péril de leur vie.

Humainement et philosophiquement, il n'y a pas à discuter la prééminence d'une de ces deux décorations sur l'autre.

Les médailles de sauvetage ont, en outre, cet avantage qu'elles portent écrite la cause qui les fait obtenir — ce qui pourrait être embarrassant pour plusieurs croix d'honneur.

Il y a quelque temps, je fus convoqué à une assemblée qui se tenait au Havre, auprès duquel j'habite. Il s'agissait d'examiner des moyens nouveaux proposés pour arracher quelques victimes aux colères de l'Océan. Certes je n'ai naturellement qu'un enthousiasme calme et même modéré pour les réunions d'hommes, mais je déclare que je me sentis ému d'un profond sentiment de respect en voyant, dans une même salle, plus de soixante habitants d'une seule ville, ayant tous à leur boutonnière, les uns une, les autres deux, trois, quatre et cinq médailles, sur chacune desquelles était gravé : « *A un tel,* — pour avoir tel jour, sauvé un ou plusieurs hommes, dans l'eau ou dans le feu, au péril de sa vie. »

Eh bien ! il s'en faut de beaucoup que cette noble décoration procure à ceux qui l'ont reçue la considération qui semble devoir y être attachée. — J'en ai cherché les causes, et en voici quelques-unes :

1° Les hommes n'admirent et n'aiment que ceux qui leur font du mal; cela a l'air d'un paradoxe; mais regardez, rappelez-vous, lisez, et, si vous êtes de bonne foi, vous verrez que je n'ai pas le tort de modifier ainsi une locution proverbiale : « Aime bien qui est bien châtié. »

Je pense bien que l'on aime, en général, mieux un homme qui vous tire personnellement du feu ou de l'eau qu'un homme qui vous fend personnellement la tête; mais on respecte moins le premier que le second, — et surtout on admire plus celui qui a fendu la tête d'un autre que celui qui a tiré un autre de l'eau ou du feu.

2° La cause de l'obtention de la médaille, rigoureusement déduite sur ladite médaille, rend presque impossible toute espérance de l'obtenir par la protection d'autrui ou par sa propre infamie.

3° Ces médailles sont presque toujours accrochées à des vestes et à des blouses et portées par des hommes du peuple, auxquels les messieurs paraissent avoir abandonné le monopole de certaines vertus périlleuses, comme ils leur laissent les métiers fatigants et dangereux.

Ces médailles sont beaucoup plus grandes qu'une pièce de cinq francs, ce qui les rend difficiles à porter ; peu de ceux qui les ont obtenues pensent à en faire faire une réduction d'un format plus commode, — et elles ne peuvent être, comme la croix d'honneur, rappelées par un simple ruban.

Et nous voici au point pour lequel, ainsi que je le disais tout à l'heure, j'ai plaidé si longtemps sans résultat.

J'ai eu, comme tout le monde, depuis seize ou dix-sept ans, plusieurs amis qui sont devenus ministres et même davantage.

Parmi eux, quelques-uns sont arrivés à ces fonctions brusquement et sans transition, mais d'autres marchaient depuis longtemps sur le chemin qui y conduit; et, à plusieurs, quand je les voyais approcher du but, je disais : « Quand vous serez aux affaires, il y a quelque chose que je vous demanderai, c'est d'assurer un ruban spécial aux médailles de sauvetage. »

On me demandait quelques explications.

Je les donnais et j'ajoutais :

— Il est absurde qu'une décoration ait un ruban que tout le monde a le droit de porter — tel que le ruban tricolore auquel on attache les médailles de sauvetage.

— Parfaitement absurde, me répondait-on.

— Il convient donc de changer ce ruban.

— Rien n'est plus juste.

— Donnez-lui la couleur que vous voudrez, mais que ce soit une couleur qui lui appartienne, et qu'on ne puisse, comme celui de la croix d'honneur, le porter que si l'on a reçu la distinction qu'il représente. — Y voyez-vous quelque objection?

— Une seule, il ne faut pas qu'il puisse être confondu avec celui de la croix d'honneur.

— La médaille ne tient pas à cette confusion — d'ailleurs, je viens de répondre par avance à cette objection — assignez la couleur que vous voudrez — par exemple — un ruban rayé rouge et vert, pour représenter le feu et l'eau, ou tout autre.

— Alors, il n'y a plus rien à répondre.

— Je vous en reparlerai quand il en sera temps.

J'attendais, puis, quand mon ami était ministre, je lui demandais une audience, et je remettais la question sur le tapis.

— Non, certes, me disait-on, je n'ai pas oublié que nous en avons déjà parlé... J'y penserai.

Quelque temps après :

— Eh bien ! avez-vous pensé ?...

— Oui, mais cela a des inconvénients...

— Lesquels ?

— Oh ! il y en a beaucoup.

— Dites-m'en un.

— Nous en reparlerons.

Et on prenait soin que je n'en reparlasse jamais — par suite de quoi j'ai pris le parti de les chercher moi-même, et je n'ai trouvé que ceux que j'ai signalés plus haut.

Ce que je viens de raconter m'est arrivé trois fois — dont deux fois avec le même, qui, dans l'intervalle de ses deux ministères, était redevenu parfaitement de mon opinion à ce sujet.

Je ne compte pas abandonner non plus cette cause, et, ce que j'ai demandé en vain aux pouvoirs qui se sont succédé depuis que j'écris, je le demanderai aux pouvoirs qui se succéderont tant que je tiendrai une plume.

Voilà donc, outre quelques-unes qui m'échappent en ce moment et quelques autres qui peuvent survenir, les questions dont je m'occuperai avant de me rendre aux avis dont je vous parlais en commençant, et de me consacrer exclusivement au culte de l'acrostiche et des bouts-rimés. — Je compte sur l'aide et les encouragements de ceux qui me veulent bien donner des avis contraires.

VIII

EN FAVEUR DE LA GAIETÉ FRANÇAISE.

Le moucheron a pour ennemi la fauvette et l'hirondelle; la fauvette et l'hirondelle ont pour ennemi l'épervier; l'épervier craint l'homme; mais l'ennemi de l'homme, c'est l'homme lui-même. C'est lui-même qui a imaginé de placer son malheur dans des choses inévitables, et son bonheur dans des choses impossibles. Pour nous tous, le bonheur sur la terre, c'est ce que nous n'avons pas ou ce que nous n'avons plus.

Je dis *nous* contrairement aux autres moralistes, qui, en faisant le procès au genre humain, ont toujours l'air de se mettre hors de cour, et d'être simples spectateurs et juges dans la comédie humaine.

J'ai bien examiné; je suis homme et ne vaux pas mieux que les autres : *Homo sum, et nihil humani a me alienum puto.*

> L'homme, de quelque nom pompeux qu'il se décore,
> J'en juge par moi-même, est un triste animal.
> On fait très-peu de bien, beaucoup de mal; encore
> Le peu qu'on fait de bien on ne le fait que mal.

C'est sans doute en pensant à ce que je disais du bonheur tout à l'heure que Voltaire écrivait : « Pour écrire sur la liberté, je voudrais être à la Bastille. »

Je vois les arbres chargés de givre à travers une brume épaisse et froide; pour cette raison, je me sens, d'après Voltaire, fort disposé à parler du printemps.

Je suis triste : parlons de la gaieté. Le peuple français a été longtemps un peuple spirituel, gai et léger ; il en a encore la réputation, et il n'y a pas une géographie un peu détaillée où on ne le désigne par ces trois épithètes. Il n'y a pas de jour où, dans l'échange de lieux communs qui forment la plupart des conversations, il ne se trouve quelque prétentieux qui dise d'un air capable : « Le Français est léger ! » en ayant soin, par son attitude grave et sévère, de faire entendre à ses auditeurs qu'il se range lui-même dans une honorable exception.

Oui, le peuple français a été bien longtemps un peuple étourdi et léger ; mais, depuis quelque cinquante ans, il a la prétention de se ranger, de passer peuple sérieux ; il fait des affaires. A partir de ce moment, il est devenu grave et morne. Il était grand en riant et en se jouant : il était nécessaire au monde ; le reste du monde n'aurait pu se passer de lui. Il était l'échanson universel : il goûtait et essayait les us et les idées. Il imposait ensuite ses idées, ses modes, sa langue, ses chapeaux, ses rubans et ses livres ; l'un portant l'autre arrivaient dans le monde entier et y faisaient loi. C'était lui qui décidait si les femmes du monde civilisé porteraient cette année la ceinture sur les hanches ou sous les bras, les cheveux longs ou courts, plats ou frisés ; si l'on aurait un front ou si l'on n'en aurait pas. Aujourd'hui il ordonnait qu'on eût le nez retroussé, et on avait le nez retroussé ; il voulait qu'on se collât sur le visage des pains à cacheter noirs, et tout le monde mettait des mouches. Il écrivait à toute la terre : « Les femmes seront grandes cette année, » et on inventait les hauts talons. Il prononçait : « Hommes et femmes auront les cheveux blancs. » — et l'on se couvrait la tête de farine. Un autre jour, il décidait qu'il se ferait entre les gens comme il faut un échange de chevelures, et que personne ne porterait la sienne. Aussitôt les perruques du grand siècle étaient adoptées partout. Une autre fois, tout le monde devait être blond. Un jour, il ordonnait qu'on ne verrait plus les jambes des hommes, et la culotte disparaissait pour céder la place au pantalon ; — un autre jour, que les femmes se peindraient le visage en rouge ; plus tard, qu'elles seraient pâles ; plus tard, que les hommes seraient tous myopes et porteraient des lunettes ou au moins un lorgnon, etc. Tout cela s'exécutait à la lettre dans tout l'univers.

Et en même temps les Français imposaient aussi de beaux ouvrages, de grandes idées, et on acceptait pêle-mêle toutes ces décisions.

Et ce peuple léger menait despotiquement le monde entier, et ce peuple gai faisait faire toutes les choses sérieuses.

Mais voilà qu'un jour, soit qu'il eût réellement vieilli, soit qu'il trouvât mauvais et ennuyeux de s'entendre toujours appeler peuple gai et léger, il se jeta dans la réforme, il voulut être sérieux. — De même que les femmes coquettes passent par-dessus la sagesse et arrivent du premier coup à la pruderie, le peuple français est devenu d'emblée morose et pédant.

Né pour la guerre, le Français est un homme d'action. *Il n'y a pas de guerre sans soldat gaulois*, dit Plaute : — *Nullum bellum sine milite gallo.* — Les Romains, dit Salluste, combattaient avec les autres peuples pour la domination, mais avec les Gaulois pour leur salut : — *pro dominatione, pro salute.*

Mais, — en dehors de la guerre, — le Français doit rester un peuple gai et léger ; il perd toute sa grâce et toute sa puissance à vouloir prendre l'air refrogné et actif. Il lui passe d'ailleurs tant d'idées par la tête, que, quand il se met à agir, il veut les appliquer toutes, quelque contradictoires qu'elles soient, et qu'il tourne en rond bien plutôt qu'il ne marche.

Cessons donc de nous masquer en hommes sérieux : nous y avons perdu presque tous nos avantages, et nous n'y avons pas réussi. — C'est en vain que nous avons, pour nous déguiser, adopté pour toutes nos actions la livrée du deuil. — On va à l'enterrement, à la noce et au bal en habit noir ; — il n'y a que pour naître qu'on ne soit pas forcé de mettre un habit noir.

Tout cela ne sert de rien. — Renonçons à cette mascarade ; — reprenons le rôle qui nous convient et que nous jouons à merveille ; — redevenons les rois de la mode, reprenons le sceptre de l'esprit : — c'est un sceptre qui en vaut bien un autre ; — il est fort et fleuri, comme le thyrse de Bacchus, le vainqueur de l'Inde.

Si cette proposition paraît étrange à quelques personnes, c'est qu'elles ne l'ont pas bien examinée ; — le caractère des peuples ne change pas plus que celui des hommes.

Et d'ailleurs nous n'avons pas le choix : — malgré nos efforts, on ne prend plus en Europe au sérieux nos hommes politiques, — et on commence à ne plus prendre nos cuisiniers et nos coiffeurs : — nous perdons d'un côté et nous ne gagnons pas de l'autre. — Rappelons-nous le temps où le coiffeur Champagne, emmené de France par la reine de Pologne, y rentra avec la reine de Suède, ainsi que le racontent madame de Motteville et le journaliste Loret.

Cette histoire m'en rappelle une autre. — Ça interrompt un peu mon discours ; — mais je n'ai pas envie de prouver quelque chose. — Allons donc ! D'abord ce serait contraire à ma thèse, et ensuite, si j'ai pris la plume, c'est pour causer un moment avec les quelques amis inconnus que je puis avoir parmi mes lecteurs.

Mon histoire cependant n'est pas un hors-d'œuvre : — elle établit à la fois et la puissance de nos modes et notre ancienne réputation de légèreté.

Philippe V, roi d'Espagne, devenait chauve. — La reine sa femme le trouva mauvais.

Tenez, si je ne voulais pas prêcher d'exemple en renonçant à toute prétention sérieuse, je serais déjà très-embarrassé, et je ne pourrais peut-être pas continuer mon récit.

En effet, Philippe V a eu deux femmes, et je ne sais laquelle fut choquée de la calvitie du roi. Je pense cependant que c'est la première, Marie-Louise de Savoie, car il y a dans l'histoire une question d'étiquette à laquelle dut prendre part madame des Ursins, et l'on sait que le premier soin d'Elisabeth Farnèse, la seconde femme de Philippe V, fut de renvoyer madame des Ursins, qui l'avait appelée elle-même. Cependant, du vivant de sa première femme, Philippe était bien jeune pour avoir perdu ses cheveux ; — ce point reste incertain. Si je n'étais pas un écrivain léger, je ne pourrais me contenter ainsi d'un à peu près, et il me faudrait renoncer à mon histoire, ou faire, pour la continuer, des recherches dont, entre nous, elle ne vaut peut-être pas la peine.

Voilà donc Philippe V chauve, et sa femme Louise ou Elisabeth mécontente. — Il faut que le roi plaise à la reine, ne fût-ce que pour ne pas, plus tard, prêter à la surveillance des prétextes de calomnies sur l'ordre de successibilité au trône. La chose est importante. — Louis VI ayant coupé sa barbe, sa femme Eléonore de Guyenne, le trouva ainsi laid et ridicule : — elle n'aima plus son mari. — Le mari crut plus tard avoir des preuves qu'elle en aimait un autre, et il la répudia. — Répudiée, elle épousa immédiatement Henri, comte d'Anjou et duc de Normandie, auquel elle apporta en dot la Guyenne, qui se composait alors de la Gascogne, de la Saintonge et du Poitou. — Henri devint roi d'Angleterre, et ces provinces furent pour la France le sujet de trois cents ans de guerres. Le tout pour une barbe coupée. Or, Philippe fit mieux ; il se fit faire une perruque. — Je ne sais comment les Espagnols font aujourd'hui les perruques, mais il paraît qu'ils les faisaient alors très-mal. — La reine trouva le roi plus laid encore avec sa perruque que sans ses cheveux.

Le cas était grave. On assembla un conseil intime, et la reine fut d'avis qu'il fallait faire venir de France un coiffeur qui ferait les perruques du roi.

Si c'était du temps de madame des Ursins, c'est-à-dire si c'est la première femme de Philippe V qui est en scène, il est difficile de dire quelle fut l'opinion de madame des Ursins. C'est encore un point historique que ma qualité d'écrivain léger me permet de laisser dans l'ombre du doute.

Mais la proposition de faire venir un coiffeur français fut repoussée à la majorité des voix, sur plusieurs considérations.

On ne pouvait faire faire les perruques du roi par un perruquier français :

1° Parce que ce serait décourager et offenser les perruquiers espagnols, répandre de nouvelles inquiétudes sur l'excès de l'influence française dans les affaires de l'Espagne et donner de nouveaux partisans à l'archiduc Charles.

2° Vu l'intérêt qu'avaient les Français à dominer le roi Philippe, il était à craindre qu'on ne gagnât le perruquier de Sa Majesté pour mettre dans ses perruques quelque charme ou quelque sortilége. — Tout le monde sait que c'est un des plus grands moyens d'enchantement et de maléfice des magiciens.

3° Vu la légèreté proverbiale des Français, légèreté dont il n'y a pas lieu de croire les coiffeurs exempts, il serait fort à craindre qu'un perruquier de cette nation, qui se pique d'incrédulité et d'irrévérence, ne respectât pas une loi imposée par l'étiquette, avec laquelle les Espagnols n'ont pas coutume de plaisanter. Les perruques du roi doivent être faites avec des cheveux coupés sur la tête de gens nobles. Un perruquier français serait capable de ne pas prendre cette règle au sérieux, et de faire les perruques du roi avec des cheveux d'une naissance douteuse, ou du moins d'y glisser des mèches suspectes et roturières, peut-être des siens même, cette délicatesse n'existant pas chez les Français. On cite un prince français qui avait un valet dont les cheveux étaient blonds et précisément de la même nuance que les siens. — Il avait mis la tête de ce valet en coupe réglée pour faire ses perruques. — Ce valet était voleur, ivrogne, paresseux.— Quand on lui demandait pourquoi il ne le chassait pas : « Que voulez-vous, disait-il, c'est si bien ma nuance! »

Revenons à notre sujet, dont les gens difficiles seuls pourront dire que je me suis écarté.

Je veux essayer de restaurer l'antique gaieté française. J'ai beaucoup regardé et beaucoup vu, et je demeure convaincu que les choses humaines ne sont pas faites pour être traitées trop sérieusement. Le Français doit rester le plus gai des hommes ; l'homme est le plus gai des animaux ; bien plus, il est le seul gai, le seul qui rie. Ne laissons pas périmer ce privilége. Le rire et la gaieté sont une nécessité pour l'homme : dans tous les pays, le peuple a donné à ceux qui le font rire le nom de son mets favori. En Hollande, on appelle les bouffons Harengs-Pees ; en Angleterre, Iack-Pudding ; en Italie, Macaroni, et, en France, Jean-Potage.

Ne pas rire, c'est donc une diète rigoureuse que notre organisation ne nous permet pas.

Si nous avons eu, depuis une soixantaine d'années, tant de bouleversements, ce n'est pas que le Français obéisse à des idées : c'est qu'il cherche à se distraire. Cessons de fournir un sujet de fable — à côté d'une fable de La Fontaine, — et de nous faire comparer au *papillon qui veut se faire aussi lourd que le bœuf.* « Riez si vous êtes sage : *ride si sapis,* » dit Martial, qui dit aussi, dans un autre endroit : « Apprenez à déplisser votre front par la plaisanterie : *frontem nugis solvere disce.* »

Et Salomon dit, dans ses proverbes, VII, 17 :

« Ne soyez pas plus sage qu'il n'est nécessaire, de peur que vous ne deveniez stupide. »

D'ailleurs, la gaieté aussi a son côté sérieux.

« C'est à la vérité qu'il appartient de rire, dit Tertullien ; elle est sereine et gaie. »

Ainsi, il est bien convenu que nous devons redevenir un peuple gai. Profitons de ce que nous n'en avons pas encore perdu la réputation, et soutenons que nous n'avons jamais mérité de la perdre.

Donnons franchement la démission de notre morosité ; faisons comme le sage Solon, qui disait : « Je vieillis en sacrifiant aux Muses, à Bacchus et aux Grâces ; » rions, chantons, buvons, faisons des bons mots pour le monde entier, couronnons-nous de roses et faisons des libations à Vénus. Homère lui-même, qui n'était pas autrement bouffon, l'appelle la déesse qui aime à rire.

Aussi bien, avons-nous jamais été réellement sérieux ? Nous mettions bien en étalage toutes sortes de gravités et de prétentions, mais il était facile de voir que, semblables à beaucoup de trafiquants, nous vendions nos denrées, mais n'en mangions pas, et qu'au fond nous étions toujours restés nous-mêmes, — le peuple gai par excellence. — Les comédiens sont des comédiens, même quand ils jouent la tragédie, — et ils rient, dans les coulisses, de ceux qui prennent la chose au sérieux et versent de vraies larmes sur leurs malheurs fictifs.

« Je n'aime ni n'estime la tristesse, disait Montaigne, quoique le monde ait entrepris de l'honorer de faveurs particulières. Ils en habillent la sagesse et la vertu, sot et vilain ornement. »

Pour nous, nous ne serons plus assez sot pour bourrer inutilement notre oreiller d'épines. Quand on n'a qu'un temps à dormir, on ne perd pas tout ce temps à défaire et refaire son lit.

IX

DE LA HAINE DE L'HOMME POUR L'HOMME.

Je voudrais bien amener l'homme à se réconcilier avec lui-même et à se contenter des maux inhérents à sa nature, tels qu'accidents, maladies, infirmités, dont la liste serait longue, sans se créer en outre une foule de misères de luxe et de fantaisie. Il n'est pas hors de propos d'examiner jusqu'où va cette haine, non-seulement que chaque homme porte aux autres hommes, mais encore dont chaque homme se donne à lui-même de perpétuels témoignages ; si bien qu'il semble parfois que l'état de société, auquel on a prêté toute sorte de prétextes honnêtes, n'est en réalité qu'un expédient pareil à celui de ces deux seigneurs japonais dont l'un était gaucher, qui, ayant eu querelle, se firent attacher et lier étroitement ensemble, chacun par un bras, et, l'autre bras armé d'un poignard, se tailladèrent avec tant d'acharnement, qu'ils en moururent tous deux.

Cent volumes ne suffiraient ni à moi ni à personne pour énumérer le mal que l'homme a fait à l'homme. — Il n'est pas question d'autre chose dans l'histoire, et ce serait tout simplement écrire l'histoire universelle. Telle n'est pas mon intention. Je veux démontrer d'abord que l'homme, qui paraît sacrifier incessamment tous les autres hommes à lui-même, a une telle haine pour l'humanité, que, faute d'autres victimes, chaque individu se fait à lui-même une guerre acharnée et sans merci.

Vous verrez parfois dans les vieux livres l'éloge de telle ou telle personne, mais c'était une spéculation et une industrie, et on est un peu honteux pour la littérature en voyant à quels maltôtiers nos grands écrivains dédiaient leurs chefs-d'œuvre et prostituaient leur encens. — On n'adresse plus d'épîtres dédicatoires aujourd'hui aux riches et aux grands. — Faisons, pour l'honneur du corps, semblant de croire que la suppression de cet usage immonde provient uniquement des progrès de la dignité des gens de plume, mais sachons bien tout bas, entre nous, que cette désuétude est due, du moins pour certains, à la pauvreté des grands et à l'avarice des riches d'aujourd'hui, qui ne leur donneraient plus rien pour cela. On n'a commencé à à s'apercevoir de ce qu'il y avait de honteux à tendre ainsi la sébile que la première fois où la sébile, tendue tout le jour, a été trouvée vide.

> Être infâme gratis, c'est honte, — et cher, mérite.
> La honte est grande alors que la somme est petite.

Mais de l'homme en général, vous ne voyez guère l'éloge dans les vieux livres ; et, cependant, on n'y était pas chiche d'éloges. Berni a fait l'éloge de la soif, *in lode della sete*, — Mutius Floriatus l'éloge de la claudication, — Cicéron et Nusserat celui de la cécité,—Érasme celui de la folie,— Mathieu Czanaktus l'éloge de la gale, — Ulrich de Hulten l'éloge de la fièvre, — Cardan l'éloge de la goutte, — Galignacus l'éloge de la peste,—Cardan l'éloge de la misère, — Majoraggius l'éloge de la boue, — Colliclès l'éloge de l'injustice,—Gutherius l'éloge de la bêtise,—Hugo Grotius l'éloge du rhume de cerveau, etc.

Mais, pour ne parler que des êtres animés, il faut mettre Buffon à la tête des panégyristes de l'âne. Avant lui, on avait *Laus asini*, de C. Agrippa, — *Asini encomium*, de J. Lanterbach, —*Onos*, par J. Stigélius,—*De antiquorum asinorum Honestate*, par Math. Gesner, et cinquante autres ouvrages. — Rudemann a fait l'éloge du rat, — Greisholde l'éloge de la puce, — Lotichius l'éloge du pou, — Aldrovande l'éloge de la punaise, etc.; mais personne n'a fait l'éloge de l'homme, si ce n'est dans trois cas seulement.

Le premier cas, je l'ai déjà mentionné, c'est quand on faisait l'éloge de tel ou tel homme en particulier, basse et mercantile flatterie. Sous ce rapport, il y a eu des exemples curieux. En voici un sur mille. On trouve à la Bibliothèque impériale une *Hymne triomphale au roy sur l'équitable justice de la Saint-Barthélemy.*

Le second cas où l'on fait volontiers l'éloge d'un homme, c'est quand cet homme est suffisamment mort, et quand son éloge sert à humilier et rabaisser les vivants.

Le troisième cas est lorsque c'est une manière indirecte de faire l'éloge de soi-même. On n'est, en effet, jamais si bien loué que par soi-même. « Quelque bien qu'on dise de nous, on ne nous apprend rien de nouveau, » dit la Rochefoucauld. Plutarque, au lieu de défendre aux gens de se louer eux-mêmes, comprenant bien, dans son bon sens, que sa leçon serait perdue, a mieux aimé régulariser cette tendance, et il a fait un petit traité : *Comment on peut se louer soi-même.* Aussi, pour ma part, ai-je l'intention de faire quelque jour mes Mémoires, et de les intituler franchement : « Éloge historique de moi-même. »

Lorsqu'un naturaliste ou un philosophe vous dit : « L'homme est le roi de la nature ; c'est pour lui, pour son usage, que le monde a été créé, » vous vous tromperiez fort si vous pensiez qu'il s'agit, dans son esprit, des autres hommes. Feuilletez les naturalistes et les philosophes, et vous verrez le résultat que vous obtiendrez.

« L'homme est le roi de la nature, il est fait à l'image de Dieu. »

— Que pensez-vous des Italiens ? demandez-vous à un Français.

— L'Italien, vous répond-il, est superstitieux et traître.

Si vous demandiez à un Italien ce qu'il pense des Français, il n'hésiterait pas pour vous dire :

— Peuple brouillon, léger, futile, etc.

Personnellement, je n'adopte pas ces zones géographiques de caractères ; les Français qui demeurent sur une des rives du Rhin ressemblent bien plus aux Allemands qui sont sur l'autre rive qu'ils ne ressemblent aux Français limitrophes de l'Espagne, aux Français de Bayonne, par exemple. Tout le monde se mêle et se confond par les bords et par les lisières ; et d'ailleurs, sur un champ de bataille ou dans un congrès, les frontières peuvent changer de place, — et nos bons Allemands, si légèrement taxés de pesanteur par les Français, semblables aux courtisanes, qui appellent les honnêtes femmes mijaurées et bégueules, nos bons Allemands de l'autre rive du Rhin seraient-ils obligés, par leur annexion à la France, de devenir légers, futiles, etc., comme on dit que sont les Français? Donc, il est bien entendu que, en rapportant ces dictons de peuple à peuple, ou de province à province, je n'en prends aucunement la responsabilité. — Pour abréger, je ne consulte qu'un Français.

— Et les Espagnols? demanderez-vous au susdit Français.

— Les Espagnols, dira-t-il, vaniteux, matamores, etc.

— Et les Anglais ?

— Angleterre, perfide Albion, Carthage moderne ; l'Anglais, honnête pour lui-même, est capable de tout pour l'accroissement de la prospérité commerciale de son pays. La guerre n'est pas pour lui un moyen de gloire: c'est un moyen d'échiner les autres épiciers. Il ne fait ni conquêtes ni prisonniers, il fait des pratiques.

Il n'y a pas un peuple sur lequel votre interlocuteur n'ait des invectives et des dédains tout prêts.

— Et les Français ?

— France! reine du monde ! la patrie de tout le monde, la patrie de ceux qui n'en ont plus, la patrie des exilés, la capitale de l'Europe ! — Le Français, spirituel, brave, le plus brave, le plus spirituel des peuples !

— Très-bien. Votre opinion, je vous prie, sur la Normandie?

— Le Normand, ami des procès, chicaneur par excellence : « *Le Normand a son dit et son dédit.* »

— Et le Champenois?

— Ah! vous savez le proverbe : — Quatre-vingt-dix-neuf moutons et un Champenois...

— Le Manceau?

— Un Manceau vaut un Normand et demi.

— L'habitant de la Touraine?

— A Tours, ce que femme veut Dieu le veut.

— De la Bourgogne?

— Après le coup, Bourguignon sage.

Si je continuais les questions, chaque province, chaque ville, aurait son proverbe peu flatteur : mais il n'y a pas besoin de pousser beaucoup notre homme pour lui faire résumer son opinion d'un mot. Voyez avec quel dédain il dit :
— « La province! un provincial! Il n'y a qu'un Paris, — il n'y a que Paris, » ajoutera-t-il.

Cependant, un peu après, comme il ne veut pas être confondu dans une louange qui s'applique à un million d'habitants, il avouera, en souriant, que les Parisiens sont un peu badauds. Cet aveu le met naturellement dans l'exception : le juge n'est pas sur la sellette.

Faites-lui maintenant quelques questions sur les quartiers de Paris, le faubourg Saint-Germain : — La noblesse, les préjugés, le passé.

La Chaussée-d'Antin?... — La Banque, les loups-cerviers la Bourse.

— L'Ile Saint-Louis? — Des momies.

Mais alors, demandez-vous, quel est le quartier bon à habiter? — Il vous désignera celui qu'il habite, — le faubourg Saint-Honoré, par exemple.

Parlez-lui maintenant des différentes professions : il

aura des sarcasmes contre toutes, excepté contre la sienne.

Nous arrivons, *nous brûlons*. — En effet, voilà déjà que l'homme, dont il faut entendre qu'il est le roi de la nature et l'image de Dieu, habite le faubourg Saint-Honoré, et n'est ni avocat, ni médecin, ni marchand, ni ouvrier ; car, si vous parlez des ouvriers, notre homme vous dira : « Fi ! le peuple, — la populace, — la *vile multitude !* » Parlez-moi des gens comme il faut ! Les gens comme il faut, — ce sont les gens comme lui, mais il ne vous cache pas qu'il n'y en a pas beaucoup.

Parlez-lui de sa rue : — le côté opposé à celui qu'il habite est au Nord, — il faut être bien niais pour se loger au Nord !

Examinons la maison. Qui habite le premier étage ? — Un marchand enrichi... un adorateur de Mercure.

Le second ? — Un imbécile.

Le quatrième ? — Un fat.

Le troisième... c'est son étage, — mais il y a un autre locataire sur le même carré : c'est un avare, — et la femme de l'avare... est une coquette.

Parlez-lui alors de son meilleur ami : — il commencera par vous en faire l'éloge, — non pour que vous le croyiez, mais pour que vous voyiez et admiriez comme il fait bien l'éloge de son ami. En effet, ayez l'air de prendre au mot ses louanges, qu'il a un peu exagérées dans l'espoir de vous agacer le bon sens et de vous faire faire des objections ; enchérissez sur lui, vous ne tarderez pas à obtenir l'aveu des défauts de cet ami.

En résumé, — l'homme, roi de la nature, image de Dieu sur la terre, et le Français, le plus brave, le plus spirituel des hommes, vous finirez par voir que, dans l'opinion de l'homme que vous aurez confessé avec un peu de soin, c'est simplement et uniquement lui-même ; qu'il n'estime, qu'il n'admire que lui-même, — et qu'il n'aime que lui-même.

Dans l'ordre physique, quand un homme tombe dans la rue, tout le monde rit, tous ceux qui le voient tomber sont contents, heureux ; — ils ne voudraient pas n'être pas sortis ce jour-là, ou n'avoir pas passé par cette rue, ou n'y avoir pas passé précisément à cette heure.

Il en est de même dans l'ordre moral : les plus grandes joies humaines consistent à voir tomber les autres hommes, — tomber d'une haute position, tomber d'une grande fortune, tomber d'une éclatante gloire. On ne se fait pas même grand scrupule de pousser un peu ceux qui ne tombent pas assez vite.

Cette haine de l'homme contre l'homme est si acharnée, si aveugle parfois, que, de temps en temps, oubliant qu'on est soi-même, et se rappelant qu'on est homme, on se joue personnellement une foule de mauvais tours, — on s'attrape, on se mystifie, on se ruine, on se calomnie, on se détruit, on se tue soi-même. — En un mot, l'homme n'aime que lui, et encore ne s'aime-t-il guère.

Par exemple, voici un homme que le hasard a fait à peu près riche, c'est-à-dire qu'il pourrait, sans soucis et sans travail, satisfaire à tous ses vrais besoins et se donner tous les plaisirs réels. Eh bien ! cet homme aime mieux être pauvre lui-même, se condamner aux privations, aux inquiétudes, aux insomnies, à la misère. Pourquoi ? Je l'ignore. — Comment ? Le voici : il veut paraître plus riche qu'il ne l'est en effet, — et la conséquence de cette manie est de devenir tous les jours plus pauvre. Notez bien que, sous ce masque, on ne trompe qu'une seule personne, — et cette personne c'est soi-même. Si l'on ne désirait que ce dont on a *réellement* besoin, en y ajoutant ce qui fait *réellement* plaisir, on serait étonné du peu que l'on désirerait.

Pour bien voir la haine dont l'homme se poursuit lui-même, suivons-le dans quelques-uns de ses plaisirs, au spectacle, par exemple. En quoi consiste réellement le plaisir du spectacle, pour ceux à qui le spectacle fait plaisir? Le spectacle est un plaisir comme celui de la lecture : on voit et on entend au lieu de lire ; la grande question est donc d'être assez bien placé.

Or, il n'est personne qui n'ait passé de bonnes soirées d'hiver au coin du feu, dans un bon fauteuil, avec un livre sympathique et aimé, les pieds chauds dans ses pantoufles, le corps à l'aise dans une robe de chambre, toute la machine, tout l'animal si commodément arrangé, que l'esprit ne s'occupe plus de lui, et qu'il ne pense pas à distraire l'esprit par ses réclamations et ses exigences. Certes, la lecture perdrait beaucoup de charme si l'on gardait sa cravate, son habit et ses bottes.

Eh bien! voyez cet homme et cette femme partir pour le théâtre.

Elle se serre dans un corset jusqu'à déplacer quelques-uns de ses organes, elle se serre dans ses souliers au delà du point où l'on poussait, du temps de la torture, la *question des brodequins;* — elle a passé une heure entre les mains du coiffeur, — elle a attendu jusqu'à neuf heures une nouvelle coiffure qu'on devait lui apporter ; — la coiffure est enfin arrivée, mais le premier acte est joué.

Je ne veux pas parler de la toilette de l'homme ; je le suppose occupé seulement de la parure de sa femme. Croyez-vous qu'ils jouissent du spectacle et de la musique? Non, la femme s'occupe de l'effet de sa coiffure ; elle pense aux chagrins que cette heureuse innovation va faire aux autres femmes. — Pour l'homme, il amène en public, et sous l'éclat des lumières, sa femme, aussi peu vêtue que possible : il veut qu'on l'envie. — Ils ne viennent pas voir le spectacle, ils viennent être le spectacle, — chacun d'eux mettant son bonheur, l'homme à chagriner les autres hommes, la femme à désespérer les autres femmes. Ils sacrifient avec enthousiasme le plaisir qu'on est censé venir chercher au théâtre au plaisir bien plus grand, bien plus réel pour eux, de faire de la peine aux gens. L'homme a livré aux regards la moitié de sa femme pour se la faire envier sur échantillon ; la femme a été admirée sans estime, critiquée avec passion. — Tous deux rentrent enchantés de leur soirée. — Les chagrins loquaces d'Hermione ou de Bérénice ne les intéressaient pas autant que les chagrins muets qu'ils espèrent avoir donnés à une partie des spectateurs.

La riche livrée du domestique, qui, sous le péristyle de l'Opéra, vient leur annoncer que la voiture est avancée, les chevaux qui les entraînent, tout a été combiné pour humilier surtout leurs connaissances et leurs amis.

Une fois rentrés, vous pensez bien qu'ils ne s'occupent pas du spectacle : la femme critique la toilette ou les charmes des femmes de sa société ; l'homme critique les airs des hommes de sa connaissance. Pendant ce temps-là on s'occupe d'eux dans les autres maisons, surtout s'ils ont réussi à briller, à éblouir. Écoutons un autre ménage.

LA FEMME. Avez-vous remarqué madame *** ?

LE MARI. Je l'ai aperçue.

LA FEMME. Elle était outrageusement décolletée. Et quelle coiffure ! la manie de se singulariser... Parce qu'on met des fleurs dans ses cheveux, elle y met des fruits ; je ne ne désespère pas de la voir demain aux Italiens avec des légumes, des petits radis roses et du persil.

LE MARI. Son mari avait-il l'air assez empesé, assez niais! Mais, ce pauvre garçon, il n'a pas inventé la poudre. Quelle livrée! quels chevaux! Dieu veuille que ça dure! Sa fin de mois à la Bourse n'a pas déjà été si brillante, etc.

Mais d'*Iphigénie* et de *Guillaume Tell* il n'en est pas plus question dans ce second ménage que dans le premier.

Le mari se prépare à faire une visite d'amitié à l'homme dont il vient de parler avec tant de dédain, et à ne rien négliger pour lui enlever sa femme et un peu de son argent.

La femme se demande si c'est chez Batton ou chez Nattier qu'elle ira dès le lendemain matin commander une coiffure pareille à celle qu'elle vient de déclarer si ridicule.

Et ce n'est rien encore quand il s'agit de gens réellement riches; — mais de tous ces hommes et de toutes ces femmes qui ne se réunissent que pour tâcher de se chagriner et de s'humilier, le plus grand nombre ne réussissent à jouer ce rôle qu'au moyen de mensonges laborieux. Leur luxe est fait de privations, leur éclat menteur d'indigence volontaire. — C'est à force de misère réelle qu'ils parviennent à avoir l'air riches. — *Aisés* seulement, ils seraient heureux tout simplement, tout bêtement; mais on n'en saurait rien, ça ne ferait de peine à personne; ils ne veulent pas de bonheur à ce prix. — Ils seront malheureux, mais on les croira heureux, et on en souffrira. Voilà le bonheur qui leur plaît, le bonheur auquel ils feront héroïquement tous les sacrifices. — Ils vendront leurs livres pour acheter une riche bibliothèque, — ils donneront le pot-au-feu avec lequel ils auraient dîné, pour des plumes de faisan qu'ils jetteront soigneusement à leur porte; — ils ne dîneront pas, mais les voisins se diront: « Les coquins! ils ont mangé du faisan. »— Et cette idée donnera de l'amertume au rôti des voisins.—Et les premiers sont contents ; ça ne les engraisse pas, mais ça les rend bouffis, et ils aiment mieux cela.

Notez bien que cette manie est descendue jusque dans la classe des ouvriers, sans épargner aucune classe intermédiaire. De toutes les égalités prêchées, promises, il n'y en a qu'une qui ait été atteinte, c'est l'égalité de dépenses. — Si bien que les riches sont pauvres, les gens aisés sont indigents, les anciens pauvres sont misérables, et les misérables meurent de faim, les riches, devenus pauvres, n'ayant plus le moyen de les secourir. — C'est ce qui fait que de ce temps-ci personne n'est riche et que tout le monde est fastueux; que l'on abandonne les métiers honnêtes et réguliers pour les industries dangereuses et aléatoires; — que l'on se soucie généralement peu de l'intérêt, de la gloire et de l'honneur même de sa patrie, pourvu qu'on puisse faire ses propres affaires.

Je disais tout à l'heure que cette manie de briller, c'est-à-dire de chercher son plaisir dans l'humiliation d'autrui, est descendue jusque dans la classe des ouvriers. Autrefois les corps d'état avaient des costumes spéciaux qui amenaient une réelle égalité; ces costumes avaient leur caractère et leur beauté. Prenons pour exemple celui dont on voit encore quelques spécimens, le costume des charpentiers : pantalon et veste de velours. Des hommes forts, comme sont ceux des ouvriers qui ne sont pas usés par les privations et les excès, qui s'entraînent réciproquement, paraissent sous ce costume avec tous leurs avantages. Ils étaient habillés autrement que les bourgeois, mais ils n'étaient pas plus mal habillés. Aujourd'hui, ils veulent avoir le costume des bourgeois. — Or, qu'arrive-t-il? Supposons qu'ils ne reculent pas devant les prix d'un gros tailleur, et que leurs habits soient aussi bien faits que ceux des bourgeois ; — ne tenons pas compte du nombre de journées de travail et des privations pour toute une famille que représente ce *bel habit ;* mais songeons seulement que l'ouvrier ne le mettra tout au plus que le dimanche, tandis que le bourgeois met le sien tous les jours. Si alors l'habit du bourgeois lui dure un an avant d'être usé, — et il y aura déjà huit mois que ledit bourgeois ne sera plus à la mode, — l'habit de l'ouvrier, qu'il n'aura mis que cinquante-deux fois dans l'année, en supposant qu'il le garde aussi longtemps que le bourgeois, lui durera juste sept ans. Or, qu'est-ce qu'un habit sept ans après la mode sous l'empire de laquelle il a été coupé? Un affublement grotesque, un déguisement à ameuter les enfants, quelque chose d'aussi insolite qu'un costume de polichinelle ou de pierrot ; c'est-à-dire que l'ouvrier, pour être habillé en *monsieur,* n'arrive qu'à ce résultat: être pendant six ans sur sept une sorte de masque, sans les circonstances atténuantes du carnaval.

Remarquez encore que, même lors de la fraîcheur de l'habit, lors de sa gloire, l'ouvrier qui ne met cet habit que cinquante-deux fois par an, l'habit qui dort dans une armoire pendant trois cent treize jours, n'ont pas le temps de s'accoutumer l'un à l'autre, — l'homme à la gêne de l'habit, l'habit aux mouvements un peu brusques de l'homme : ils se vont mal réciproquement, tous deux sont gauches et maladroits. Bien heureux l'ouvrier, lorsque, déguisé en *monsieur,* il ne croit pas, de même que l'homme costumé en polichinelle qui parle avec une *pratique* dans la bouche, devoir grasseyer, parler prétentieusement et lier les mots entre eux par des ■■■ malencontreuses auxquelles il ne pense pas pendant la s■■aine.

Le front basané, les mains calleuses, sont une beauté avec le costume spécial : c'est un ridicule avec l'habit de *monsieur*. Tel ouvrier dont on dira dans la semaine en le voyant passer : « Voilà un bel homme, un ouvrier qui a l'air distingué, » fera dire de lui le dimanche : — « Voilà un monsieur bien commun ! »

L'égalité de costume consisterait, non à avoir le même habit que le bourgeois, mais à en avoir un qui allât aussi bien que celui du bourgeois. Le bourgeois ne pense pas à s'affubler de l'habit de soldat, excepté sous prétexte de garde nationale. Mais je n'ai pas besoin de dire comme cela lui sied physiquement.

Les femmes sont tombées dans la même erreur. — Je ne veux pas parler ici de celles qui font semblant d'être riches et qui font de l'hermine avec du chat ; — je veux dire seulement un mot des ouvrières et des paysannes — les costumes des divers pays disparaissent ; — les beaux bonnets normands ne se voient plus que dans le fond des campagnes ; — dans toute la France, hommes et femmes mettent leur bonheur et leur gloire à se déguiser en Parisiens mal habillés. — C'est plus laid, mais c'est cher. — Les premiers qui ont eu cette idée ont voulu humilier leurs voisins. — Ceux-ci, pour leur enlever cette satisfaction, les ont imités ; — de sorte qu'à l'égalité de besoins et de dépenses il faut ajouter l'égalité de laideur.

Une autre invention des hommes, qui montre encore d'une façon évidente leur haine pour leur espèce et pour eux-mêmes, — c'est que quelques-uns croient faire grand plaisir à la Divinité, les fakirs, les brahmes, les derviches, etc., etc.,

8*

en tourmentant la machine qu'elle leur a confiée, en se privant de nourriture, en se ▮▮ellant avec des lanières de cuir ornées de nœuds, etc., — au lieu de jouir avec amour et reconnaissance des biens que cette divinité leur a accordés. — Enfin, l'homme pousse si loin la haine pour les autres hommes et pour lui-même, que, jaloux de conserver les maladies qui affligent et déciment son espèce, il s'est adressé aux saints et les a mises sous leur protection.

La lèpre a été confiée à saint Job et à saint Lazare, les écrouelles à saint Marcou, l'épilepsie à saint Nazaire, la fièvre à sainte Pétronille. — Nos pères appelaient le mal de reins mal de saint René; le mal de dents mal de sainte Appoline; le scorbut mal de saint Firmin; la colique mal de saint Mathelin, etc., etc.

Puis, quand par hasard un homme a été bon et heureux, il s'en repent dans sa vieillesse; il fait tout ce qu'il peut pour douter de la miséricorde de Dieu, il ne lit plus de livres, il ne voit plus de gens que ceux qui l'épouvantent; de sorte que ce n'est pas un propos inventé que celui d'un personnage d'une comédie que quelqu'un a l'intention de faire :

> Sans moi, je ne serais pas heureux à demi,
> Si je pouvais un jour devenir mon ami

X

SUR QUELQUES AMIS.

Je connais un homme qui a passé toute sa vie à chercher un ami. — Tout le monde veut avoir un ami, mais personne ne s'occupe d'en être un. Entre deux amis, comme entre deux amants, il y en a un qui aime et l'autre qui est aimé. Dernièrement j'ai rencontré un homme, il avait le visage rayonnant.

— Enfin, me dit-il, j'ai trouvé mon affaire : — j'ai un ami.
— Je vous félicite, — lui dis-je. — Et lui, en a-t-il un ?

Il ne daigna pas répondre à cette plaisanterie.

« — Longtemps, dit-il, j'ai rêvé un Pylade ou un Euryale ; j'ai dû mettre à la porte de mon cœur de bons et excellents amis qui n'avaient pas tous les traits des types que je m'étais proposés, sans me demander moi-même si j'étais parfaitement semblable à Oreste ou à Nisus. — J'ai trouvé plusieurs variétés d'amis ; j'ai eu des amis qui ne se souciaient pas de moi, et dont je ne me souciais pas. — J'ai eu des amis qui me haïssaient, et que je n'aimais pas davantage. — J'ai essayé, — ne trouvant dans personne l'étoffe d'un ami, — j'ai essayé d'en prendre deux, — ainsi que le paysan qui n'a pas de bœuf laboure avec deux ânes. — C'était assez commode : à chacun des deux je me plaignais de l'autre ; c'est ce qui m'a duré le plus longtemps. — La dernière fois que je suis allé vous voir, je me suis prodigieusement amusé. — Je me suis en allé en toute hâte pour établir chez moi les divertissements dont j'avais joui chez vous. — J'ai acheté un bateau pour pêcher. —

J'ai institué un jeu de boules dans la grande allée de mon jardin; — puis j'ai invité mes deux amis à venir passer quelques jours avec moi à la campagne. — Mais, quand j'ai parlé de pêche, ils ont ramassé tous les sarcasmes que le vulgaire accueille avec tant de joie à propos de la pêche à la ligne. — Ils ont parlé de cette caricature où la ligne du pêcheur ne s'est pas levée depuis si longtemps, qu'une araignée a filé et établi sa toile entre la ligne et le bras du pêcheur. — Ma femme a beaucoup ri. — Je suis allé pêcher tout seul. — Il a plu; je suis rentré mouillé. J'avais pris un peu de poisson; on a soutenu que je l'avais acheté. — Ma femme a ri encore de très-bon cœur.

Après le dîner, j'ai proposé une partie de boules; mes amis m'ont demandé si je les prenais pour des invalides : c'est alors qu'il aurait fallu voir ma femme; elle riait à en perdre haleine. — Un des deux s'est rappelé une affaire et est retourné à Paris après m'avoir emprunté quelque argent; — l'autre a couché chez moi; — toute la soirée, il a fait le joli cœur, a parlé phœbus à ma femme, a causé à petits plis et à l'empois; — en vain, j'ai voulu ramener la conversation sur des sujets qui m'intéressaient. On ne me répondait pas; il parlait à ma femme à l'oreille, et elle riait aux éclats; il plaisantait sur mon ventre, sur mes jambes, sur mes lunettes. Ma femme, pour ne pas demeurer en reste, révélait que je ronflais la nuit à faire tout trembler, et que je couchais avec un bonnet de coton. Il est fort dangereux qu'une femme trouve son mari ridicule et qu'elle fasse cette découverte en collaboration avec un autre homme. — Mon ami commença une série de grosses louanges, de compliments lourds, qui furent reçus en rougissant; — quand la journée fut terminée, ma femme me dit: « A la bonne heure! voilà un homme spirituel et aimable. »

Aussi, le lendemain, et pendant les jours qu'il daigna encore passer chez moi, l'ordinaire modeste de ma table fut complétement changé ; on envoya jusqu'à Paris pour avoir ce que notre village ne fournissait pas ; mes meilleurs vins furent servis comme vins d'ordinaire. J'essayai d'organiser une partie de pêche, on me rit au nez, et, pendant que j'allai encore pêcher seul, mon ami et ma femme s'allèrent promener et ne rentrèrent que pour le dîner. Quand ce dernier ami fut parti, lorsque je me retrouvai seul avec ma femme, comment combler le désœuvrement d'imagination qui résulta pour elle de ce départ et de ce tête-à-tête ?

La lecture des vieux romans à aventures galantes, à sérénades, à enlèvements, à chaises de poste, etc., pouvait seule remplacer les fades et sentimentales sornettes de l'absent. Dans ces vieux livres, qui sont peut-être un peu passés de mode à Paris, mais qui conservent un certain charme encore aux yeux des lectrices arriérées de la province, quand une femme résiste à la séduction pendant la valeur d'un volume, elle succombe ensuite très-honorablement. Naturellement les femmes qui lisent ces billevesées avec assiduité croient que la vie leur doit un roman pareil aux vôtres, et elles regardent autour d'elles : le mari au gros ventre est bien vite trouvé. C'est cela : il a un gros ventre ; donc, c'est le tyran un peu bête du roman. Le premier godelureau grêle et mince qui lui fait un compliment banal, c'est le héros attendu.

J'ai vu ma femme trouver ravissants et relire toute la journée des vers qu'on lui avait adressés, — et quels vers. Je m'en rappelle un qui n'a que son compte de syllabes et qui fit beaucoup d'effet :

> Yeux, col, sein, port, taille, en elle tout séduit.

Le mari est forcé de régler la dépense sur le revenu, et ce qui ne tarde pas à être odieux, de modérer les fantaisies de madame. Pendant ce temps, le godelureau dit toute la journée que l'or et les pierreries sont indignes d'elle; il voudrait lui donner des étoiles en pendants d'oreilles. — Ça ne coûte pas cher et ça fait beaucoup d'effet. — Le sage qui, dans son projet de république, commençait par bannir les poëtes, était un homme très-fort : je regrette de ne pas pouvoir le lui dire à lui-même.

Toujours est-il que je passai encore ma journée à la pêche, et que le soir je jouai aux cartes, au piquet... tout seul, prenant et jouant les deux jeux tour à tour : — ma femme a horreur des cartes. — Mes amis revinrent ; mais ils déjeunaient, dînaient, faisaient les agréables avec ma femme, et ne s'occupaient de moi que pour me tourner en ridicule.

Je jetai un coup d'œil sérieux sur ma vie; — je fis le bilan de mes amis ; — je pris, d'un côté, mes services, mes dévouements, mes complaisances; de l'autre, leur indifférence, leur égoïsme, leurs taquineries obstinées presque jusqu'à l'offense. Je me vis seul; je calculai ce que ces gaillards m'avaient coûté depuis un an en argent prêté à perpétuité, en dîners, etc., etc. Je trouvai une somme assez ronde, et, bien convaincu que l'opération était mauvaise, que je ne *faisais pas mes frais*, je résolus de prendre un grand parti; j'écrivis à mes deux amis que j'allais passer le reste de l'été à Dieppe. Et, en effet, je fis un petit voyage de quinze jours — avec ma femme — pour les dérouter; — puis, je me dis en revenant : « Je veux avoir désormais un ami comme je l'ai été si longtemps ; à mon tour d'être exigeant et égoïste ; à mon tour de faire subir tous mes caprices à quelqu'un et de n'avoir en échange aucune com-

plaisance. — Mais, m'écriai-je en me rappelant tout ce que j'avais été, c'est un métier de portefaix. » — Cette exclamation fut un trait de lumière : j'avais pour voisin un journalier assez intelligent ; je l'allai trouver.

— Combien gagnes-tu par jour?
— Trente sous quand j'ai de l'ouvrage.
— Serais-tu content d'avoir quarante sous par jour?
— C'est tout ce que je désire.
— Eh bien ! je te prends à la journée. — Tu viendras tous les jours chez moi. Tu ne tiens pas à un ouvrage plutôt qu'à un autre? — Ton ouvrage sera de venir avec moi à la pêche — ou à la promenade, — de faire une partie de boules ou de cartes.
— Je ferai tout ce que vous voudrez.

Mon homme arriva le lendemain dès l'aube du jour et entra en exercice. Depuis ce jour, je suis le plus heureux des hommes, — j'ai enfin un ami — dans les prix extrêmement modérés de quarante sous par jour, — un ami qui, s'il peut dire comme Oreste :

> . . . Puisque je retrouve un ami si fidèle,
> Ma fortune va prendre une face nouvelle,

et, en effet, jamais il n'a été si riche de sa vie : — soixante francs par mois ! — me parle comme le Pylade de Racine parle à Oreste, — et m'appelle monsieur au lieu de *seigneur*, comme il est écrit dans la tragédie, tandis que je le tutoie.

Vous ne vous figurez pas comme c'est commode ; — je lui dis, — parce que l'amitié exige des égards : « Veux-tu venir à la pêche ou à la promenade ? » — Il ne prend que le temps de mettre son chapeau. « Veux-tu jouer aux cartes ou aux boules ? » — Il ne demande pas mieux. — Il me ramasse les boules et bat les cartes, — absolument comme j'étais avec mes autres amis. S'il y a du monde et que je veuille avoir l'air extrêmement spirituel, je le prends pour plastron de mes sarcasmes, pour but de mes traits les plus piquants, absolument comme faisaient mes anciens amis avec moi. Tous les soirs, je lui donne ses quarante sous, et tout est dit. — A six heures du matin jusqu'à dix heures du soir, il vient être mon ami avec une régularité parfaite. — Du reste, il sait que je ne badine pas sur les devoirs de l'amitié ; s'il commençait à m'aimer le matin un quart d'heure trop tard, s'il cessait d'avoir pour moi une affection sincère et dévouée un quart d'heure trop tôt, il sait bien que je retiendrais sur ses quarante sous le quart d'heure dont il m'aurait fait tort. — Il a la nuit pour se reposer. »

La saison des asperges en primeur m'a toujours rappelé l'histoire de Fontenelle et de l'abbé Dubos. — Mais peut-être tout le monde la sait-il comme moi ; si cependant vous ne la savez pas, il serait fâcheux de ne pas vous l'apprendre. Fontenelle et l'abbé Dubos, vieux amis, mangeaient souvent ensemble ; — tous deux étaient connaisseurs en bons morceaux, et aimaient à ne pas manger toujours avec des ignorants. Tous deux aimaient les asperges ; mais Fontenelle ne les aimait qu'à la sauce ; l'abbé ne les mangeait qu'à l'huile. Ce grave débat se décidait d'ordinaire, aux échecs, où tous deux se piquaient d'être d'une certaine force. Un jour, — c'était la première fois de l'année qu'ils en devaient manger, — leur débat se renouvela avec une nouvelle force.

— Quel dommage ! disait l'abbé, de gâter de si magnifiques asperges par un odieux brouet blanc !

J'aime mieux n'en pas manger que de les manger à l'huile, répondait Fontenelle ; si on les fait à l'huile, vous les mangerez toutes, et demain je m'enfermerai seul pour en manger à mon aise, — à la sauce.

On plaida avec esprit, avec talent, de part et d'autre, — mais cela ne servit qu'à affermir les deux adversaires dans leur opinion. On apporta les échecs. — Jamais combat ne fut plus sérieux, jamais victoire ne fut disputée avec plus d'acharnement. — L'abbé gagne la première partie, — Fontenelle gagne la seconde. — La troisième, — la belle, — celle qui décidera la question, va commencer, elle commence : — les deux ennemis sont silencieux ; — ils respirent à peine ; — les pions ne marchent qu'à des intervalles inusitées ; — on ne veut rien laisser au hasard ; on ne risque rien ; — il ne se commet pas une faute, pas une imprudence. — Les fous, les cavaliers, les dames, sont défendus et enlevés tour à tour ; — je ne parle pas des humbles pions, vile multitude, comme on dit maintenant, ce qui est grossier, — même dans une chambre des députés. — Les deux rois sont presque seuls, leurs défenseurs sont au pouvoir de l'ennemi ; — mais, comme Louis XIV, que sa grandeur attachait au rivage, — ils ne peuvent combattre ; — tout au plus peuvent-ils frapper de leur sceptre l'imprudent qui leur marche sur les pieds. — Toutes les ruses de guerre connues sont employées par les deux chefs, quelques-unes improvisées paraissent pour la première fois ; — mais il vient un moment où il est évident que la guerre n'aura pas de résultat. — Chacune des deux armées est devenue trop faible pour faire mat le roi de l'autre ; — on promènerait pendant un siècle les derniers pions.

Apparent rari nantes.

On se battrait toujours sans se vaincre jamais : — la partie est nulle. — En recommencera-t-on une autre ? — Les combattants sont épuisés, haletants. — D'ailleurs, on joue trop cher. — Manger pour la première fois des asperges et les manger mauvaises ! — on ne veut plus en courir le risque. — Le dieu des armées, en laissant la victoire incertaine, a donné son avis : — on fait venir la cuisinière ; elle divisera les asperges, — la moitié à la sauce, la moitié à l'huile. — Chacun donne ses avis et fait ses recommandations, et on attend le dîner en parlant d'autre chose. Il faisait chaud ; le jeu acharné des échecs occupe violemment l'attention et porte le sang à la tête. — Tout à coup l'abbé rougit, pâlit, chancelle et tombe sans mouvement : — une congestion subite l'a tué. — Fontenelle — s'élance sur la sonnette, ouvre la porte, — et crie, du haut de l'escalier, à la cuisinière qui accourt : « *Toutes à la sauce, les asperges !* »

XI

DE LA PROPRIÉTÉ LITTÉRAIRE.

Comme je me promenais dernièrement en Belgique, je trouvai beaucoup de gens qui s'occupaient de l'avenir de la contrefaçon littéraire.

En attendant le résultat des efforts plus ou moins soutenus qui sont faits pour protéger la propriété littéraire à l'étranger, je me mis à penser à la situation de cette propriété à l'intérieur.

« Les héritiers d'un ouvrage de littérature ou de toute autre production de l'esprit et du génie qui appartiennent aux beaux-arts en auront la propriété exclusive, savoir : la veuve de l'écrivain ou de l'artiste, sa vie durant, s'il y avait communauté de biens ; et les enfants, pendant vingt ans. »

Mettez en regard ceci :

« Les héritiers d'une maison, — d'un tonneau de mélasse, — d'un clou à crochet, en auront la propriété exclusive à tout jamais pour eux-mêmes, et la transmettront intacte à leurs descendants jusqu'à la fin du monde. »

Pourquoi cette différence entre l'homme qui a bâti la maison d'en face et celui qui a fait *Cinna* et le *Cid* ? Voici ce qu'on répond :

— Les œuvres du génie sont trop au-dessus des ouvrages matériels des mains pour qu'ils soient régis de la même manière, — ce sont des flambeaux dont la lumière appartient à tous comme celle du soleil : — on ne peut laisser à la volonté d'un héritier d'éteindre ces flambeaux qui laisseraient les esprits dans l'obscurité.

— Très-bien ! c'est flatteur, — et maître Renard ne parle pas mieux à M. du Corbeau.

Cependant, voyons un peu comment on traite ces hommes si nécessaires, si lumineux, quand ils veulent se mêler des affaires matérielles, politiques ou autres, ce sont alors des brouillons, on les renvoie à leur lyre, on hausse les épaules.

Les écrivains sont de malheureux Centaures. Si, comme hommes, ils demandent du pain et des culottes, on leur dit : « Allons donc ! vous êtes des chevaux—*equi ut poetæ alendi, sed non saginandi*—vous n'aurez ni pain ni culottes. Mangez du foin en attendant qu'on vous charge.

Maintenant *tirez*... hu! ho! diah! ne vous cabrez pas, surtout.

— Eh bien! alors, donnez-nous du foin.

— Quoi! répond-on alors, vous méconnaissez ainsi votre céleste origine! Vous êtes des hommes faits à l'image de Dieu —*os homini sublime dedit.* — Oh! nous aurons plus que vous soin de votre dignité. Nous nous garderons bien de vous donner du foin. Agréez l'assurance de notre admiration profonde.

On a discuté longtemps, et à bien des reprises, sur la propriété littéraire. J'ai proposé, il y a dix ans, et je propose encore aujourd'hui, une solution tellement simple, qu'il est presque ridicule de la formuler, tant il est ridicule qu'elle n'ait pas été adoptée dès avant toute discussion.

Cette solution, la voici :

ARTICLE UNIQUE.

La propriété littéraire est une propriété.

Ce principe posé, je vous défie de trouver un seul cas où les lois sur la propriété en général ne s'appliquent pas parfaitement à la propriété littéraire. Prenons au hasard quelques exemples dans les circonstances qui se présentent le plus fréquemment.

Un vaudevilliste trouve à son gré le sujet d'un livre, il veut le mettre sur la scène — quelle est la situation légale des deux auteurs? — Rien n'est plus simple : celle de deux propriétaires voisins dont l'un veut bâtir sur le mur de l'autre; le premier achète au second le droit à la mitoyenneté.

Acceptons pour un moment les grosses phrases de flambeaux, de lumières, etc., avec lesquelles, on dépouille les écrivains. Supposons qu'en effet tel ouvrage intéresse la gloire du pays : on ne veut pas qu'un héritier, par mauvais vouloir, ignorance ou indifférence, laisse disparaître un ouvrage utile à l'instruction publique, à l'élévation des esprits, à l'honneur de la France : c'est encore plus simple que tout à l'heure.

Voici une maison qui occupe un emplacement indispensable pour une gare de chemin de fer — pour un hôpital — pour une destination, en un mot, qui intéresse le bien public : — que faites-vous? Vous expropriez le propriétaire « pour utilité publique, » et vous lui payez son *immeuble sur estimation*.

Faites de même pour l'œuvre du génie que pour le travail des mains ; — ne prenez pas l'œuvre de Molière quand vous achetez l'ouvrage du maçon Laroze ; — accordez au livre la protection que vous donnez au moellon.

Que diraient les propriétaires de maisons si une loi venait dire : « Les maisons appartiendront aux héritiers de ceux qui les auront bâties, pendant vingt ans, à partir du décès de ceux-ci. Au bout de vingt ans, elles appartiendront à ceux qui voudront les prendre. »

Il est évident qu'il ne serait pas difficile de démontrer combien il serait utile et agréable à ceux qui n'ont pas de maisons d'en trouver de toutes faites sans bourse délier.

Quelle est cependant la différence entre les deux cas?

Qu'est-ce que le domaine public dans lequel *tombent*, dit-on, les œuvres de l'esprit, vingt ans après la mort de leurs auteurs ? Supposons un moment qu'on suive le conseil que je donne, c'est-à-dire: si un livre n'intéresse ni la gloire, ni la prospérité du pays, laissez-le aux héritiers; ils en *useront* et *abuseront* comme la loi le permet à l'égard de toute propriété. Mais, si, au bout d'un temps prescrit, quand la postérité a porté son jugement, si on pense que ce livre doive être propriété nationale, la nation l'achète, et l'Etat en publie des éditions à mesure des besoins, lesquelles éditions, n'étant pas une spéculation, peuvent se répandre dans le public à très-bon marché.

Mais qu'arrive-t-il ? Le jour où cessent les droits des héritiers de Corneille, la propriété de ses œuvres n'appartient pas à la France pour cela ; elle appartient au premier libraire qui met la main dessus, et qui seul en bénéficie. Donc, puisque cela reste propriété particulière, puisque le public n'y trouve aucun avantage, pourquoi ne pas laisser cette propriété aussi bien dans les mains des héritiers légitimes ?

Il existe encore des héritiers de Corneille auxquels on *accorde* quelques *secours*. — Comment n'a-t-on pas même pensé à donner à la loi imparfaite qui régit la propriété littéraire un effet rétroactif en leur faveur, et à leur *payer* une indemnité représentant le droit, pendant vingt années après la mort de Corneille, dont ils n'ont pas joui, aux termes mêmes de cette loi restreinte ?

Mais est-il possible de songer cinq minutes à cet état de choses sans ressentir un douloureux étonnement à la vue d'une classe d'hommes, qui, seuls, ne peuvent laisser à leurs enfants le résultat de leur travail — dont la vie entière, — les jours et les nuits, — ne réussit jamais à créer un héritage réel et à assurer le pain de leur famille ?

J'assistais, il y a quelque temps, à l'enterrement du regrettable docteur Blanche, célèbre dans la cure des maladies mentales. — L'église de Passy était pleine d'amis du mort. — Blanche aimait les artistes et les écrivains, et, dans ces professions où on est plus pauvre et où on devient plus fou que dans les autres, il n'avait eu occasion que trop souvent de leur donner des preuves de sympathie et de désintéressement.

Eh bien! je regardais ces visages dont aucune autre réunion ne pourrait donner une représentation analogue : ces crânes dépouillés de cheveux, ces cheveux blanchis avant l'âge, ces fronts profondément sillonnés, ces yeux lançant de sombres éclairs du fond d'une orbite cave, ces corps maigres et débiles, ces mouvements nerveux, ces tics douloureusement étranges, ces physionomies tourmentées, cette marque d'une mort prochaine imprimée sur des hommes de quarante ans; et je songeais qu'il y avait là l'élite des artistes et des penseurs, que ces hommes ravagés étaient les maîtres des esprits du monde entier, et je me disais : « Je voudrais que les bourgeois vissent cette assemblée, et peut-être ils pardonneraient enfin au talent et au génie. »

Et en revenant du cimetière, je rappelai dans ma mémoire les noms des auteurs morts de faim.

« Quel bien possédait Homère ?
Une besace, un bâton.

Torquato Tasso, dans un sonnet à sa chatte, la prie de lui prêter la lumière verte de ses yeux, car il n'a pas de quoi acheter une chandelle :

Non avendo candelle inscrivere i miei versi.

Milton vendit au libraire Thomson son *Paradis perdu* dix livres sterling, en stipulant que la moitié de ce prix ne serait payable que dans le cas où l'ouvrage aurait une seconde édition. Ce poëme a donné plus de cent mille écus à la famille du libraire Thomson. — Milton mourut dans la pauvreté, il est vrai que ce fut un peu par sa faute, — il avait été républicain ardent, et, à la restauration des Stuarts, il se figura, on ne sait pourquoi, qu'il devait conserver ses principes et ses opinions.

Le Camoëns mourut à l'hôpital, blessé, estropié et pauvre, à soixante-deux ans.

Cervantes Saavedra vécut, mourut aussi estropié et aussi pauvre, en 1616.

L'Arioste habitait une maison fort mesquine, et plaisantait lui-même sur la magnificence des palais qu'il avait décrits dans son *Roland*. Il disait : « Il est plus facile d'assembler des mots que des pierres. »

Lesage passa sa vie dans des travaux opiniâtres et dans la misère.

Où serait mort La Fontaine, si, après avoir passé près de vingt ans chez madame de la Sablière, il n'eût trouvé asile chez une autre amie, madame d'Hervart, qui lui dit : « Madame de la Sablière est morte, venez chez moi. — J'y allais, » répondit-il.

Durier, un des premiers académiciens, ne put offrir à d'illustres visiteurs qu'une collation composée de cerises, d'eau fraîche et de pain bis.

Dufresny épousa sa blanchisseuse, faute de pouvoir payer ses mémoires.

L'abbé d'Allainval, auteur de l'*Ecole des bourgeois* et de l'*Embarras des richesses*, mourut à l'Hôtel-Dieu, en 1753.

Boissy, de l'Académie française, dont quelques pièces sont restées au théâtre, fut un moment si découragé par la pauvreté, qu'il s'enferma avec sa femme, résolus tous deux à se laisser mourir de faim. Quelques voisins ne les sauvèrent qu'en enfonçant leur porte.

D'Hèle, auteur de l'*Amant jaloux*, le jour de la première représentation, écrivait à Grétry : « Apportez-moi une culotte, sans quoi je ne pourrai aller au théâtre ce soir. »

Henri Estienne mourut à l'hôpital de Genève à l'âge de soixante-dix ans, et son petit-fils, Antoine, termina ses jours à l'Hôtel-Dieu, à quatre-vingts ans.

Varillas était si pauvre, que Furetière disait de lui que les vers avaient froid dans son manteau.

Vaugelas légua en mourant son corps aux chirurgiens, pour que le prix servît à acquitter ses dettes.

Diderot considéra comme une bonne affaire d'écrire pour un missionnaire six sermons qu'on lui paya cinquante écus.

— Un écrivain se plaignait de la cherté du pain à Paris — cet écrivain était J.-J. Rousseau.

On a assez parlé de la fin de Gilbert, de celle de Malfilatre, de celle de Chatterton, etc.

L'abbé Raynal disait des messes à huit sous.

Samuel Boyer fut trouvé mort dans un grenier.

Dryden mourut indigent à soixante-dix ans.

Rusworth mourut à Londres dans la prison pour dettes d'où Ockley, savant orientaliste, datait ses ouvrages.

Butler, auteur d'*Hudibras*, fut enterré aux frais de ses amis.

Le grand Linnée raccommodait ses vieux souliers avec des morceaux de carton.

Justi-Wondel, le Corneille hollandais, se fit marchand de bas, et mourut de besoin à l'âge de quatre-vingt-dix ans.

Le cardinal Bentivoglio mourut dans une extrême indigence.

Winckelman fut longtemps maître d'école dans un village où il se nourrissait de pain et d'eau.

Nous pourrions trouver d'autres exemples dans nos contemporains.

Nous ne demandons certes pour les écrivains et les artistes ni pensions ni charité — les encouragements de ce genre arrivent le plus souvent à des gens médiocres qui n'ont pas besoin d'encouragement, car eux seuls ne se découragent jamais. — Nous demandons que l'on fasse rentrer les écrivains et les artistes sous la loi commune, qu'ils ne soient plus des parias dont la loi déshérite les enfants.

— La loi est égale pour tous — dit-on : — oui, pour le chiffonnier et pour le prince, pour le paysan et pour le duc et pair — il n'y a qu'une seule exception — c'est contre l'écrivain et l'artiste — dont les enfants, seuls entre tous, ne possèdent l'héritage que pendant vingt ans.

C'est pourtant déjà, il me semble, bien assez de l'envie, de la calomnie et de l'injustice auxquelles sont exposés les gens de talent de la part du public — cet impôt que paye toute supériorité est déjà assez lourd.

Une chose remarquable, c'est que, entre tous ceux qui consacrent leur existence aux beaux-arts, l'écrivain est, de tous, le plus mal traité.

Le vulgaire pardonne au peintre de talent et au grand musicien. Vis-à-vis d'eux son amour-propre ne souffre pas trop; il n'a pas appris la peinture, il n'a pas pris de leçons de musique : — sans cela, qui sait? — rien ne prouve qu'il n'aurait pas été, lui aussi, un grand musicien ou un grand peintre. Mais l'écrivain! On a appris à écrire; il faut donc admettre une supériorité d'intelligence et la lui faire payer cher.

Inventez sur un auteur célèbre les plus gros mensonges, les plus immondes calomnies, personne presque ne les révoquera en doute. C'est si doux de le remettre au niveau de la foule !

La musique et la peinture offrent, en outre, une autre fiche de consolation à l'impuissance et à l'envie : cela s'admire en un langage convenu, en une sorte d'argot qui donne à celui qui l'emploie un air capable, savant et fort, — tandis qu'il faut parler de la littérature en langage à peu près humain.

Je me résume donc en me répétant encore une fois.

Je ne demande qu'une chose relative à la propriété littéraire, — une loi ainsi conçue :

Considérant :

Les travaux de l'esprit seront désormais traités à l'égal des travaux du corps ;

Les travaux littéraires sont des travaux ;

Ce qu'on a construit avec son sang, sa moelle et sa pensée, sera élevé au rang de ce qu'on construit avec des pierres et du plâtre ;

L'homme de lettres ayant du génie est néanmoins un homme et un citoyen ;

La loi, égale pour tous, le sera aussi pour lui ;

Les petits qu'il mettra au jour ne seront pas maudits et déshérités entre les autres enfants ;

La propriété de Lamartine et de Hugo sera considérée comme aussi sérieuse que la propriété du bonnetier du coin. — En un mot :

LOI.

« La propriété littéraire est une propriété. »

XII

CANNABIS.

I. — Ce qu'il y a dans un grain de chènevis.

— On a demandé souvent à soi et aux autres : Qu'est-ce que c'est que le bonheur? Les autres vous ont répondu de gros volumes; on s'est répondu à soi-même en pensant à ce qu'on n'a plus ou à ce qu'on désire; et, en avant ou en arrière, l'éloignement produit un mirage qui charme de la même manière.

> . . . . Le bonheur, c'est la boule
> Que cet enfant poursuit tout le temps qu'elle roule,
> Et que, dès qu'elle arrête, il repousse du pied.

On entend souvent des gens regretter le temps de l'enfance et les jours du collége, comme si cet âge n'avait pas déjà ses déceptions, ses chagrins, ses désespoirs. Les polichinelles de l'enfance sont aussi sérieux que les ambitions de l'âge mûr; joujoux pour joujoux, le polichinelle offre des plaisirs plus réels, et un enfant auquel on confisque son polichinelle ou gagne toutes ses billes est aussi justement, pour le moins aussi profondément affligé que l'homme mûr auquel on enlève sa place et ses dignités. Une balle élastique lancée trop vigoureusement, qui passe et se perd par-dessus le grand mur, laisse aussi stupéfait et aussi accablé qu'on le sera plus tard en voyant ses joies et ses espérances disparaître à peu près de la même façon.

Toujours est-il que, si je parle un moment de mes pre

mières années, ce n'est pas pour donner des regrets au collége, mais seulement pour parler de deux choses qui, à cette époque de ma vie, excitaient à un très-haut point mon admiration. La première, ce fut de voir un célèbre escamoteur, qui existe encore aujourd'hui, tirer d'un chapeau des joujoux de toutes sortes, des mouchoirs, des bouquets, des bonbons, des plumes de quoi remplir toute une chambre, — sans parler des jeux de mots, des coq-à-l'âne et des calembours.

J'ai eu le bonheur de passer une grande partie de mon enfance à la campagne, sous les chênes et les hêtres, que saint Bernard appelait ses maîtres et ses précepteurs.

J'avais presque oublié l'escamoteur et son miraculeux chapeau qui contenait tant de choses, lorsque, dans un conte de fée, je vis un prodige qui le laissait de beaucoup en arrière.

Un prince avait reçu d'une vieille femme à laquelle il avait sauvé la vie trois noisettes : la première qu'il cassa contenait un petit chien ; la seconde, sept cents aunes de toile ; la troisième, une charmante princesse.

Un peu plus tard, on m'expliqua que ces contes étaient des mensonges ; que les noisettes ne contenaient jamais ni princesse, ni toile de Hollande, ni petit chien ; qu'on était très-heureux quand elles renfermaient des amandes, et que le plus souvent on n'y trouvait qu'un ver fort laid qui avait mangé l'amande.

On me réveilla des contes de fées, et je trouvai d'abord la vie fort triste, fort étroite et fort mesquine. Quoi ! il n'y a pas d'ogres ni de géants ? Alors les héros ne sont pas grand'chose. Quoi ! les vieilles femmes qu'on assiste ou qu'on sauve ne sont pas des fées ? Quoi ! il n'y a ni fées, ni enchanteurs, ni génies ? Notre sort dépend des autres hommes ? Aucun être intermédiaire entre Dieu qui est si haut, et nous qui sommes si petits, ne vient jamais à notre secours ? Il n'y a pas de baguette qui change les citrouilles en carrosses ? pas de chapeau qui rende invisible ?

Pas précisément, me dit-on ; mais il y a cependant des gens qui, à force de vendre des citrouilles trop cher ou d'autres denrées à faux poids, finissent par avoir un carrosse : mettez un vieux mauvais chapeau, et il est probable que vos meilleurs amis vous laisseront passer sans vous voir.

Je regardai s'envoler toutes ces belles choses, comme j'avais peu de temps auparavant vu s'échapper de mes mains une fauvette que j'avais élevée et nourrie. Dans les deux cas, je restai immobile, stupéfait, suivant de l'œil la fauvette et mes croyances, même après qu'on ne pouvait plus les voir.

J'entrai dans la vie, comme on descend dans une vallée sombre et désolée.

On commença à m'enseigner le latin et le grec. Je retrouvai bien là quelques ogres avaleurs de pensums et de vers latins mal copiés, confisqueurs de billes, avides de récréations supprimées, mais je ne vis ni bonnes fées ni enchanteur bienfaisant.

Hélas ! personne ne songea à m'enseigner autre chose et à me dire : — La nature est plus belle, plus riche, plus féconde, plus merveilleuse, que tout ce que tu as vu dans les contes de fées. Les auteurs de ces contes n'osent pas faire faire par les génies, les fées et les enchanteurs, ce qui se fait tous les jours sous tes yeux, ce qui se passe sous un brin d'herbe ou dans une goutte d'eau.

Cette noisette contient non pas un petit chien, mais des noisetiers et des noisettes ; non pas un grand ni un très-grand nombre, mais à toujours.

Que deviens-tu, fameuse noisette, avec tes mauvaises sept cents aunes de toiles;

Voici un grain de chènevis; il contient.....

Mais c'est précisément là ce que je veux raconter : ce qu'il y a dans un grain de chènevis. Je regrette d'avoir perdu du temps à écrire depuis vingt ans une trentaine de gros volumes et une centaine de petits : je n'aurai jamais le temps maintenant de raconter tout ce qu'il y a dans le grain de chènevis et tout ce qui en sort; je vais être obligé d'abréger en quelques lignes la matière d'un nombre infini de volumes. Constatons que j'en ai déjà tiré les présentes lignes.

II

Comme je le disais tout à l'heure, si j'avais commencé plus jeune à écrire ce qu'il y a dans un grain de chènevis, j'aurais donné à ce sujet tous les développements nécessaires; j'en aurais eu pour toute ma vie, et j'en aurais tiré une soixantaine de gros volumes. — J'aurais vécu académicien, et je serais mort immortel, parce que, dans un pareil sujet, il y aurait bien eu la matière d'une dizaine de ces volumes lourds, ennuyeux, obscurs, que l'on aime mieux admirer que de les lire, sur lesquels on accepte l'opinion de l'auteur plutôt que de s'en faire péniblement une autre qu'il faudrait peut-être discuter et soutenir, ce qui ne peut se faire convenablement sans avoir au moins parcouru l'ouvrage en question. C'est par de semblables livres que l'on arrive aux grandes positions dans la littérature, comme c'est par les articles longs, traînants, diffus, que l'on passe journaliste sérieux et homme politique. L'ennui est si justement redouté en France, qu'il a fini par y régner despotiquement; la terreur fait sa force; on le fuit quand on peut; mais, quand il vous surprend, on ne lui résiste pas plus qu'un pinson ne s'avise de résister à l'épervier qui plane au-dessus de lui. — Le pauvre petit oiseau se blottit tremblant et déjà demi-mort sous la feuillée qu'il remplissait tout à l'heure de ses chants. — Il y a un culte pour l'ennui dans ce pays gaulois, où sont nés la gaieté et l'esprit, comme il y en avait un chez les Romains pour les Euménides, pour la guerre, pour la peste, pour la fièvre.

On essaye de l'apaiser par toutes sortes de sacrifices, de lui donner en holocauste les bibliothèques, les sinécures, les pensions; on lui immole les gens d'esprit qui osent dire que ce qui est obscur n'est pas français. L'ennui n'aurait pas un tel empire dans un pays où on oserait le regarder en face; mais ici on se prosterne devant lui pour ne pas le voir. Tout le monde publiquement lui rend un culte aussi hypocrite que fervent; mais en cachette on n'adore réellement que l'esprit, la gaieté, le bon sens, auxquels on rend hommage dans les arrière-boutiques de la vie.

Ainsi, dans la pièce la plus apparente de la maison, on dresse à l'ennui un autel appelé bibliothèque. Là on rassemble une centaine de gros livres magnifiquement reliés, puis on ferme à clef le temple sous prétexte de n'y pas laisser pénétrer les profanes, mais en réalité pour que le Dieu ne sorte pas. Ces beaux gros livres, revêtus de maroquin et d'or, on ne les lit jamais; on s'abonne au cabinet de lecture du coin, et on dévore en cachette une foule de livres amusants.

On sait par cœur une vingtaine de citations, d'oracles du dieu, que l'on se redit de temps en temps dans la conversation; à peu près soixante lignes vers et proses, que l'on a l'air de choisir, tandis qu'on ne sait que cela, non pas qu'on l'ait lu soi-même, mais on le répète pour l'avoir entendu dire à d'autres.

Ces soixante lignes, je pourrais les transcrire ici ; mais ce serait désigner les livres, et je ne suis pas plus esprit fort que bien d'autres. Je ne crois pas au dieu en question ; mais je ne le blasphème que tout bas, entre amis, les portes bien fermées et les esclaves retirés.

Eh bien ! ces dix ou douze volumes savants, longs, lourds, je dois y renoncer ; je les perds, je ne les ferai pas. Il n'est plus temps.

Je ne donnerai donc, et en quelques lignes, que le sommaire d'une partie des ouvrages nombreux que j'aurais pu tirer d'un grain de chènevis, une sorte d'argument ou de scenario. Quelqu'un viendra après moi, qui nécessairement mettra en œuvre ces matériaux et s'en fera une gloire immortelle. C'est ici le cas de dire ce que tout autre dirait à ma place : *Sic vos non vobis*, — une des citations dont je parlais tout à l'heure.

III

Mon premier livre eût été un livre très-savant, c'est-à-dire que je n'y aurais rien mis qui fût né naturellement dans mon cerveau : — ces idées naturelles, ces fleurs simples, qui sont fécondes comme toutes les fleurs simples, auraient été sarclées et arrachées sans miséricorde.

« Le savant n'est pas une source, c'est un tuyau, » a dit un philosophe moderne. J'aurais fait un bon tiers du volume sur l'étymologie du nom du chanvre, — *cannabis* en grec et en latin, — *canapa* en italien, — *canamo* en espagnol, — *hemp* en anglais, — *Hanf* en allemand, — *hennip* en hollandais, — *hampa* en suédois, — et *konop* en polonais. — J'aurais ensuite donné la nomenclature de tous les écrivains qui ont écrit sur le chanvre, — je parle des écrivains anciens ; — car, pour les savants, tout ce qui n'est pas mort ne mérite pas qu'on s'en occupe. Quand un homme est mort, on en hérite tranquillement ; quand il est vivant, il le faudrait tuer, et il y en a qui se défendent.

J'aurais parlé du chanvre et des cordages chez les anciens ; j'aurais dit comment, du temps des empereurs romains, le chanvre nécessaire aux emplois de la guerre s'amassait dans deux villes de l'empire d'Occident, à Ravenne et à Vienne, — et beaucoup d'autres choses que j'aurais trouvées dans des livres.

Ce premier ouvrage m'aurait établi comme savant.

Dans un second ouvrage, j'aurais renouvelé à tout hasard contre un ministre quelconque les plaintes que firent autrefois, vers l'an 1760, les auteurs des Mémoires de la Société d'agriculture de Bretagne ; j'aurais accusé avec véhémence le ministre qui se serait trouvé alors aux affaires de tirer les chanvres nécessaires à la France du nord de l'Europe, au lieu d'en encourager la culture en France. Cela m'eût posé en homme politique sérieux.

Un troisième ouvrage aurait été une comparaison entre les chanvres de Riga et ceux de Lannion en Bretagne.

Un quatrième sur l'influence délétère que peut avoir l'usage de faire rouir le chanvre dans les eaux courantes. Ces quatre ouvrages m'eussent fait nommer membre de toutes sortes d'académies, d'instituts, de cercles, de comités.

Alors j'aurais pu me permettre de « sacrifier aux Grâces. »

J'aurais tiré, toujours de mon même grain de chènevis, une trentaine de romans et une cinquantaine de nouvelles.

Ainsi, la graine mise en terre, il en sort un pied de chanyre ; de ce pied de chanvre, des graines qui à leur tour produisent un grand nombre de nouveaux pieds. Il en serait sorti de plus :

Un roman terrible dans lequel paraît un berger sorcier qui empoisonne les habitants et les bestiaux d'une ferme en persuadant à une femme de faire rouir son chanvre dans la mare de cette ferme.

Un autre roman plus terrible encore, où un homme est pendu avec une corde faite de ce chanvre.

Plusieurs nouvelles dans le genre de Berquin, avec la corde du cerf-volant et celle de la toupie. Combien ne peut-on pas faire de romans pleins de morale et de sensibilité avec le fil à coudre et les femmes qui l'emploient?

Ensuite, l'histoire d'une cravate, l'histoire d'un mouchoir brodé, celle d'une robe, etc.

Puis les voiles et les cordages d'un navire, encore tirés du grain de chènevis, donneraient lieu à toute une série de romans maritimes.

L'huile de chènevis et la lampe qu'elle alimente, — les fagots de chènevotte pour allumer le feu le soir à la veillée, — ne sont pas sans intérêt.

Puis le hachich, — ce produit des feuilles de chanvre, ce poison enivrant et agréable — qui donne à l'homme éveillé des rêves fantastiques.

Mais la tempête a déchiré les voiles du navire ; la mode, bien plus vite, a fait rejeter la cravate, et la robe et le mouchoir.

Tout cela, ramassé la nuit et jeté dans une cuve, devient du papier.

Du papier ! Où est le chapeau de l'escamoteur?

Nous avons tiré déjà du grain de chènevis — du fil, de la ficelle, des cordages, des voiles, des robes, des mouchoirs, des cravates, le hachich et ses rêves enchanteurs, de l'huile, des fagots.

Voilà que nous en tirons du papier, — des billets doux et des billets de banque; ce billet de banque a été un vieux chiffon ; ce billet doux a été une cravate, qui a été du chanvre qui est sorti du grain de chènevis.

Puisons encore dans le grain de chènevis : — voici des livres, des lettres de mariage et des lettres de mort, et des journaux, — la lumière et l'obscurité, — la vérité et le mensonge, — la haine et l'ambition, — l'infamie et la gloire, — le charlatanisme, la science, — les mœurs changées, les empires bouleversés, etc., etc.

Tout cela, et mille autres choses encore, est sorti d'un grain de chènevis, — et il faut à un pinson trois cents grains de chènevis pour son déjeuner.

XIII

LES MÉDAILLES DE SAUVETAGE ET LE MONITEUR.

Au milieu des vrais vices et, qui pis est, des fausses vertus qui désolent également le monde, il est bon de reposer parfois les yeux sur de véritables vertus, sur des actes de courage et de dévouement.

Le *Moniteur* (1849) vient de publier deux listes de récompenses décernées à des hommes qui ont exposé leur vie pour sauver d'autres hommes en danger.

Les peuples anciens, réputés les plus sages, veillaient

avec une grande sollicitude à mettre ainsi les citoyens à la garde les uns des autres. — En Egypte, la loi punissait de mort celui qui, voyant un autre homme en danger, ne faisait pas tout ce qui dépendait de lui pour le secourir. — A Rome, la couronne civique, c'est-à-dire celle que recevait un citoyen qui avait sauvé un citoyen, était réputée la plus glorieuse de toutes, et passait avant celle qu'on décernait pour les plus brillantes actions guerrières.

Alors la patrie était véritablement une mère, elle récompensait celui de ses fils qui lui en avait conservé un autre.

Malgré l'institution des médailles d'honneur, il est facile de démontrer combien nous sommes éloignés en France de témoigner la même reconnaissance aux hommes généreux qui affrontent ainsi les plus grands dangers. — Cela vient-il de la conviction où l'on est dans les sociétés modernes qu'on est exposé à sauver beaucoup de gredins et de citoyens inutiles, et que, conséquemment, leur vie n'a pas la valeur qu'y attachaient les sociétés anciennes?

Quand le *Moniteur* annonce ou dénonce une nouvelle promotion dans l'ordre de la Légion d'honneur, — il s'exprime ainsi : — « Le roi, ou le président (selon le gouvernement que l'on a eu que l'on est censé avoir), sur la proposition de tel ministre, a nommé dans l'ordre de la Légion d'honneur, » etc.

Quand il s'agit de médailles d'honneur, c'est le ministre de l'intérieur qui écrit au roi ou au président pour lui « demander l'autorisation de décerner lesdites médailles. »

Cela rappelle les annonces de M. Villiaume, célèbre entrepreneur de mariages, qui écrivait dans les journaux : « C'est toujours dans les hautes classes de la société que M. Villiaume fait luire le flambeau de l'hyménée. — Nota. Son secrétaire place les domestiques. »

A côté de cette différence il y en a une autre, il faut tout dire, qui, aux yeux des gens sensés, rétablit singulièrement l'équilibre : — c'est que, si pour les croix d'honneur on se contente de donner le nom du nouveau décoré, — on ajoute au nom de celui qui obtient une médaille d'honneur le récit succinct de l'action qui la lui a fait obtenir. Cette cause est également gravée sur la médaille. — Il y a beaucoup de croix d'honneur qui ne s'empresseraient pas d'offrir le petit rond opposé à la figure de l'empereur Napoléon pour y faire inscrire la cause ou le moyen qui les ont fait décerner aux chevaliers qui en sont ornés.

Il faut reconnaître, je l'ai déjà dit, que, entre les croix le plus légitimement acquises, on doit mettre au premier rang celles données aux soldats qui ont exposé leur vie ou sacrifié leurs membres pour la défense du pays, — et souvent, hélas! au service d'un prince, — quoiqu'on ait presque toujours plus à se plaindre du prince pour lequel on se bat que de celui contre lequel on se bat.

Les croix sont donc données pour avoir tué des hommes, les médailles pour en avoir sauvé.

Mon Dieu, les hommes ne valent pas grand'chose, c'est vrai ; — cependant il ne faut pas tant ravaler l'action de les sauver, et ce n'est pas trop, ce me semble, de demander que l'on ne traite pas ceux qui sauvent les hommes plus mal que ceux qui les tuent.

En même temps que le ministre de l'intérieur « obtenait du président de la République l'autorisation de décerner des médailles, » et que les noms et les belles actions de ceux qui les recevaient étaient inscrits au *Moniteur*, — le même *Moniteur* publiait la note que voici :

« Plusieurs personnes qui ont obtenu des médailles d'honneur pour actes de courage et de dévouement suspendent ces médailles à leur boutonnière au moyen d'un ruban de fantaisie, et portent même quelquefois ce ruban isolément sans la médaille, *comme le ruban de la Légion d'honneur*, c'est là une infraction qui peut les *exposer à une répression légale.* »

» On doit leur rappeler que le seul ruban *autorisé* pour le port des médailles d'honneur est un ruban tricolore de *trois centimètres*, dans la largeur duquel chacune des couleurs nationales occupe un espace légal (le *Moniteur* veut sans doute dire égal) de un centimètre.

» Le ruban n'étant destiné qu'à *suspendre* la médaille, ne doit, d'ailleurs, pas être porté isolément *comme un ruban d'ordre.* »

C'est juste, il faut prendre garde, — ça pourrait avoir l'air d'*un ordre*, — ça serait l'ordre du courage et du dévouement, — ça serait d'un mauvais exemple, on pourrait arriver à respecter les citoyens qui en feraient partie, — ça pourrait vexer les autres.

Tout bien examiné, il vaut mieux cacher votre médaille; car si vos trois lignes tricolores n'avaient pas juste un centimètre, — s'il y avait un peu plus de bleu que de blanc, ou un peu plus de rouge que de bleu, vous pourriez être poursuivi, condamné, emprisonné;—et puis je connais de ces médailles qui sont plus grandes qu'un écu de six livres et qui ont le poids de deux pièces de cinq francs : en les *suspendant* à un ruban de trois centimètres de large, — comme vous y êtes obligé, si vous ne voulez pas vous *exposer à une répression légale,*—vous êtes *exposé* à perdre la médaille, et si vous la perdez, on ne vous en donnera pas une autre, — et vous ne pourrez pas en acheter une autre, comme si vous aviez perdu une croix. Vous me direz qu'on peut mettre le ruban de la croix d'honneur de la largeur que l'on veut ; mais la croix d'honneur, c'est un ordre, tandis que vos médailles, ce n'est pas un ordre, c'est quelque chose qui établit simplement que tel jour vous avez préféré à votre propre vie la vie d'un homme en danger ; ça n'est pas un ordre, ça ne peut pas être un ordre ; on présente les armes à la croix d'honneur, mais pas à vos médailles. — Allez-vous-en cacher vos médailles.

Permettez-moi, cher lecteur, de répéter à peu près ici ce que j'ai dit au commencement de ce volume, afin de rendre ma présente plaidoirie complète.

Depuis quinze ou seize ans, j'ai eu au nombre de ce qu'on appelle presque des amis dans les relations ordinaires du monde, plusieurs hommes qui ont été successivement ministres. J'avais eu occasion de leur parler de cette ridicule et odieuse injustice ; tous étaient tombés d'accord avec moi qu'il était absurde de donner à une *distinction* un signe, un ruban que tout le monde a le droit de porter en France ; — car je vous défie d'empêcher le premier venu de porter, si ça l'amuse, un ruban tricolore.

Tous étaient tombés d'accord avec moi qu'on ne saurait trop honorer ce genre d'actions.

Quand mes propres amis devenaient ministres, j'allais les revoir. — Eh bien ! je viens vous parler des médailles d'honneur dont nous avons causé dans le temps. Quel ruban leur donnerez-vous ?

— Ah ! — les médailles d'honneur ! qu'est-ce que c'est que ça ?

J'expliquais, je rappelais ce que c'était que les médailles d'honneur.

— Ah ! oui — très-bien ; les médailles d'honneur, — très-bien. — A quel propos me parlez-vous des médailles d'honneur ?

— A propos d'une injustice et d'une absurdité sur laquelle nous avons la même opinion; — il n'y a pas de ruban spécial pour les médailles d'honneur.

— Qu'est-ce que vous voulez que j'y fasse?

— Mais que vous leur en donniez un.

— Quel ruban leur donner?

— N'importe lequel, pourvu que ce soit un ruban que tout le monde n'ait pas le droit de porter. — Par exemple, un ruban rayé également rouge et vert; cela ne ressemble à aucune autre décoration, que je sache, et rappelle, si on veut, le feu et l'eau, les deux éléments auxquels le plus souvent les citoyens décorés de médailles d'honneur ont dû offrir leur vie en échange de celle de leurs semblables.

— Ah! c'est impossible.

— Pourquoi?

— Ça aurait l'air d'un ordre.

— Eh bien! quand ça aurait l'air d'un ordre; quand ça serait un ordre?

— Ah bien! ça ferait joliment crier.

— Qui? ceux qu'on a sauvés?

— Non; mais, à coup sûr, ceux qui savent d'avance qu'ils ne sauveront jamais personne.

— J'insistai; —mon presque ami le ministre me faisait comprendre que je l'ennuyais. — Je m'en allais et je ne revoyais plus mon presque ami, le laissant au seul soin et au seul devoir qu'aient les ministres : — empêcher les autres de le devenir.

J'ai découvert les causes de cette indifférence, disons plus, de cette hostilité à l'égard des médailles d'honneur; — je suis obligé d'avouer que ces causes sont peu honnêtes, comme les causes de beaucoup d'autres choses; ce qui fait que je ne me rends pas bien compte du *bonheur* qu'attribue le poëte latin *à ceux qui connaissent les causes des choses*.

Felix qui potuit rerum cognoscere causas.

Voici ces causes :

Prenons les deux dernières listes de médailles décernées, et voyons quels sont les gens qui les ont méritées.

Les deux listes se composent de 222 noms ; sur ces 222 noms, — 20 appartiennent à ce qu'on appelle des bourgeois, — c'est-à-dire 2 à des prêtres ; — 2 à des propriétaires ; — 4 à des officiers de sapeurs-pompiers ; — 2 à des instituteurs primaires ; — 2 à des officiers de la garde nationale ; — 2 à des maires ; — 1 à un marchand de bois ; — 1 à un vétérinaire ; — 1 à un graveur sur bois ; — 1 à un entrepreneur ; — 1 à une *dame;* — 1 à un employé.

Vous voyez que j'étends aussi loin que possible le cercle de ce qu'on appelle vulgairement la classe bourgeoise ; car les officiers ont été soldats, les maires et les instituteurs sont peut-être ou ont été ouvriers, etc.

Eh bien ! les 202 autres noms sont des noms d'ouvriers, de soldats et de sous-officiers, — gendarmes, pompiers ou marins, etc.; en un mot, du peuple, de la *basse classe*, comme on dit. On leur a laissé ces grosses vertus, comme on leur laisse les ouvrages durs et les lourds fardeaux.

Faites donc un ordre de la *basse classe*. — Comme ça serait bien composé! Si on accorde des médailles à ces gens-là, donnez-les grandes, et lourdes et embarrassantes ; — ne permettez de les suspendre qu'à un ruban de *trois centimètres*, qui ne se voie pas trop ; — puis, en donnant les médailles, faites-leur un peu peur, menacez-les de *répression légale;* qui sait ? — Ces gens, qui n'ont pas peur de la mort, auront peut-être peur de la prison ; — ils auront peut-être peur de s'exposer à ce qu'un agent de police les arrête dans la rue et leur dise : — Attendez, citoyen, que je mesure la largeur de votre ruban ; a-t-il bien juste trois centimètres de large? — Oui. — Eh bien, à la vue, j'aurais parié pour trois centimètres et demi ; — vous êtes innocent, pourvu, toutefois, qu'il y ait bien juste un centimètre de rouge, un centimètre de bleu, un centimètre de blanc, — et ayez soin d'avoir la médaille avec, car tout citoyen a le droit de porter un ruban tricolore, excepté cependant ceux auxquels on a décerné une médaille d'honneur. Ceux-là nous les surveillons ; qu'ils ne s'en avisent pas : ils *s'exposent à une répression légale.*

Mais j'ai encore une observation à faire au sujet des deux listes du *Moniteur :*

Quoique les médailles d'honneur ne constituent pas un ordre, et que l'on s'occupe avec tant de sollicitude et de sévérité de ne pas leur laisser élever cette prétention, on trouve moyen encore, dans leur distribution, de faire de petits scandales et de donner quelques avantages aux gens d'une classe supérieure qui veulent bien se compromettre dans des vertus et des actes abandonnés au populaire.

Il y a vingt ans que j'écris ; — mes lecteurs savent que je n'ai jamais flatté le peuple, que je ne l'ai jamais opposé aux bourgeois : — je n'ai pas peur du peuple et je n'attends rien de lui ; mes lecteurs savent aussi que personne plus que moi — et surtout avant moi — n'a fait la guerre aux théories ambitieuses et aux utopies redoutables ; mais, au lieu de faire la guerre au socialisme en englobant dans cette guerre et les rêves et les réclamations légitimes, — j'aurais voulu — je n'ose dire je voudrais — que les gens de bon cœur et de bon sens fussent assez forts pour s'emparer du pouvoir, et dire aux diverses doctrines socialistes, si peu d'accord entre elles sur ce qu'elles veulent mettre à la place de ce qui est et sur les moyens d'y parvenir : « Nous ne vous laisserons en propre que les rêves ridicules, — les utopies dangereuses, les théories inapplicables, — mais nous nous emparerons de tout ce que vos réclamations renferment de juste, — nous prendrons notre bien où nous le trouverons. »

Mais on ne m'écoute guère; — en face d'un parti qui veut tout garder, il se dresse naturellement un parti qui veut tout prendre. — C'est le premier qui crée le second.

Comment se fait-il que dans ces récompenses données au courage — on distingue et on favorise, parmi les citoyens qui ont donné des secours utiles et périlleux dans les incendies, ceux qui ont eu affaire à des *incendies politiques?* Cela paraît bizarre, — cela paraît bête.—Je crois même pouvoir dire que cela ne fait pas que le paraître. Voici les preuves.

Les médailles sont ainsi divisées : 1° médailles de bronze, qu'on ne donne jamais ; 2° médailles d'argent de deuxième classe; — 3° médailles d'argent de première classe ; 4° médailles d'or de deuxième classe; — 5° médailles d'or de première classe.

Presque toujours ces médailles s'obtiennent successivement. — Pour un premier acte de dévouement, on obtient une médaille d'argent de deuxième classe. Le possesseur d'une médaille de deuxième classe, s'il mérite ultérieurement une autre médaille, la reçoit alors de première classe; — puis ensuite une médaille d'or, etc.

Quelquefois cependant — rarement — les dangers courus font intervertir l'ordre, et on reçoit tout d'abord une médaille d'argent de première classe. — Quand, par hasard, des conditions extraordinaires dans l'acte à récompenser semblent mériter une rare exception, on donne une médaille d'or pour un premier acte de dévouement ; mais alors une note particulière explique les causes de cette dérogation, et la justifie.

Ainsi madame Parent, veuve d'un médecin, — s'est jetée dans la rivière *au mois de mars*, et *en* a retiré une femme qui se noyait. — Le *Moniteur* explique que *la témérité généreuse* de cet acte, *de la part d'une femme*, justifie la concession d'une médaille d'or de deuxième classe.

L'obtention des autres médailles d'or est suivie de cette note : — « Le titulaire a déjà obtenu deux médailles d'honneur. »

Revenons aux incendies politiques et aux flammes de circonstance.

Beaucoup de récompenses ont été décernées pour des actes de dévouement dans des incendies.

Ainsi Pelatan, ouvrier d'artillerie, troisième compagnie, « a été blessé en sauvant un homme dans un incendie ; — dix-huit mois auparavant, il sauvait une femme qui se noyait dans la Saône. » Pelatan reçoit une médaille d'*argent* de *première* classe.

Bolard et Faure, pompiers, « dans un horrible incendie, ont exposé leur vie pour sauver deux enfants dans leurs berceaux déjà atteints par les flammes. » — Médaille d'*argent* de *deuxième* classe.

Marie Cartery. — « Cette jeune fille s'élança au premier étage d'une maison incendiée, et arracha aux flammes un enfant de quatre ans, qui aurait infailliblement péri, — aucun des témoins de l'événement n'ayant osé pénétrer dans l'escalier en feu » (ajoute le *Moniteur*, pour expliquer que

Marie Cartery a reçu une médaille d'*argent* de *première* classe, etc., etc.).

D'autre part, et dans les deux listes, nous voyons de très-braves gens de divers états, qui ont sauvé un château de l'incendie et des incendiaires. Il était parfaitement juste de leur accorder des médailles d'honneur ; — mais, sans spécifier aucun trait particulier des huit honorables citoyens, sans qu'aucun d'eux soit titulaire d'autres médailles précédemment obtenues, — ils ont reçu tous les huit une *médaille d'or*.

Comparez leur action à celles que nous avons citées d'abord et jugez. — Eh bien ! ce qui justifie pour le *Moniteur* l'exagération *relative* de la récompense, c'est que le château défendu est le château de Neuilly. — Rien de si juste et de si honorable que de chasser et de combattre les brigands et les incendiaires : — mais rien de moins juste que de faire entrer une considération politique dans la distribution de récompenses dues au courage et à l'humanité.

Où diable la réaction va-t-elle se nicher ? Alors autant que les médailles soient un ordre.

Je ne vous parle pas — faute de place — du pompier Théry, blessé grièvement à la tête en rendant des services immenses dans un incendie, et recevant une *médaille d'argent*, et de vingt autres.

Mais je mettrai en regard deux faits qui se ressemblent, sauf dans la récompense.

« Le garde champêtre Lorthiol a réussi à sauver la vie à une jeune fille dont les vêtements étaient en feu. » — Médaille d'*argent de deuxième classe*.

Le sieur Coulomb — *maire* — a également éteint le feu mis aux vêtements d'une femme, et il a reçu une médaille d'or ; mais voyez de quel autre style le *Moniteur* raconte la chose.

« Dans la journée du 2 novembre 1848, le sieur Coulomb, entendant des cris de détresse dans la maison voisine de son habitation, *s'y dirigea en toute hâte*, et trouva la veuve Aboulein, dont les vêtements étaient enflammés. *Ne consultant que la voix de l'humanité, ce courageux magistrat s'élança* au secours de cette malheureuse femme et parvint à éteindre le feu. *En accomplissant cet acte de dévouement*, M. Coulomb *s'est lui-même brûlé les deux mains* et plusieurs parties du corps. »

Eh bien ! M. Coulomb a bien agi ; — mais ce n'est pas précisément une belle action que celle qu'on ne peut se dispenser de faire sans être un lâche. M. Coulomb, *entendant des cris de détresse dans la maison voisine de la sienne*, pouvait-il ne pas aller voir ce qui se passait ? Et une fois là, voyant une femme dont les vêtements étaient en feu, — pouvait-il la regarder brûler sans essayer de les éteindre ? Il s'est brûlé les mains ; mais, si le feu avait pris aux rideaux de son propre lit, n'aurait-il pas fait les mêmes efforts et n'aurait-il pas couru le même danger ?

Dans tous les cas, c'est absolument la même chose que l'action du garde champêtre. — Le garde champêtre reçoit une médaille d'*argent*, et le maire une médaille d'*or*.

Pourquoi ? — le voici : le garde champêtre n'a exposé qu'un garde champêtre, et le maire a exposé un maire. Le garde champêtre n'a brûlé que de la peau de garde champêtre, et M. Coulomb, le prodigue ! a brûlé de la peau de magistrat.

Mais, outre que le garde champêtre est aussi précieux pour le garde champêtre que M. le maire est précieux pour M. le maire, — il faut dire que les dignités, quelque hautes ou petites qu'elles soient, que cette noblesse d'élection, obligent comme l'autre ; et que, le cas échéant, le maire, qui n'aurait pas plus fait que le garde champêtre, pourrait ne pas avoir fait son devoir.

Voyons ! — Puisque vous ne voulez pas faire l'honneur, aux médailles de les traiter comme un ordre, puisque vous ne voulez pas leur donner un ruban spécial, puisque ce ruban banal est accompagné d'une menace et d'un danger, au moins ne venez pas gâter cette institution que vous avez le tort de ne pas assez honorer, en y laissant se glisser des considérations politiques et des priviléges de rang.

Dédaignez-la encore un peu plus ; et, puisque ce n'est pas un ordre, ne vous en servez pas comme d'un ordre.

Si M. le maire de Souvignarques a été si bien récompensé pour s'être brûlé les mains, il est d'autres gens auxquels on tient la dragée plus haute. — J'en vais raconter un exemple.

— Il y a quatre ans, nous étions sur la plage de Sainte-Adresse, près du Havre, occupés à remonter nos canots de pêche jusque dans la prairie — la mer était furieuse ; le vent qui augmentait à la fin du jour, l'horizon qui, au couchant, était coloré d'un jaune pâle ; tout annonçait que la tempête n'était pas près de s'apaiser.

Tout notre monde était rentré, mais nous songions aux marins qui passeraient cette nuit à la mer.

Bientôt nous vîmes un navire qui doublait la pointe de la Hève — ses voiles étaient serrées contre les vergues, à l'exception des petites voiles des huniers. Néanmoins il était chassé par le vent avec une telle violence, que les mouettes, qui mêlaient leurs cris sauvages au bruit de la tempête, semblaient, par moments, avoir peine à le suivre. Il se dessinait en silhouette sur l'horizon jauni, — on pouvait distinguer jusqu'à ses cordages, quoiqu'il fût encore à plus d'une lieue de nous. — Tantôt de grosses lames l'élevaient jusqu'au-dessus de la partie colorée du ciel ; tantôt il s'abaissait entre les vagues, de telle sorte qu'on ne voyait plus que le sommet de ses mâts.

« La goëlette est bien près de la côte, dit le père Glam, un de nos plus vieux pêcheurs, en hochant la tête ; — il faut qu'il y ait quelques avaries à bord et qu'on ne puisse plus gouverner — car je ne puis croire qu'on ait confié un si joli navire à un homme qui ne saurait pas le métier. »

La goëlette cependant reprit un peu le large, et, quand la nuit nous empêcha tout à fait de la voir, nous rentrâmes chacun chez nous.

Mais voici ce qui se passa, et ce que nous n'apprîmes que le lendemain.

Le navire était une goëlette anglaise, appelée *Hebburn-Hall* — je ne suis pas bien sûr d'écrire le nom correctement. — Elle était chargée de charbon de terre et avait beaucoup souffert à la mer, et, comme l'avait bien vu le père Glam, elle ne gouvernait presque plus. — Aussi, manqua-t-elle la passe du port entre les deux jetées et alla-t-elle se jeter sur le *poullier*, où tant de navires ont péri. — Là, la mer soulevait la goëlette et la rejetait sur le roc pour la soulever et la rejeter encore. Des lames monstrueuses balayaient le pont et brisaient les cordages. Les hommes furent obligés de se réfugier dans le haut de la mâture, qui menaçait à chaque instant d'être brisée — et de là jetèrent d'horribles cris de détresse.

« Au secours ! pour la vie ! » etc.

On avait vu du Havre comme de Sainte-Adresse la mauvaise manœuvre de la goëlette — mais le phare de la jetée éclairait la passe, et la foule ne s'était pas retirée, — la jetée était couverte de monde. — On ne voyait plus le navire, mais on devinait sa situation ; et, au milieu des sifflements, du vent et du bruit de la mer, on entendait les cris de désespoir des naufragés.

Que faire? — Comment les secourir? — Comment envoyer un canot au secours d'un fort navire que la mer déchirait? — Cependant quatre matelots anglais dirent qu'ils iraient volontiers au secours de leurs compatriotes, mais qu'ils ne sortiraient pas du port sans être conduits par des pilotes français.

On entendait de toutes parts : — C'est impossible, il n'y a pas moyen. — On périra avec eux sans les sauver.

Mais deux hommes s'étaient déjà jetés dans une barque, — c'étaient deux hommes, qui, tous deux, avaient bien des raisons de tenir à la vie. Lefèvre, pilote de Quillebœuf, devait se marier dans quinze jours. — Durécu quittait sa sa femme en proie aux douleurs de l'enfantement ; — les quatre matelots anglais les accompagnent. Durécu prend la barre du gouvernail, Lefèvre rame avec les Anglais. — Deux fois la mer les repousse, — deux fois des vagues furieuses les rejettent sur le gravier de la jetée ; mais ils ne se découragent pas ; ils ne tardent pas à disparaître dans la nuit, et le bruit des avirons est étouffé par le bruit de la mer. — Il se passa alors une demi-heure pendant laquelle personne ne quitta la jetée, — une demi-heure pendant laquelle plus de la moitié des spectateurs crurent les six courageux marins victimes de leur générosité. L'œil et l'oreille interrogeaient la nuit ; — on ne voyait rien ; — on entendit quelque temps encore les cris de détresse des Anglais, — puis on n'entendit plus que le vent et la mer. — C'est fini ; — ils sont tous perdus ; — mais bientôt l'œil exercé d'un marin annonça qu'il voyait une barque au sommet d'une lame, puis elle s'enfonça, puis elle reparut, — et bientôt passa rapide comme une flèche entre les jetées. — Durécu tenait toujours la barre, mais la barque était chargée de monde, et Durécu, répondant à l'anxiété des spectateurs, s'écria d'une voix qui domina un instant le bruit de la tempête : « *Sauvés ! Tous !* »

Les cœurs serrés se détendirent, — des larmes sortirent de tous les yeux ; — on courut au-devant des naufragés et de leurs sauveurs ; on les embrassa ; on les emporta.

Lefèvre alla se coucher et rêver à sa fiancée ; Durécu alla voir la fille qui lui était née pendant sa course périlleuse, et qui avait bien failli ne voir jamais son père.

Le lendemain matin, nous apprîmes tout cela à Sainte-Adresse. — Je partis pour le Havre ; — je voulais connaître ces deux généreux marins ; — je voulais leur demander l'honneur de leur serrer la main.

On était assez agité au Havre.

— Eh bien ! dis-je aux deux premiers hommes de ma connaissance que je rencontrai, — c'est bien beau !

— Nous l'espérons, me dit l'un d'eux ; — mais dix francs par tête sans le vin, ça doit être très-bien.

— Mais de quoi me parlez-vous ?

— Eh ! parbleu ! de la chose dont on parle aujourd'hui, du banquet.

— Ah ! il y a un banquet ? c'est une bonne idée ; j'en suis.

— Il est arrivé ce matin.

— Qui, lui ?

— Eh ! le ministre !

— Il vient un ministre pour le banquet ?

— Eh non ! on fait un banquet pour l'arrivée du ministre.

— Comment, ça n'est pas pour ces deux braves marins?...

— Quels marins?

— Durécu et Lefèvre, ceux qui ont sauvé les Anglais cette nuit.

— Ah ! oui, les Anglais leur doivent une fameuse chandelle.

— Mais je crois que tous les hommes leur doivent de la reconnaissance.

— Vous dites donc que vous êtes du banquet?

— Du banquet pour le ministre? Je le connais un peu; je l'estime fort; mais je n'ai pas le temps. Dites-moi, où pourrai-je trouver Durécu et Lefèvre?

Mes hommes n'en s'avaient rien. — Je demandai à d'autres, je ne pus obtenir d'autres renseignements. On ne les connaissait pas et on ne s'en occupait pas autrement. — Enfin des pilotes m'apprirent que Lefèvre était reparti pour Quillebœuf, à la marée — et que Durécu travaillait au bassin Vauban.

J'eus l'honneur de les voir successivement, et je les compte aujourd'hui avec orgueil au nombre de mes amis.

Lefèvre a reçu une boîte d'argenterie au nom de la reine d'Angleterre. — Une erreur commise par un subalterne dans un rapport, qui fut depuis rectifiée par les témoins oculaires — fut cause que Durécu ne reçut rien.

Depuis ce temps, j'ai tout mis en usage pour faire obtenir à ces deux courageux marins une récompense digne de leur courage. — Je me suis adressé au ministre et aux deux sous-préfets successifs : le premier avait un sourire qu'il mettait comme on met des lunettes ; — il fut toujours de mon avis, mais ne fit rien ; — le second, auquel je me suis adressé récemment à propos d'un nouveau trait de dé-

vouement de Durécu, le second, qui me paraissait brave homme, a mieux aimé quitter le Havre et devenir préfet que de répondre à la lettre que je lui ai écrite à ce sujet.
— Cependant Lefèvre a fait d'autres belles actions, — Durécu a sauvé antérieurement, en diverses occasions, vingt-six personnes, dans les mers du monde entier, qu'il a passé sa jeunesse à parcourir. — J'en ai soumis les certificats aux autorités compétentes. — Il paraît qu'on n'a pas le temps de s'occuper de ces choses-là. Le *Moniteur* nous donnera quelque jour des nouvelles des brûlures de M. le maire de Souvignarques.

XIV

SUR LES MASCARADES — A PROPOS D UNE FÊTE AU HAVRE.

Quelques personnes, d'un esprit moins austère que chagrin, montrent de l'éloignement pour les fêtes publiques et populaires. Nous pensons que ces personnes se trompent. L'air refrogné, la mauvaise humeur et la morgue ne composent pas la sagesse et n'en sont pas toujours une enseigne très-sûre : La sagesse est la santé de l'esprit et du cœur ; elle doit rendre heureux et gai.

Il n'est pas hors de propos de rappeler quelles étaient les réjouissances de nos sages aïeux, et de montrer, par la comparaison, combien les fêtes de nos jours ont gagné en décence et en raison. Elles ont encore beaucoup à gagner en splendeur et en utilité ; — mais elles sont entrées dans une bonne voie ; tous les bons esprits doivent s'efforcer de de les y maintenir et de les y faire avancer.

Ce qui ressemblait le plus à notre carnaval, — c'était la Fêtes des Fous.

Les Fêtes des Fous avaient lieu principalement depuis Noël jusqu'aux Rois. On élisait dans les églises cathédrales un évêque ou un archevêque. On l'ornait de la mitre, de la crosse et de la croix archiépiscopales. Il officiait pontificalement et donnait l'absolution au peuple. Des prêtres et des clercs masqués, ou le visage ridiculement barbouillé, quelques-uns en habits de femmes, entraient dans le chœur en dansant et en chantant des chansons obscènes. Des diacres et des sous-diacres mangeaient du boudin et des saucisses sur l'autel ; ils y jouaient aux cartes et aux dés ; ils mettaient dans les encensoirs des morceaux de cuir, qui répandaient en brûlant une odeur infecte. Il est impossible de dire, dans un écrit qui peut passer sous tous les yeux, les désordres déchaînés dans l'église après la messe.

Dans certaines églises, on faisait entrer un âne revêtu d'une chape. Il y a à Paris un manuscrit où se trouve l'hymne que l'on chantait en latin lorsque l'âne entrait dans l'église, — et qui commence ainsi :

> Orientis partibus
> Adventavit asinus.
> Pulcher et fortissimus
> Sarcinis aptissimus.

Cette fête avait lieu à Aix, en Provence, et à Antibes, le jour des Innocents et le jour de la Fête-Dieu. On trouve, dans un écrit de l'année 1646, la relation des traits de folie et de superstition qui s'y commettaient.

A Évreux, c'était le premier jour de mai que le chapitre

de cette ville avait coutume de se rendre à un bois appelé le Bois-Lévêque, et on y coupait des branches d'arbres pour en parer les images des saints dans les chapelles de la cathédrale.

Au moment où le chapitre sortait de l'église, armé de serpes, on commençait à sonner les cloches avec tant de furie, que souvent on les cassait et on démolissait une partie du clocher. L'évêque voulut une fois empêcher ce désordre et ordonna de modérer la sonnerie ; mais les clercs de chœur chassèrent les sonneurs, s'emparèrent du clocher, et sonnèrent eux-mêmes à outrance. L'évêque leur envoya deux chanoines pour faire cesser ce tintamarre ; mais ils saisirent les chanoines, les attachèrent avec des cordes par-dessus les bras et les suspendirent à une des fenêtres du clocher.

Au retour de la cérémonie, les clercs jetaient du son aux yeux des passants ; ils obligeaient ceux qu'ils rencontraient à danser avec eux, — ou leur imposaient quelque action ridicule, — telle que de sauter par-dessus un bâton, etc.— On ne tarda pas à se masquer. — On appelait cette fête la Fête des Saouls-diacres ; — *saturorum diacanorum*. Rentrés à l'église, les clercs chassaient de leurs stalles les chanoines, qui allaient jouer aux quilles pendant l'office.

Les cathédrales n'étaient pas les seules églises où l'on célébrait la Fête des Fous ; cette ridicule cérémonie s'était introduite dans les monastères de religieux et de religieuses, — avec cette différence que, dans les églises qui relevaient immédiatement du saint-siége, on élisait, non un évêque, mais un pape des fous, — *papam fatuorum*.

Il y avait à Dijon la Société de la *Mère-Folle*, qui s'était arrogé le droit de rendre des jugements que ne pouvaient ou n'osaient casser les parlements. — On en trouve un exemple dans un arrêt du 6 février 1579 qui confirme un pareil jugement.

S'il arrivait dans la ville quelque événement grave, larcins, meurtres, mariages bizarres, séduction, des membres de la société de la Mère-Folle s'habillaient et se masquaient à la ressemblance des auteurs de ces actes, et se promenaient dans la ville sur un char en les imitant par leur pose et leur pantomime.

On croirait à peine à ces extravagances si on ne les trouvait relatées, tantôt blâmées, tantôt louées ou défendues, dans des écrits contemporains ; — des synodes et des conciles, une lettre que l'Université de Paris écrivait en 1444 aux prélats de France, etc., des titres sans nombre, ne permettent pas de douter des désordres dont nous n'avons dû rapporter ici qu'un petit nombre.

Il est curieux de voir comment de tels abus étaient défendus par un écrivain attaché à la Faculté de théologie de Paris :

« Nos prédécesseurs, dit-il, qui étaient de grands personnages, ont permis cette fête : vivons comme eux, et faisons ce qu'ils ont fait. Nous ne faisons pas toutes ces choses sérieusement, mais par jeu seulement et pour nous divertir, selon l'ancienne coutume, afin que la folie, qui nous est naturelle et qui semble née avec nous, s'emporte et s'écoule par là du moins une fois chaque année. Les tonneaux de vin crèveraient si on ne leur ouvrait quelquefois la bonde ou le fosset pour leur donner de l'air. Or, nous sommes de vieux vaisseaux et des tonneaux mal reliés que le vin de la sagesse ferait rompre si nous le laissions bouillir ainsi par une dévotion continuelle au service divin ; il lui faut donner quelque air et quelque relâchement. C'est pour cela que nous donnons quelques jours aux jeux et aux bouffonneries, afin de retourner ensuite avec plus de joie et de ferveur à l'étude et aux exercices de la religion. »

C'est la paraphrase de ce que disaient les plus austères des anciens philosophes :—*Un arc toujours tendu se brise ou perd son ressort.*

Loin de blâmer les fêtes, il faudrait au contraire les multiplier, et leur donner un caractère d'utilité et de moralisation. C'est, du reste, la tendance que les progrès de l'esprit humain donnent lentement, mais très-certainement, aux fêtes publiques.

Polichinelle, Pierrot, Arlequin et les sauvages ont fait leur temps. On a pu voir à Paris, cette année, et au Havre, que les fêtes du carnaval ont été dirigées dans un meilleur esprit.

Ainsi, au Havre, le char du Commerce, celui de l'Agriculture, sont des idées nobles, sérieuses et charmantes en même temps. Le navire le *Veau-d'Or*—était une épigramme spirituelle, juste, très à propos, au sujet des illusions et des déceptions causées par la Californie et surtout par les compagnies californiennes. — Il ne faut pas proscrire de nos fêtes ces souvenirs de la bonne et franche gaieté gauloise, — l'esprit est français de naissance, il faut qu'il garde sa place dans sa patrie et qu'il y soit toujours bien accueilli ; — d'ailleurs, si le monde, qui commence à se faire vieux, s'est corrigé de deux ou trois défauts, les épigrammes y ont plus contribué que les sermons.

Jean-Jacques Rousseau conseillait aux gouvernements de donner beaucoup de fêtes publiques.

Les ouvriers, les agriculteurs, n'ont pas, comme les bourgeois, des fêtes particulières, — celles qu'ils peuvent se donner de temps en temps sont loin d'être magnifiques;

les ressources exiguës obligent de n'y admettre que la famille. Dans les campagnes, surtout, des voisins assez proches ne se connaissent pas, n'ont entre eux aucunes relations. Un jour de fête publique tout le monde se voit, on se sent bienveillants les uns pour les autres, — on prend ensemble les mêmes plaisirs ; — si l'on se rencontre dans une autre circonstance, c'est avec un sourire qu'on s'aborde ou qu'on se salue.

Un jour de fête publique, tous les habitants de la ville ont une fête à eux, les plus pauvres comme les plus riches, — tous sentent, au moins une fois, qu'ils sont les membres d'un pays riche, riche surtout du travail et du courage de ses plus pauvres enfants.

Il est important de suivre la ligne indiquée par la dernière fête du Havre, — il faut élaguer encore dans les anciennes coutumes, — il faut remplacer ce qui n'est que grotesque et de mauvais goût par ce qui est noble, spirituel, instructif.

Un grand malheur de ce temps-ci, c'est que l'agriculture n'est pas assez honorée ;—aussitôt qu'un jeune homme montre quelque intelligence, on le jette à tout hasard dans une autre carrière.

Sully disait cependant : « Un État se passerait mieux de gens d'Église, nobles, officiers de justice et financiers, que de marchands, artisans, pasteurs et laboureurs. »

Il y a des comices agricoles qui sont de bonnes et utiles institutions ; ces comices donnent des récompenses au progrès de tous genres, dans la culture et dans l'élève des bestiaux. — Ils honorent aussi les domestiques honnêtes, laborieux, intelligents.

Pourquoi n'y aurait-il pas dans l'année au moins une fête de l'Agriculture ? Sur un char, traîné par de magnifiques chevaux—comme ceux que nous avons vus l'autre jour dans la fête du Havre, — seraient les agriculteurs qui auraient obtenu des prix et des récompenses ; un magistrat municipal aurait l'honneur de se tenir au milieu d'eux.

Derrière le char, seraient conduits, magnifiquement harnachés et ornés, les chevaux, bœufs, moutons, qui auraient mérité le prix des comices. Les plus beaux produits de la terre, légumes, fleurs et fruits, que donnerait la saison où aurait lieu la fête, seraient exposés sur un autre char.

A l'Hôtel de Ville, où le cortége se rendrait d'abord, et où on distribuerait les prix et les récompenses, on prononcerait l'éloge de l'Agriculture, — un prix serait donné tous les ans pour ce discours.

On le vendrait à l'instant même imprimé, avec une notice sur les améliorations introduites dans les cultures depuis la fête précédente,—et tous les avis utiles aux agriculteurs et horticulteurs.

Un prêtre bénirait les dons de la terre et du travail.

Un banquet, présidé par les autorités de la ville, serait offert à ceux qui auraient obtenu des prix et des récompenses dans les diverses branches de la culture. Ce banquet, fait par souscription, réunirait l'élite des habitants de la ville, —tout ce qui voudrait rendre un solennel hommage à l'agriculture.

A une autre époque désignée, avec le même appareil, aurait lieu la fête du Commerce et de l'Industrie. Des produits, des perfectionnements, seraient exposés publiquement ; des prix et des récompenses seraient décernés ; un discours à l'éloge du Commerce serait prononcé et distribué ; les corporations d'ouvriers, avec leurs bannières et leurs insignes, prendraient place au cortége et au banquet par souscription.

Une troisième fête serait consacrée à la Marine.

Ce jour-là, après un éloge historique de la marine, on distribuerait des récompenses aux hommes dévoués et intrépides qui auraient exposé leurs jours pour sauver d'autres hommes, et on nommerait ceux qui, au concours, auraient été reçus pilotes et capitaines.

Sur des bannières on porterait les noms des hommes qui ont honoré la Normandie dans la guerre, dans les arts, dans les sciences, dans l'industrie, et c'est sous ce rapport, comme sous bien d'autres, une riche province que la Normandie.

L'histoire de la Normandie offre en foule de grands et glorieux événements à rappeler dans les fêtes, — et on verrait avec un juste orgueil, portés sur des bannières, les noms de :

Jean et Clément Marot, — Malherbe, — Sarrazin, — les deux Corneille, — Segrais, — Saint-Amand, — Brebeuf, — Fontenelle, — Pradon, — Benserade, — Mezeray, — le cardinal Duperron, — Brumoy, — Daniel, — Sanadon, — Jouvenet, — madame du Boccage, — madame Leprince de Beaumont, — Boïeldieu, — le Poussin, — Duquesne, — Ango, — Georges de Scudéry et Magdeleine de Scudéry, — madame de La Fayette, — Bernardin de Saint-Pierre, — Casimir Delavigne, — Dicquemare, — d'Après de Mannevilette, etc., etc.

A ces beaux, nobles et utiles cortéges, tout le monde se ferait un honneur de prendre part.

Déjà, à Lille, à Douai, à Bordeaux, on a retracé dans les calvacades, où une grande partie de la jeunesse bourgeoise s'est mêlée, des événements importants dont ces villes ont été le théâtre. — Les quêtes pour les pauvres ont produit de très-heureux résultats.

Il faut remercier sincèrement ceux qui ont pris part avec beaucoup de cœur et d'intelligence à la dernière fête du Havre.

Il faut s'associer à eux, les aider, leur offrir tous les concours, et on arrivera à des fêtes qui, non-seulement mêleront, comme cette dernière, la gaieté à la bienfaisance, mais encore formeront un très-beau spectacle, élèveront l'esprit et l'âme, rendront de légitimes hommages et donneront de féconds encouragements à l'agriculture, au commerce, à l'industrie, à la marine et aux arts.

XV

LESURQUES. — LES ERREURS JUDICIAIRES. — LES PRÉVENUS.

Lesurques était né à Douai, et avait été soldat. Il avait servi honorablement dans le régiment d'Auvergne. — Des actes de bravoure et sa bonne conduite n'avaient pas tardé à l'élever au grade de sergent. On n'avait pas encore mis le bâton de maréchal dans la giberne des conscrits. Il quitta le service en 1789, obtint une place modeste à Douai; et, comme il avait un petit patrimoine, il fit facilement quelques spéculations heureuses, et se trouva avoir douze mille livres de rentes, — ce qui était alors une fortune considérable. Il était marié : il avait trois enfants ; il était aussi heureux qu'il est permis à l'homme de l'être. Cependant il aimait les arts et s'occupait un peu de peinture; il voulait, de plus, donner une brillante éducation à son fils. Il quitta Douai au commencement de l'année 1795, et vint s'établir à Paris. Il loua un appartement rue Montmartre, 255, — et, pendant qu'on faisait quelques réparations à ce logement, il alla demeurer avec sa femme et ses enfants chez un de ses parents.

Un nommé Guesno, propriétaire d'une maison de roulage à Douai, arriva sur ces entrefaites à Paris; un de ses voituriers avait disparu avec une caisse d'argenterie, — et Guesno venait prendre des renseignements. Il descendit chez un certain Richard, avec lequel il avait fait quelques affaires, et auquel il avait donné l'hospitalité à Douai, sans avoir avec lui aucunes relations suivies. Guesno alla faire une visite à Lesurques, ne le rencontra pas, et laissa son adresse. Lesurques lui rendit sa visite, trouva Guesno qui déjeunait avec Richard, et se mit à table avec eux. Pendant le déjeuner, un personnage de la connaissance de Richard entra avec une jeune femme. Après quelques façons, ils se mirent également à table, et partagèrent le repas.

Peu de jours après, Lesurques rencontra Guesno; celui-ci était pressé, et pria Lesurques de l'accompagner. Il avait d'ailleurs à lui conter des choses singulières et désagréables pour lui. Lesurques hésita: il avait quelques affaires; mais, sur l'insistance de Guesno, il l'accompagna jusqu'à la préfecture de police, où Guesno allait redemander ses papiers au juge d'instruction. A la porte, Lesurques voulut quitter Guesno; mais Guesno affirma qu'il serait délivré dans deux minutes, et qu'à son tour il reconduirait Lesurques. La sentinelle ne voulait pas laisser entrer Lesurques, qui n'avait pas d'assignation comme Guesno; cependant, sur l'insistance de celui-ci, on les laissa passer tous les deux.

Il y avait plusieurs personnes dans l'antichambre du juge d'instruction Daubenton. Guesno et Lesurques s'assirent sur une banquette, et Guesno continua son récit. — Il n'avait pas fini lorsqu'on l'appela. Il trouva le juge d'instruction avec deux femmes vêtues en paysannes. Le juge d'instruction lui fit quelques questions, puis lui rendit ses papiers :

— Vous avez quelqu'un avec vous, lui dit-il.

— Oui, un compatriote.

— Dites-lui d'entrer ; vous l'attendrez dans l'antichambre.

Lesurques, surpris, entre chez le juge. M. Daubenton lui fait des questions vagues, et lui dit qu'il peut se retirer. Il rejoint Guesno, et tous les deux allaient s'en aller, lorsqu'un agent de police, appelé Heudon, leur barre le passage, et les fait rentrer dans le cabinet de M. Daubenton. Là, le juge, qui avait toujours auprès de lui les deux mêmes paysannes, leur lit une déclaration faite et signée par ces deux femmes, lesquels affirment reconnaître Guesno et Lesurques pour deux des quatre cavaliers qui s'étaient arrêtés à Montgeron quelques jours auparavant. — Guesno et Lesurques affirment qu'ils ne sont jamais allés à Montgeron. — Les paysannes Sauton et Grosse-Tête persistent, et M. Daubenton fait conduire Guesno et Lesurques en prison.

Or, voici de quoi il s'agissait : peu de jours auparavant, on avait trouvé, à quelques lieues de Paris, le courrier et le postillon de la malle de Lyon assassinés auprès de leur voiture. Le postillon avait la main séparée du bras ; sa figure et son corps étaient presque hachés — le courrier avait la gorge coupée.

On remarqua des empreintes de pas dans le sang. On trouva un sabre et un éperon argenté avec sa chaîne. La

note des paquets remis au courrier était à terre ; on voyait
à chaque ligne la marque d'un doigt sanglant. On pensa
qu'un des assassins avait fait l'appel de ces objets pendant
que les complices les cherchaient. L'enquête apprit que la
veille quatre personnes avaient dîné à Montgeron chez un
aubergiste appelé Évrard — puis qu'elles étaient allées dans
un café appartenant à une femme Chatelain. L'un d'eux,
qui avait les cheveux d'un blond clair, avait demandé à la
fille Grosse-Tête, servante de la maison, un bout de ficelle
pour rattacher son éperon, dont la chaînette s'était rompue
— faute de ficelle, il l'avait arrangé avec du fil ; puis les
quatre hommes étaient repartis à cheval. A Lieursain, ils
avaient bu du vin à l'auberge d'un nommé Chapeau ; l'un
d'eux avait fait rattacher un fer à son cheval. — Ils étaient
partis, mais l'un d'eux était revenu chercher son sabre,
qu'il avait oublié ; il s'attabla, but un verre d'eau-de-vie, et
ne remonta à cheval que lorsqu'il eut vu la malle arriver.—
A ce moment il était parti au galop. — Dans la nuit qui
suivit, cinq hommes à cheval étaient passés à Villeneuve-
Saint-Georges, puis étaient entrés à Paris.

On ne tarda pas à mettre la main sur un des assassins
appelé Courriol, et sur sa maîtresse, Magdeleine Bréban,
qui s'étaient réfugiés à Château-Thierry chez un sieur
Goller, de Douai. On trouva en leur possession une somme
importante, représentant à peu près la cinquième partie
de ce qui avait été volé au courrier. Guesno, voyageant
pour ses affaires, se trouvait alors chez son compatriote
Goller ; on les arrêta tous les quatre, et on les emmena à
Paris. Quelques mots d'explication suffirent à Guesno pour
se faire mettre hors de cause, et M. Daubenton, juge d'instruction, lui dit de revenir le lendemain chercher ses papiers, qu'il n'avait pas sous la main. C'est le lendemain

que Guesno rencontra Lesurques et l'emmena avec lui dans le cabinet du juge d'instruction pour lui conter la fâcheuse aventure. Les filles Santon et Grosse-Tête avaient été amenées de Montgeron pour témoigner dans l'affaire de l'assassinat du courrier de Lyon. La fille Grosse-Tête avait prétendu reconnaître parfaitement Guesno et Lesurques pour deux des cavaliers qui avaient pris du café chez sa maîtresse, et elle désigna Lesurques comme l'homme blond auquel elle avait donné du fil pour raccommoder son éperon : la fille Sauton affirma la même chose. C'est pourquoi le juge avait fait paraître les deux amis devant ces deux femmes, pour qu'elles pussent bien les examiner ; et, sur leur affirmation, Guesno et Lesurques avaient été mis en prison.

Le 15 thermidor an IV, six accusés parurent devant la cour d'assises : Bruet, Cuesno, Courriol, Richard, Bernard et Lesurques. Toutes les circonstances les plus fatales se réunirent contre Lesurques. C'étaient Courriol et sa maîtresse qui avaient déjeuné avec lui et Guesno chez Richard. — Un de ses amis avait, par hasard, inscrit sur un livre de commerce la date du jour où Lesurques avait passé la journée avec lui : ce jour était le jour de l'assassinat ; cela aurait tout expliqué, mais cette date était surchargée — l'ami fut accusée de faux témoignage. — D'autres témoins furent également intimidés, repoussés par l'accusateur public.

Magdeleine Bréban, maîtresse de Courriol, demanda à parler au président du tribunal. Elle lui dit que Lesurques était innocent ; qu'il était victime d'une ressemblance singulière avec un nommé Dubosc, qu'on n'avait pas arrêté. Le président, dont je regrette de ne pas savoir le nom, écouta à peine Magdeleine Bréban. Guesno et Bruet furent acquittés ; Richard fut condamné à vingt-quatre ans de travaux forcés. — Courriol, Bernard et Lesurques furent condamnés à mort. Courriol se fit conduire devant le magistrat, et répéta la déclaration de Magdeleine Bréban. — Les coupables sont : Dubosc, Vidal, Durochat, Boussy, et lui Courriol. — Vidal ressemble assez à Guesno, mais la ressemblance entre Dubosc et Lesurques est effrayante — si ce n'est que Lesurques est blond ; — mais le jour du crime, Dubosc, qui a les cheveux châtains, avait mis une perruque blonde pour se déguiser. — Un sursis à l'exécution est ordonné, — mais, le sursis expiré, on annonce à Lesurques qu'il va mourir. Il écrit à sa femme, avec cette suscription :

« A la citoyenne *veuve* Lesurques ;

» Quand tu liras cette lettre, je n'existerai plus ; un fer
» cruel aura tranché le fil de mes jours, que je t'avais con-
» sacrés avec tant de plaisir. Mais telle est ma destinée : on
» ne peut la fuir en aucun cas. Je devais être assassiné ju-
» ridiquement. Ah ! j'ai subi mon sort avec constance et
» un courage digne d'un homme tel que moi. Puis-je es-
» pérer que tu imiteras mon exemple ? Ta vie n'est point à
» toi ; tu la dois tout entière à tes enfants et à ton époux,
» s'il te fut cher. C'est le seul vœu que je puisse former.
» On te remettra mes cheveux, que tu voudras bien
» conserver ; et, lorsque mes enfants seront grands, tu
» les leur partageras. C'est le seul héritage que je leur
» laisse. »

Et il fait mettre dans les journaux une note ainsi conçue :

« Vous, pour qui je vais mourir, contentez-vous du sa-
» crifice de ma vie. — Si jamais vous êtes traduit en justice,
» souvenez-vous de mes trois enfants couverts d'opprobre,

« et de leur mère au désespoir. — Ne prolongez pas tant
» d'infortunes causées par une funeste ressemblance. »

Lesurques, vêtu de blanc comme une victime, monta à
l'échafaud d'un pas ferme, protesta de son innocence, et se
livra au bourreau.

Depuis, la justice arrêta, condamna, et fit exécuter successivement les complices du crime.

Vidal ressemblait, en effet, beaucoup à Guesno, mais la
ressemblance entre Lesurques et Dubosc, quand on lui fit
mettre une perruque blonde, qu'on trouva dans sa malle,
épouvanta les témoins, et fit avouer à quelques-uns, avec
des larmes, qu'ils s'étaient trompés. Il se trouva sept condamnés, et il n'y avait que six coupables — on avait guillotiné un homme de trop.

On condamna Lesurques, seul solvable, à la restitution
du vol — c'est à dire 74,996 fr. 95 c., somme à laquelle, vu
la dépréciation des assignats, on évalua les deux millions
pris au courrier de la malle.

Mais, de même que le bourreau avait coupé une tête de
trop, le fisc prit de trop — un peu plus de cent cinquante
mille francs. — Ces biens furent d'abord assignés à la dotation du sénat et attribués à la sénatorerie du comte Jac-
queminot, qui les repoussa avec indignation ; ils furent
alors compris dans la dotation de la Légion d'honneur. La
Légion d'honneur ne tarda pas à les rejeter. — Le fisc les
reprit, et les vendit, en 1810, au profit du trésor de l'État.

Ils furent vendus au prix de 185,000 fr., et ce n'était pas
là leur valeur, car l'acquéreur les revendit l'année d'après
au prix de 233,306 fr. 34 c.

Ce n'est que vingt-sept ans plus tard que l'on rendit à la
famille — *réduite à la misère pendant vingt-sept ans* —

ce que le fisc avait pris, même au delà de la condamnation de Lesurques.

Le fils Lesurques s'engagea à dix-huit ans.

« Je veux être soldat, dit-il, faire une action d'éclat — non pour arriver aux grades et aux honneurs, mais pour demander à l'empereur la révision du procès de mon père.» — Il est parti en 1812 pour la Russie, et n'en est pas revenu.

Après être restée folle pendant neuf ans, madame Lesurques revint à la raison, et, jusqu'en 1842, époque de sa mort, elle n'a pas quitté le deuil, et s'est consacrée sans relâche à la réhabilitation de son mari. — En mourant, elle a fait une dernière prière pour la réussite de sa sainte mission — elle a légué à ses filles la continuation du pieux devoir qui a occupé toute sa vie.

Depuis la mort de Lesurques, le juge de paix Daubenton s'efforça, sans relâche, de faire proclamer l'innocence de celui à la condamnation duquel il avait contribué par un funeste concours de circonstances. En 1821, une pétition ayant été présentée à la Chambre des pairs, la commission de la Chambre des pairs, composée de MM. Molé, de Montmorency, de Castellane, de Saint-Aignan, de Valence et de Portalis, déclara que l'*innocence de Lesurques était plus claire que le jour.*

A la Chambre des députés, à la même époque, M. de Floirac, rapporteur d'une pétition semblable, s'exprimait à peu près dans les mêmes termes.

M. Doué d'Arc, procureur du roi à Versailles, avouait « sa douloureuse conviction que Lesurques était mort innocent. »

Seul, M. Zangiacomi plaida contre la mémoire de Lesurques. — Le rapporteur de la Chambre des députés,

M. Laboulie, a, dans son rapport, réfuté pleinement les malheureux arguments de M. Zangiacomi, — triste effet de la déplorable habitude de l'accusation.

MM. Merlin, Fulchiron et de Belleyme, députés en 1833 ; M. Emmanuel Poulle, député en 1834 ; toute la députation du Nord, en 1847, composée de MM. Montozon, Marchand, de Maingoval, Corne, de Villeneuve, de Staplande, Behaghel, Royer, Choque, Lestiboudois, Delespaul, d'Haubersaert, demandèrent successivement la révision du procès Lesurques.

Deux cent trente-huit députés appuyèrent la demande de la députation du Nord.

On remarque dans ces deux cent trente-huit signatures celles de MM. Thiers, Boulay (de la Meurthe), Vitet, F. Barrot, Crémieux, Joly, Marie, Ledru-Rollin, Isambert, Levavasseur, de Tocqueville, marquis Oudinot, Abatucci, Combarel de Leyval, de la Rochejaquelein, de Maleville, Drouyn de Lhuys, de Corcelle, de Larcy, de Panat, Vieillard, Mortimer-Ternaux, Jules de Lasteyrie.

Le dernier rapport présenté à la Chambre des députés, rapport fait avec probité et énergie, relate toutes les preuves de l'innocence de Lesurques. — Durochat, Vidal, Roussy — qui ont eu successivement la tête tranchée comme auteurs de l'assassinat du courrier de la malle de Lyon — ont, comme Courriol, affirmé l'innocence de Lesurques — Dubosc seul, qui a espéré jusqu'à la fin que sa funeste ressemblance avec Lesurques le sauverait, a gardé le silence.

— En effet, les juges qui ont condamné Dubosc ne l'ont condamné que parce qu'ils avaient la conviction de l'innocence de Lesurques ; autrement, *il y en avait un de trop*.

— Lesurques et Dubosc, — dont la bizarre ressemblance a été constatée par tout le monde — n'ont joué, dans les récits des témoins, qu'un seul et même rôle, sont un seul et même personnage. Dubosc et Lesurques sont tous deux l'homme blond qui a raccommodé son éperon avec du fil fourni par la fille Grosse-Tête. Il est évident, 1° qu'on a guillotiné un homme de trop — que cet homme est Lesurques ou Dubosc — car il n'a jamais été question de deux hommes blonds ayant raccommodé chacun un éperon avec deux bouts de fil donnés à chacun d'eux par la fille Grosse-Tête ; la recherche de l'innocence est donc entre Lesurques et Dubosc — l'un des deux a été condamné et exécuté injustement. — Dubosc était un voleur de profession accusé par ses complices ; Lesurques un homme estimé n'ayant que de bons antécédents — et que tous les auteurs de l'assassinat ont déclaré ne pas connaître.

On a peine à comprendre les obstacles que rencontre depuis un demi-siècle l'exécution de ce grand devoir de rendre à la mémoire et à la famille d'un innocent au moins l'honneur — je me trompe, il ne reste plus de la famille de Lesurques qu'une fille et deux petits-enfants ; tous les autres membres sont morts ruinés et déshonorés.

« On craint, dit-on, de diminuer le respect dû à la justice en avouant une erreur. On craint de voir surgir d'autres réclamations du même genre. »

Misérables arguments ! Vaut-il mieux — pour le respect de la justice — qu'on dise : « Lesurques — et *sans doute tant d'autres* — ont été condamnés et tués injustement, et jamais leur famille n'a pu obtenir la réhabilitation des innocents ?... »

Ou bien : « La justice s'est trompée *une fois*, et elle a voulu, par la solennité de ses regrets et l'éclat de la réparation, rendre, autant qu'il était en elle, hommage à l'innocence condamnée, expier une funeste erreur, et donner à jamais au pays des garanties formelles ? »

Le second argument ressemble à celui de ce major prussien qui, après une bataille, chargé de faire enterrer les morts, dit à un blessé qui ne voulait pas qu'on l'enterrât : « Allons donc, si on écoutait ces gens-là, il n'y en aurait pas un de mort ! »

Il se présentera de semblables réclamations, dit-on. — On saura bien les repousser si elles sont injustes ; on a bien repoussé celle qui était juste pendant près de cinquante ans.

Le rapport présenté à la Chambre des représentants conclut à la révision du procès et à la réparation, si l'innocence de Lesurques est constatée. Il faut que la Chambre fasse une loi. Nous pensons qu'on ne saurait donner trop de solennité à la réparation d'un aussi grand malheur.

Si j'avais l'honneur d'être représentant du peuple, je proposerais : 1° la révision du procès de Lesurques ; 2° s'il y a lieu, la cassation de l'arrêt, puis une grande cérémonie dans laquelle, toutes les chambres assemblées, — le plus ancien et le plus haut en dignité des magistrats ferait, au nom des juges de Lesurques et de la justice, amende honorable à sa mémoire, à celle de sa femme et à ses enfants et descendants, — ou 3° la restitution des biens de Lesurques avec les intérêts, depuis le jour de la confiscation ; 4° l'érection d'un monument funèbre dans sa ville natale, avec une inscription contenant sa réhabilitation.

Ce sujet nous amène naturellement à parler d'autres erreurs moins rares que la justice devrait, ce nous semble, réparer.

D'après les statistiques judiciaires, il n'y a pas tout à fait deux condamnations sur cinq accusés. — Il y a donc plus de raison de supposer un prévenu innocent que de le supposer coupable. Il y a trois chances contre deux pour que le prévenu d'aujourd'hui soit dans un mois un homme auquel la société aura des réparations à faire.

Un prévenu est donc un homme peut-être innocent, auquel, par erreur, vous faites le plus grand tort possible; vous l'enlevez à sa famille, à ses affaires, pendant plusieurs mois; pendant plusieurs mois vous faites peser sur lui les soupçons les plus flétrissants, et vous le condamnez aux plus terribles angoisses; vous le traitez à peu près comme s'il était condamné et vous faites commencer pour lui à l'avance une peine qu'il y a trois chances contre deux que la justice ne prononcera pas.

Cependant vient le jour du jugement; notre homme est acquitté, le président psalmodie : « *Ordonne que le prévenu sera mis en liberté, s'il n'est détenu pour autre cause.* » L'organe du ministère public, qui a fait tous ses efforts pour le faire condamner, ne lui dit pas seulement: « Pardon de vous avoir dérangé. »

Cependant, au premier moment, le prévenu, qui, dans les insomnies de la prison, avait plus d'une fois pensé à Calas et à Lesurques, se trouve fort heureux d'être acquitté. — Il se réjouit. — Il embrasse en pleurant de joie sa femme, ses enfants, et... j'allais dire ses amis, mais la plupart se sont retirés. — Il rentre chez lui, ses voisins l'évitent; pendant quatre mois on a associé son nom à l'idée du crime dont il est accusé, et, pendant quatre heures, le ministère public a entassé contre lui tous les arguments possibles pour prouver sa culpabilité. Quelques-uns le croient plus heureux qu'innocent.

Le voilà dans son logement avec sa femme et avec ses enfants. — On se regarde, on se trouve maigri, changé. « Tiens! où est donc la pendule? Et nos quatre couverts d'argent? Tout ce que nous avions acheté à force de travail et d'économie ? — Hélas ! il a fallu vendre tout cela : comment aurions-nous vécu tes enfants et moi, pendant la détention ? — C'est vrai, mais me voilà libre ; je vais travailler, nous allons réparer cela. »

Mais, le lendemain, ceux qui lui donnaient de l'ouvrage l'ont remplacé. Il faut chercher, attendre, souffrir, et ce n'est que bien longtemps après qu'il aura réparé, — s'il est heureux, — le mal matériel qu'il a subi. Moralement, il ne s'en relèvera jamais tout à fait : les gens qui ne l'aiment pas diront toujours : « Il a été accusé dans telle affaire. »

Il me semble cependant que voilà un homme auquel on devrait quelques réparations. — Non, — le président ordonne *qu'il sera mis en liberté*. On le renvoie avec son honneur compromis, sa tête fatiguée par l'anxiété, son corps malade par la prison, sa fortune, son industrie, perdues par les dépenses, les pertes, l'incapacité de travail, sa famille désespérée, ruinée. — On ne lui doit rien, — on ordonne qu'il sera mis en liberté s'il n'est retenu pour autre cause.

Il faudrait, pour être plus juste, que l'on donnât autant que possible à l'acquittement autant au moins de publicité qu'à l'accusation. — Je dis au moins, car l'acquittement intéresse moins les lecteurs que l'accusation, et la mémoire garde plus difficilement le bien que le mal. — Des affiches seraient apposées dans le lieu du séjour habituel du prévenu proclamant son innocence, et une indemnité pécuniaire lui serait accordée. — Les amendes prononcées contre les condamnés alimenteraient la caisse destinée à indemniser les prévenus reconnus innocents. — Ce ne serait que juste. — Cela se fera-t-il jamais ?

Voici assez de preuves qui établissent jusqu'à l'évidence

l'innocence de Lesurques. — D'ailleurs, ceux qui s'opposent à la réhabilitation de sa mémoire ne nient pas cette innocence. — Elle est aujourd'hui universellement reconnue. C'est donc surtout la justice qu'il s'agit de réhabiliter, et c'est elle, dans cette cause, qui en a, en réalité, besoin. Lesurques a été tué innocent; on propose à la justice de dire : « L'erreur vient des juges, et non de la justice. La justice est divine, les juges sont des hommes ; — la justice répare tous les torts, toutes les erreurs, — même les torts et les erreurs des juges. »

Mais, dans un intérêt facile à concevoir, on fait toujours semblant de confondre les juges avec la justice, comme les prêtres avec Dieu. — C'est ainsi qu'on habitue les hommes à se défier de la justice et de Dieu.

La justice doit et peut se réhabiliter de la mort de Lesurques. Elle doit le faire avec éclat. — Elle doit dire tout haut et éterniser par un monument l'erreur des juges, ses regrets et sa réparation.

Un écrivain a dit : « On a l'habitude, dans les grandes villes, de mettre au-dessus de la porte d'une maison quelconque : *Hospice des aliénés*. Cela produit l'effet de faire croire que tous ceux qui ne sont pas dans cette maison ne sont pas fous. »

Quelques erreurs des juges, solennellement reconnues par justice, établiraient qu'elles sont les seules.

On se rappelle la réhabilitation de Lally-Tollendal et les misérables arguments qui y avaient été opposés.

Voici quelques autres exemples de réhabilitation qui n'ont ruiné ni l'État ni le respect de la justice.

La société n'a pas été ébranlée — comme le prétend M. Rouher — lorsque sous Louis XV on a réhabilité la mémoire de Calas, mort sur la roue.

Elle ne l'a pas été sous Louis XIII — lorsque le parlement de Paris a réhabilité le maréchal de Marillac, injustement exécuté pour des concussions imaginaires.

Elle ne l'a pas été sous Henri III, — lorsque le fils de Couci a fait proclamer l'innocence de son père, décapité sous le règne précédent, lorsque le roi lui-même, instruit des regrets de son prédécesseur, qui n'avait pas tardé à être éclairé, lui fit faire une pompe funèbre pareille à celle qu'on faisait pour les princes du sang.

Elle ne l'a pas été sous François Ier, — lorsque l'amiral Chabot, injustement condamné, fut rétabli dans ses dignités, et les persécuteurs condamnés à leur tour après un procès de révision, dans lequel le roi déposa lui-même contre eux.

Je le répète avec insistance, c'est de la réhabilitation de la justice qu'il s'agit, — la justice doit réparer l'erreur des juges, et ne pas en accepter la solidarité.

XVI

SUR LES PIERRERIES.

On a dit la vérité aux rois, aux femmes, aux poëtes; je veux la dire aux diamants, dont la mode est en recrudescence. J'ai appris hier quelque chose qui me dispose très-mal à leur égard; c'est une occasion de dire d'eux ce que j'ai depuis longtemps sur le cœur. Pendant que j'y serai, si ça ne vous ennuie pas, je parlerai également des autres pierres précieuses. J'ai lu autrefois leur histoire, comme j'ai lu l'histoire des tyrans, et je sais sur leur compte des choses qu'il faut divulguer.

Je comprends au besoin l'amour de l'or. L'or représente tous les plaisirs, et vous met à même de les acquérir. Mais le plaisir d'avoir des diamants, — je ne suppose pas que l'on achète des diamants exprès pour les revendre, — consiste en ceci, que les autres voient briller sur vous des cailloux durs et étincelants dont vous êtes le gardien inquiet et responsable. Il y a quelques années, à propos d'un procès célèbre, une femme du monde écrivit une lettre qui devint publique par le fait du procès. « N'ayez pas de diamants, disait-elle à une amie, cela fait trop de chagrin de les perdre. »

En disant tout à l'heure : le plaisir d'avoir des diamants consiste en ceci, que les autres voient briller sur vous des cailloux durs et étincelants, j'ai été plus loin que la vérité. Sans parler des cailloux du Rhin, du Médoc, d'Alençon, de Bristol, qui, convenablement taillés, ont un éclat, surtout aux lumières, qui peut tromper les yeux peu exercés, l'art est arrivé à des résultats merveilleux dans l'imitation des diamants. On *fait* des diamants dont un lapidaire de profession ne pourra reconnaître la fausseté qu'en les tenant à la main, et qui le tromperont parfaitement dans l'ajustement d'une femme. D'ailleurs, en général, la profession de lapidaire étant une des moins encombrées, parce qu'elle exige qu'on sache quelque chose, le nombre des lapidaires qu'on rencontre dans le monde est fort restreint, — et vous passez votre vie à admirer et à envier des diamants parfaitement faux, et les possesseurs de diamants fins seraient fort exposés, s'ils en voulaient courir la chance, à se tromper dans le choix, s'ils laissaient imiter leurs diamants, en montant l'imitation de la parure fausse exactement comme celle qui a une si grande valeur : l'éclat, le feu, sont les mêmes ; — bien plus, les fabricants de ces bijoux menteurs ont grand soin de donner à leurs produits, et c'est une des plus grandes difficultés qu'ils éprouvent, certains défauts qu'ont la plupart des diamants fins, et qui ne se trouveraient pas dans les faux. — Le caractère donc le plus marqué du diamant, c'est la dureté.

Eh bien ! Il faut encore mettre des bornes à cette dureté, que les anciens croyaient invincible, d'où vient le nom de diamants (*adamas*), indomptable. Les Pères de Trévoux, dans un article sur le diamant, disent : « C'est une erreur de croire que le diamant résiste au marteau ; un lapidaire en cassera tout autant qu'on en voudra payer. »

Mais ces mêmes Pères cependant n'étaient pas ennemis du merveilleux, et firent de fortes querelles à Réaumur de ce qu'il prouva que le sphinx Atropos, papillon qui a sur le dos la figure d'une tête de mort, n'était pas un signe de la colère céleste, ainsi qu'on le disait publiquement encore au dix-huitième siècle.

Ces Pères ajoutent que le diamant est inaltérable au feu.

Le diamant mis dans un creuset, sur lequel on applique le feu du réverbère, brûle et disparaît entièrement. Cette combustion a été expérimentée dès la fin du dix-septième siècle. Les expériences ont été renouvelées publiquement, en 1771 et 1772, par MM. Roux, Darcet, Cadet-Gassicourt, etc., et l'on n'avait pas alors des moyens de combustion aussi puissants que ceux découverts depuis. Enfin, il est acquis à la science aujourd'hui que le diamant est du carbone pur, du charbon cristallisé. Enfin, dans la minéralogie, il est placé dans la classe des combustibles : c'est le plus brillant comme le plus inutile des membres de cette famille.

12

Je comprends la vénération qu'avaient les anciens pour le diamant, que, du reste, ils ne savaient pas tailler, et portaient brut, c'est-à-dire, avec fort peu d'éclat. Ils pensaient que c'était le seul corps inaltérable de la nature, et que les attaques du fer et du feu étaient impuissantes contre lui ; ils croyaient que le diamant était un préservatif contre tout poison et tout venin ; c'était même une opinion fort répandue qu'il sauvegardait la vertu. Si je disais ici l'histoire secrète du diamant et « sa petite vie, » il en ressortirait que, lorsque le diamant s'est mêlé de la vertu des femmes, ça été pour lui jouer les plus mauvais tours. Je comprends, dis-je, que les anciens, imbus de ces idées, aient attaché un grand prix au diamant. Mais chez nous, où on a remplacé ces croyances depuis longtemps par d'autres crédulités, il reste donc au diamant sa dureté, dans les limites que nous venons de lui assigner.

Si vous me dites qu'une production naturelle est plus précieuse qu'un produit de l'art....

1° Ce n'est pas toujours votre opinion; en peinture, en sculpture, reproduction amenée à un certain point de perfection, qui, nécessairement, est toujours incomplet — une botte d'oignons qui vaut trois sous peut valoir dix mille francs si elle est imitée et signée de certains noms ;

2° Le diamant naturel a besoin de l'industrie humaine, non-seulement pour être arraché des entrailles de la terre, mais encore, sans l'art humain, il serait loin de jeter cet éclat qui fait son charme réel et ces feux qui décomposent le prisme.

Un diamant brut n'est pas transparent, il est à peine translucide. C'est en 1456 ou 1476, les auteurs ne sont pas d'accord sur ce point, que Louis de Berquen, de Bruges, découvrit le moyen de polir le diamant par lui-même. Ce n'est pas tout : ces feux de lumières qui éblouissent agréablement les yeux sont dus à l'art ; on taille les diamants en *rose* ou en *brillant*.

En *rose*, le diamant a sa partie supérieure terminée par une pointe à six facettes ; d'autres facettes garnissent les côtés, le dessous est en surface plate.

Taillé en *brillant*, le diamant présente une table composée de facettes dont la réunion, en style de lapidaire, s'appelle dentelle. Ces facettes, inclinées sous différents angles, sont au nombre de trente-trois. Le dessous de la pierre présente vingt-cinq facettes ; la correspondance des facettes du dessus et du dessous est combinée pour multiplier les réflexions et produire la réfraction de la lumière.

Le diamant, dit naturel, est donc l'œuvre de l'art, comme le diamant faux. Les lapidaires même appellent « diamants de nature » ceux qui n'acceptent que peu, mal, ou pas du tout la taille et le poli.

Donc, je le répète, le mérite intrinsèque des diamants, celui qui leur appartient en propre, celui qu'ils ne partagent pas avec d'autres corps, c'est une certaine dureté ; toutes les autres qualités se retrouvent ailleurs. Il faut ajouter cependant la rareté ; mais cela peut changer d'un moment à l'autre.

En 1730, on découvrit des diamants au Brésil. Jusque-là on avait cru qu'il n'y en avait qu'aux Indes orientales. La flotte de Portugal en apporta dans cette seule année plus de trente-cinq kilogrammes pesant. Les lapidaires et les possesseurs de diamants furent effrayés. On répandit toutes sortes de mauvais bruits et de calomnies contre ces nouveaux diamants ; la grande objection, — et cela vient à l'appui de ce que je prétends être le seul caractère bien spécial du diamant, — la grande objection fut que les pierres du Brésil n'étaient *pas aussi dures* que celles de l'Orient. On affecta de les appeler diamants de Portugal. Mais la vérité se fit jour, et il fut constaté que les diamants du Brésil étaient de vrais diamants, aussi diamants et aussi durs que ceux de l'Orient, et exactement les mêmes.

Du moment où la dureté égale des nouveaux venus fut constatée, cela amena une baisse dans le prix des autres diamants.

Je comprends qu'on tienne beaucoup à la dureté des pierres quand il s'agit de faire des ponts, des fortifications et des viaducs de chemins de fer ; mais, quand il s'agit d'en pendre à ses oreilles, cette qualité me semble être beaucoup moins indispensable.

La plupart des diamants célèbres, des gros diamants, ont des défauts que les diamants factices n'imitent que par complaisance et pour ne pas être plus beaux que nature : il y a des diamants *glaceux*, des diamants *sourds*. Deux défauts graves sont les *points* et les *gendarmes*. Les points sont des grains de sable noir ou rouge, les gendarmes sont des grains plus grands en façon de glace.

On n'est pas d'accord sur le poids des diamants célèbres. Ainsi, le gros diamant de Russie est évalué, par les divers auteurs, à divers poids qui varient de cent quatre-vingt-quinze à sept cent dix-neuf carats. Ce diamant est très-défectueux.

Il y en a un appartenant aux ducs de Toscane, pesant, dit-on, cent trente-neuf carats et demi ; mais il a une teinte jaune.

Le Sancy, appartenant à la France, est très-beau, mais ne pèse que cinquante-cinq carats. Des lapidaires disent qu'il est d'une *plus belle eau* que le *Régent*, qui pèse cent trente-six carats et un quart, mais lequel, d'après cette appréciation du *Sancy*, laisse à désirer sous le rapport de l'*eau*, c'est-à-dire de la limpidité.

Le diamant du Grand Mogol, qui pèse deux cent soixante-dix-neuf carats, est taillé en rose, ce qui lui ôte de la valeur, etc.

Trois de ces diamants ont une histoire.

Le duc d'Orléans, qui acheta pour Louis XV le diamant appelé le *Régent*, fut d'abord effrayé de la valeur de ce diamant, dérobé aux environs de Golconde par un employé des mines, et offert en vain déjà à divers souverains. La difficulté de le vendre engagea le propriétaire à abaisser ses prétentions, ce qui, à son tour, engagea le régent à faire l'acquisition sur laquelle Law insistait beaucoup en aplanissant les difficultés. Il fut payé deux millions; le propriétaire se réservant les rognures de la taille, qui formaient plusieurs beaux diamants. Il est estimé beaucoup plus. Ce diamant est appelé aussi le Pitre, par corruption de Pitz, Anglais, qui fut l'intermédiaire de la vente.

Voici l'histoire du Sancy. N'ayant pas suivi ces diamants dans leurs pérégrinations, je raconte sur la foi d'autrui :

Le Sancy fut trouvé à côté du cadavre de Charles le Téméraire, duc de Bourgogne, tué, les uns disent à la bataille de Morat en 1476, les autres sous les murs de Nancy en 1477. Il fut vendu un écu à un curé par le soldat qui l'avait trouvé, puis il avait passé avec des prix divers aux mains d'un duc de Florence, puis au roi de Portugal, *in partibus*, réfugié en France, alors que le Portugal était sous la domination de l'Espagne. Celui-ci le vendit à Nicolas Harlay de Sancy pour la somme de soixante-dix mille francs. D'autres disent que Sancy l'avait acheté à Constantinople. Je ne me prononce pas ; vous ferez bien d'en faire autant.

Toujours est-il que Sancy était maître de ce diamant lorsque, pour aider Henri IV dans une grande pénurie d'argent pendant la guerre, alors que le roi n'avait pas gagné Paris du prix d'une messe, il voulut mettre son diamant en gage entre les mains des juifs de Metz. Il envoya un domestique de confiance le chercher à Paris. Les environs de Paris n'étaient pas sûrs en temps de guerre civile. Le domestique fut tué par on ne sait qui et enterré par des paysans. Ne le voyant pas revenir, son maître, auquel il avait dit ce qu'il ferait au cas où il serait attaqué, trouva le lieu de la sépulture, ouvrit le tombeau d'abord et l'homme après, et retrouva le diamant que ce fidèle serviteur avait avalé. Ce diamant retiré après la guerre civile, entra dans la famille, et fut depuis acheté par le duc d'Orléans, régent, pour la couronne de France.

La troisième histoire est celle du gros diamant, qui fut acheté, en 1772, par la grande Catherine, pour deux tonnes d'or et une pension viagère de quatre mille roubles, à un prince grec douteux. Voici comment ce diamant, appelé la Montagne ou Montagne de Lune, vint au susdit prince :

Un Français, grenadier du bataillon de l'Inde, fut touché de la grâce de Brahma; il lut les Végas, étudia la théogonie des Indous, puis déserta, et, après de correctes purifications dans le Gange, il finit par devenir l'un des prêtres en sous-ordre du temple de Brahma, chargé spécialement de balayer le temple, et d'épousseter les dieux. Il fallait que la vocation fût forte pour qu'un grenadier se mît au régime des légumes et de l'eau.

Un des dieux qu'époussetait le grenadier — est-ce Vischnou? est-ce Shiva? — avait deux yeux de diamant d'un éclat sans pareil. Soit que le régime ne convînt pas au tempérament du grenadier, soit qu'il regrettât la patrie absente, il abandonna tout à coup le culte de Brahma et ses fonctions sacerdotales. Un matin, on ne le trouva plus, mais Vischnou était borgne. On pensa que le grenadier avait voulu emporter un souvenir de la vie sainte qu'il avait menée dans le temple.

Il s'était sauvé chez les Anglais, qui l'envoyèrent à Madras, d'où il s'embarqua pour l'Europe. Il vendit l'œil de Vischnou à un capitaine, qui le vendit à un juif, qui le vendit au prince grec, qui le vendit à l'impératrice Catherine.

Quelques personnes pensent que le gros diamant, Montagne de Lumière, que l'on a vu cette année à l'Exposition de Londres, pourrait bien être l'autre œil de Vischnou, lequel serait alors aujourd'hui aveugle comme le Destin, comme la Fortune, et autres divinités de haut rang. Permis, en ce cas, aux prêtres de Brahma de se féliciter du miracle obtenu par leurs prières, miracle par suite duquel le dieu a cessé d'être borgne.

Les diamants viennent de l'Inde et du Brésil, et quelquefois on les trouve presque à la surface du sol. Le terrain qui les contient est un sable argileux, ferrugineux, mêlé de silex ; le plus souvent, ils sont enveloppés dans de petits blocs terreux. Une rivière qui tombe dans le Gange charrie aussi quelques diamants.

Il y a des diamants jaunes, des diamants roses, des diamants verts, des diamants bleus, et des diamants presque noirs.

Voici comment on s'y prend pour évaluer le prix d'un diamant : on multiplie le poids de la pierre par lui-même, puis par le prix du carat. Ainsi, supposez que le prix d'un diamant de un carat soit de cent cinquante francs, c'est un prix ordinaire, un diamant de six carats ne coûtera pas six fois cent cinquante francs, c'est-à-dire neuf cents francs, mais cinq mille quatre cents francs, le calcul se faisant ainsi : le diamant pèse six carats, donc, six fois six trente-six, trente-six multiplié par cent cinquante, cinq mille quatre cents. Mais, passé un certain poids, environ vingt-cinq carats, on ne compte plus ainsi ; c'est au désir de l'acheteur, et au besoin du vendeur, à fixer le prix.

Un diamant, avec ou sans défaut, amène des variations dans le prix du carat : à poids égal, un diamant taillé en rose coûte moins cher qu'un diamant taillé en brillant.

Jeanne de Naples, ayant adopté son cousin Charles de Duras, avait en même temps légué, en 1380, le royaume de Naples à Louis d'Anjou, fils de Jean II. Ce prince se mit en route pour s'emparer de son legs, mais il passa le temps à se faire couronner roi de Sicile par le pape Clément VII. Quand il arriva, il trouva que Charles de Duras, plus pressé, avait fait étrangler sa cousine, et lui avait succédé.

Louis d'Anjou avait emporté beaucoup de diamants, qu'il faisait voir avec complaisance. Un jour qu'il les montrait à un général allemand, appelé Rodolphe, celui-ci lui demanda si ces pierres étaient de quelque rapport.

— Ces pierres ont une grande valeur, répondit le duc d'Anjou, mais elles ne rapportent rien.

— Eh bien ! dit Rodolphe, en fait de pierres, j'ai mieux que vous. Je n'en ai que deux, elles ne m'ont coûté que dix florins, et elles m'en rapportent deux cents chaque année. Ce sont des meules de moulin.

Pline dit que de son temps les femmes ne sortaient pas plus sans pierreries qu'un consul ne serait sorti sans faisceau.

Dans le festin de Trimalcyon un convive, je ne sais plus

lequel, dit que les pierreries de sa femme ont détruit son patrimoine. « S'il me vient une fille, dit-il, je lui couperai les oreilles dès sa naissance pour éviter à moi d'abord, et à mon gendre ensuite, la ruine des pandeloques. »

Les rabbins prétendent qu'Ève eut les oreilles percées dès sa sortie du paradis terrestre, en signe d'esclavage et d'asservissement à l'homme. Les femmes se sont depuis vengées de cette marque d'infamie en obligeant les hommes à y accrocher des diamants qu'ils doivent gagner à la sueur de leur front.

Le veau d'or, adoré par les juifs, fut fait entièrement avec les pendants d'oreilles des femmes israélites. Ceci vaut la peine d'être lu avec attention (*Exode*, ch. XXXII) :

1. Le peuple, voyant que Moïse, qui les avait tirés de la servitude d'Égypte, était longtemps à descendre de la montagne, s'assembla et dit à Aaron : « Faites-nous des dieux qui marchent devant nous. »

2. Aaron leur dit : « Apportez-moi les pendants d'oreilles de vos femmes et de vos filles. »

3. Le peuple fit ce qu'Aaron lui avait commandé et apporta les pendants d'oreilles.

4. Aaron, les ayant pris, les jeta en fonte et en forma un veau. Alors les Israélites dirent : « Voici vos dieux, ô Israël, qui vous ont tiré de l'Égypte. »

9. Le Seigneur dit à Moïse : « Je vois que ce peuple a la tête dure. »

26. Moïse rassembla autour de lui les enfants de la tribu de Lévi, et il leur dit :

27. « Voici ce que dit le Seigneur, le Dieu d'Israël : « Que chaque homme mette son épée à son côté, et que chacun tue son frère, son ami et celui qui lui est le plus proche. »

28. Les enfants de Lévi firent ce que Moïse avait ordonné, et il y eut environ vingt-cinq mille hommes de tués.

29. Alors Moïse leur dit : « Vous avez consacré votre main au Seigneur en tuant votre fils et votre frère, afin que la bénédiction de Dieu vous soit donnée. »

35. Le Seigneur frappa donc le peuple *pour le crime du veau.*

Et tout cela par suite des pendants d'oreilles.

Mais, à propos des pendants d'oreilles des femmes israélites, il s'éleva une autre querelle qui fut moins sanglante, parce que les savants ne disposent point de bataillons et n'ont au service de leurs haines que de l'encre et les vingt-quatre lettres de l'alphabet.

En 17.., M. Huet, évêque d'Avranches, fut chargé de décider une question fort envenimée. Un professeur de langues orientales d'Amsterdam avait osé soutenir que le présent offert à Rebecca par le serviteur d'Abraham n'était pas des pendants d'oreilles, ainsi que l'ont dit presque tous les traducteurs, mais un ornement de nez ; de fortes brochures et de grosses invectives avaient été déjà échangées. Le jugement du savant Huet est longuement motivé ; il se décide pour l'ornement du nez, et il établit que les femmes israélites portaient non-seulement des anneaux et des pierreries aux oreilles, mais aussi au nez.

On m'a fait voir un homme qui possède une bague aussi merveilleuse que celle de Gygès, qui rendait invisible. Quand il en fait scintiller la pierre, qui est un très-gros et très-beau diamant, ses cheveux gris, sa figure commune, ses façons vulgaires, son ineptie, tout disparaît, et il semble, aux yeux des femmes, orné de toutes les qualités qui lui manquent.

Ce diamant n'est pas comme ceux du duc d'Anjou ; il

est d'un grand produit, non en argent, mais en conquêtes volées. Il a fait faire un certain nombre de bagues exactement semblables à celle qu'il porte ; mais chacune de ces bagues est ornée d'un diamant faux, si parfaitement imité, comme on sait le faire aujourd'hui, que lui-même ne reconnaît le sien qu'à un petit défaut qui ne se trouve pas dans les diamants artificiels. Dans certaines occasions, il promet ce diamant, puis il donne une des autres bagues. On assure qu'il y a à Paris trente personnes qui font briller à leur main, avec une assurance remarquable, un diamant faux donné par lui. D'autres l'ont reçu, mais ne le portent pas : ce sont celles qui, ayant voulu le vendre, ont découvert la supercherie.

La fameuse madame Tiquet, qui, du temps de Louis XIV, eut un procès resté célèbre, était fille d'un libraire appelé Carlier, qui lui avait laissé cinq cent mille francs, grosse somme, surtout pour le temps, et autant à un frère qu'elle avait, capitaine aux gardes.

Orpheline à quinze ans, riche, belle, elle ne manqua pas de prétendants. M. Tiquet, conseiller au parlement, lui ayant envoyé, le jour de sa fête, un bouquet dans lequel de gros diamants formaient le cœur des roses, mademoiselle Carlier fut éblouie de cette magnificence, et le récompensa en le choisissant au milieu de ses rivaux. Mais, après le mariage, il fallut avouer que la fortune de M. Tiquet était fort mince, que le fameux bouquet de diamants, évalué quinze mille écus, avait été acheté à crédit et payé sur la fortune de celle qu'il avait séduite. Cette révélation désespéra madame Tiquet, qui se voyait obligée de diminuer son train. La mésintelligence s'établit dans la maison. Madame Tiquet se fit séparer de biens. M. Tiquet, dénonçant une liaison qui existait entre sa femme et un capitaine aux gardes appelé M. de Mongeorge, obtint du roi une lettre de cachet pour la faire enfermer. Mais il voulut se donner le plaisir de la lui montrer. Elle la lui arracha des mains et la jeta au feu. Quand M. Tiquet en demanda une autre, on la lui refusa.

Ils demeuraient cependant dans la même maison, mais dans des appartements séparés.

Un soir, M. Tiquet fut percé de cinq coups de couteau, mais n'en mourut pas. L'assassin, arrêté, avoua qu'il avait agi à l'instigation de madame Tiquet, qui finit par avouer. « La cour et la ville, disent les Mémoires contemporains, en parlant de l'exécution de madame Tiquet, la cour et la ville assistaient à ce *spectacle.* » Madame Tiquet eut la tête tranchée, et un domestique, instrument du crime, fut pendu.

La chimie, qui appelle un chat un chat, dépouille les pierres précieuses de leurs noms, presque tous harmonieux, pour leur dire leur fait. Le diamant s'appelle carbone pur; le rubis, alumine; l'émeraude, silicate de glucyne et d'alumine; l'opale, silice hydratée; la topaze, fluate d'alumine; le grenat, silicate d'alumine et de chaux; la turquoise, phosphate alumineux.

L'émeraude doit sa couleur verte à l'oxyde de chrome. Les autres pierres reçoivent la leur d'autres oxydes.

Le diamant ne figure pas au nombre des pierres précieuses qui ornaient le *pectoral* ou *rational* des grands prêtres officiant dans le temple de Jérusalem.

Il viendra un jour, qui n'est peut-être pas éloigné, où on découvrira une Californie de diamants, un jour où ces cailloux prétentieux n'auront plus que leur valeur réelle et raisonnable. J'ai parlé de cette femme du monde qui disait : « N'ayez pas de diamants, c'est trop triste de les perdre. »

Elle aurait pu ajouter : « Et c'est bien ennuyeux de les conserver. »

En effet, les gens qui ont des diamants ont à chaque instant des transes et des anxiétés odieuses ; les histoires de voleurs leur font dix fois plus de peur qu'aux autres. En voyage, ils sont inquiets de leurs diamants ; ils sont consacrés à la garde de ces pierres, comme était le dragon, qui gardait les pommes d'or des Hespérides, et qui, la fable l'avoue, s'ennuyait horriblement.

Notez que les diamants sont un objet agréable seulement aux yeux, et que celles qui les portent ne les voient pas; que ce sont les autres qui en ont le plaisir, quand elles ont le bon esprit de ne pas s'en faire un chagrin.

Les femmes qui ont des diamants pour en régaler les regards d'autres se soumettent, outre les soucis susdénoncés, à diverses corvées, les unes onéreuses, les autres assujettissantes : les accrocher à sa tête, à ses oreilles, etc., et les décrocher, les serrer soigneusement et faire de temps en temps changer la monture et la disposition ; prendre garde de les perdre en dansant, couver ses diamants avec la tendresse jalouse d'une poule effarée.

Et quel respect, quel culte, quelle religion pour ces pierres! Une femme, Cléopâtre, a osé une fois détruire une perle, et on ne lui a jamais pardonné cette scandaleuse prodigalité. Tous les historiens ont raconté ce fait en le lui reprochant. Il y a de cela près de dix-neuf siècles, et c'est le seul exemple d'un pareil sacrilége, et on en parle encore avec surprise et indignation.

La chimie n'était pas encore inventée, sans cela, qui sait de quoi cette reine d'Égypte aurait été capable? Au lieu de se faire tuer par un aspic, traitant le diamant comme un charbon qu'il est, elle en aurait brûlé pour s'asphyxier.

Et tout cela, pour faire dire de soi ce qu'un peintre disait d'une Vénus d'un de ses rivaux. Vénus qui, au lieu de sortir nue de la mer, était chargée de bijoux, de bracelets et de pierreries : « Ne pouvant la faire belle, tu as pris le parti de la faire riche. »

Mettez la *Montagne de Lumière* et la *Montagne de Lune* à vos deux oreilles, sur votre front le *Régent* et le *Sancy ;* que leurs feux scintillent et se croisent, et voyez combien ces magnificences seront effacées, éteintes, par le feu contenu d'un œil bleu ou noir, à travers de longs cils.

Femmes qui avez la beauté, ne donnez ni une de vos dents, ni un de vos cheveux, ni une des minutes de votre jeunesse pour des diamants, vous feriez une affaire mauvaise et ruineuse.

Il y a une soixante-dizaine d'années, on avait imaginé de faire avec des pierreries une sorte de selam, ou bouquet parlant, comme les Orientaux font avec les fleurs. Les pierres, rangées sur une bague ou sur un bracelet, dans le même ordre que l'écriture sur le papier, formaient un nom ou une devise, en assemblant la première lettre du nom de chaque pierre. Citons deux exemples pour mieux me faire comprendre. Pour écrire le nom de *Marie*, par exemple, sur une bague, on enchâssait dans leur ordre les pierres suivantes :

Malachite, Améthyste, Rubis, Indicolythe, Émeraude.

Pour former une devise sur un bracelet :

Jayet, Émeraude, — Napione, Encluse, — Cornaline, Rubis, Agate, Iolithe, Napione, Saphir, — Quartz, Urane, Émeraude, — Chrysoprase, Émeraude, Lapis-lazuli, Urane, Iolithe, — Quartz, Urane, Émeraude, — Jade Aigue-marine, Iolithe, Marcassite, Émeraude.

Il fallait souvent aller chercher un peu loin les pierres commençant par certaines lettres, surtout quand on ne voulait pas répéter les pierres.

Il est des pierres que l'on ne trouve que dans les cabinets des minéralogistes, mais qui, à l'époque de cette mode, étaient entrées d'abord modestes et un peu étonnées chez les joailliers, et ensuite, vu leur utilité et leur peu de concurrence, s'étaient senties nécessaires et y avaient usurpé une grande importance, telles que l'indicolithe et l'iolithe, toutes deux d'un bleu plus ou moins violet; la *napione*, qui est verte; l'*urane*, qui n'est pas une pierre, mais un métal d'un gris foncé; l'*encluse*, pierre d'un vert tendre, etc. Le *quartz* est, à proprement parler, le cristal de roche; mais l'*améthyste* est un quartz coloré en violet par du fer et du manganèse.

Lors de la fureur de cette mode, les hommes économes évitaient soigneusement toute atteinte de sympathie de la part de femmes, quelque charmantes qu'elles fussent, dont les noms entraînaient des pierres trop chères dans la bague qu'il faudrait probablement donner. On évitait les *d*, les *r*, les *o*, les *é*, à cause du haut prix des diamants, des rubis, des opales, des émeraudes; mais comme l'avarice et la pauvreté sont ingénieuses, on ne tarda pas à trouver des synonymes d'un prix doux pour les pierres trop chères. Alors parurent les pierres inconnues, ce qui faisait des bijoux portant des rébus parfois assez difficiles à deviner; mais le soupirant avait soin de se faire un mérite de l'obscurité de cette manifestation de ses sentiments, en la rejetant sur sa discrétion et la crainte de compromettre l'objet aimé aux yeux des personnes laides ou sur le retour qui se sont attribué gratuitement la charge de procureur général de la vertu publique, et qui se chargent de requérir contre l'amour ou de punir des sentiments qu'elles ne peuvent plus inspirer.

Celui-là rendit un service public qui découvrit le dioptase, pierre verte formée du cuivre, et le diopside, pierre noire des volcans, pour remplacer mystérieusement le diamant loquace et indiscret. Ce fut une jolie découverte que celle de la rubasse, quartz coloré, pour désigner sans bruit la lettre que le rubis trop connu proclamait avec emphase. Une *encluse* de dix sous remplaça l'émeraude, qui est sans prix quand elle est sans défaut, etc.

Je ne parle pas des gens qui faisaient leur selam en pierres fausses. Un de ces hommes reçut une fois l'avanie que voici :

— Monsieur, dit une femme, m'a envoyé, à l'occasion de ma fête, un jonc en pierre de couleur dont je n'ai pu comprendre le sens : c'est un logogriphe, un rébus que je donne à deviner au plus habile.

— Mais, dit le coupable confus, c'est cependant bien clair : l'époque, l'usage, la mode, m'ont paru m'autoriser à vous faire ce petit présent, et le sens en est très-limpide.

— Eh bien ! il faut en accuser mon peu de perspicacité ; je n'ai pas compris, et je persiste à mettre le rébus au concours. Quel est le sentiment qui peut se traduire et s'exprimer ainsi :

C. C. C. C. C.

— Mais, madame...

— Ah ! monsieur, de grâce, ne dites pas le mot trop tôt ; laissez-nous le plaisir de deviner.

— J'y suis, dit un des assistants. C'est un conseil moral, philosophique, mais un peu lugubre : Céleste créature, craignez, craignez, craignez.

— Non, dit un autre, c'est une plainte touchante d'un cœur blessé qui prie qu'on cesse son martyre.

Cruelle, C. C. — C. C.

— Madame, dit l'homme à la bague, cette plaisanterie est longue. Je suis comme vous : si vous ne comprenez pas la bague, je ne comprends pas la mystification dont je suis l'objet.

— Alors, monsieur, expliquez vous-même.

— C'est bien simple. Madame ne s'appelle-t-elle pas Adèle ?

— Oui.

— Eh bien ! améthyste, diamant, émeraude, lapis-lazuli et émeraude, c'est le nom de madame, et j'ai cru exprimer ainsi respectueusement que ce nom est présent à ma pensée.

— Eh bien ! monsieur, moi qui n'aime que la sincérité et la vérité, malgré leurs couleurs menteuses, j'ai reconnu cinq morceaux de cristal que j'ai dû traduire par :

C. C. C. C. C.

L'homme à la bague prit son chapeau et sortit.

Nous allons passer brièvement en revue quelques-unes des principales pierres précieuses.

Cristal de roche (quartz hyalin incolore). Les Romains en faisaient grand cas, et l'on raconte qu'une des coupes que Néron brisa dans l'accès de fureur que lui donna l'annonce de la révolte qui amena sa mort, était de cristal de roche et avait coûté une somme dépassant quinze mille francs de notre monnaie. — Dans un inventaire de la famille Mazarin, un lustre de cristal était évalué quarante mille francs.

On trouve beaucoup d'améthystes en Auvergne. Les anciens prétendaient que cette pierre garantit de l'ivresse, et on en faisait des coupes. Les anciens gravaient sur les améthystes. Lors des guerres de l'Empire, on avait enlevé en Prusse et apporté en France une améthyste antique très-grande : c'était le buste de Trajan. Il a dû être repris en 1815.

Rubis (corindon hyalin rouge). — Un beau rubis oriental est plus difficile à trouver qu'un beau diamant. C'est le plus dur et le plus cher des rubis. Le rubis, probablement, était l'escarboucle ou anthrax des anciens.

Saphir (corindon hyalin bleu). — Les lapidaires appellent saphir mâle celui qui est d'un beau bleu, et saphir femelle celui qui est d'un bleu pâle. Les rabbins disent que la verge de Moïse et les tables qu'il reçut au mont Sinaï étaient de saphir.

Émeraude (béril bleu). — Un dictionnaire curieux à faire serait celui des mensonges faits par les hommes sur chaque chose et sur chaque mot; le mot émeraude y tiendrait assez de place. Exemples : Les Sarrasins prirent à Tolède une table de trois cent soixante-cinq pieds de long d'une seule émeraude.

Il y a eu un obélisque fait de quatre émeraudes; il avait quarante coudées de hauteur. A Mayence, on avait pendu dans une église une émeraude grosse comme un melon, etc. Mais ces grosses émeraudes ou sont du verre coloré, ou sont du jaspe vert. Dans le trésor de la cathédrale de Gênes, on conservait en 1780, et on conserve sans doute encore une jatte hexagone d'émeraude; son grand diamètre a quatorze pouces et demi. Elle était gardée sous plusieurs clefs confiées à plusieurs personnes. Il était défendu, par un décret du 24 mai 1476, sous de *griefves peines*, de toucher ce vase sacré ni d'en approcher de trop près. C'est à cette précaution sans doute que ce morceau vert a dû de passer pour une émeraude. Cependant on lit dans l'histoire de cette ville que vers 1319, on engagea la coupe *di smeraldo orientale* du cardinal Luc de Fiesque pour une somme de douze cents marcs d'or, et que cette somme ne put être acquittée et le gage retiré que douze ans après. En 1726, on a publié à Gênes un ouvrage dans lequel on établit par des autorités et des textes, que cette coupe a appartenu au roi Salomon, et qu'elle faisait partie des présents que lui apporta la reine de Saba, et que ce fut sur ce plat ou coupe que fut servi l'Agneau pascal de la cène. (VALMONT DE BOMARE, II, 593.)

Les anciens avaient une si grande admiration pour cette pierre, qu'ils ne gravaient pas dessus. Dans l'*Apocalypse*, Dieu apparaît à saint Jean sur un arc-en-ciel d'émeraudes. (SAINT JEAN, *Apocalypse*, IV, verset 3.) — Dans le livre d'Esther, il est dit que la salle où Assuérus fit son festin était pavée d'émeraudes. (Pères de Trévoux.) — On sait qu'Hermès Trismégiste avait gravé sur une émeraude le remède pour toutes les maladies, et qu'il la fit enfermer dans son tombeau avec son corps. — On lit dans les *Souvenirs* de madame de Caylus que pendant les amours de Louis XIV avec madame de Soubise, en fraude de sa liaison moins secrète avec madame de Montespan, le signal du rendez-vous était une paire de pendants d'oreilles d'émeraudes que madame de Soubise mettait ou ne mettait pas, selon que l'occasion était ou n'était pas favorable.

Voici un exemple qui peut servir à prouver que les fameuses et grosses émeraudes dont j'ai mentionné quelques-unes sont ou du vert coloré, ou du jaspe, ou du spath fluor. C'est qu'au Pérou, d'où viennent les plus belles, la plus grosse émeraude dont il ait jamais été fait mention était de la grosseur d'un œuf d'autruche, et encore ne l'at-on jamais vue. Voici comment :

Lors de la conquête du Pérou, les Espagnols apprirent que dans la vallée de Manta, située près des montagnes de la Nouvelle-Grenade, il se trouvait un temple consacré à la *déesse Émeraude*. On la montrait de loin au peuple les jours de grandes fêtes. Les prêtres avaient établi que cette pierre était la mère des émeraudes, et qu'il lui était si particulièrement agréable de se voir entourée du plus grand nombre possible de ses filles, qu'elle répandrait ses bénédictions sur les personnes en général, et en particulier sur les habitants de la vallée de Manta, à proportion du nombre de ses filles égarées et dispersées qu'on réunirait dans son temple. Quoiqu'elle aimât tendrement toutes ses filles, ces prêtres avouaient pour elle qu'elle avait un sentiment de préférence pour les aînées, c'est-à-dire pour les plus grosses.

Les Espagnols s'empressèrent d'aller rendre leurs devoirs à la déesse Émeraude, mais ils ne purent la voir, les prêtres l'ayant fait disparaître; aucun moyen ne fut épargné pour les décider à présenter cette déesse à l'adoration respectueuse d'Alph. d'Alvarado, lieutenant de Pizarre, et de ses compagnons; et on sait que les Espagnols de ce temps-là, pour persuader les Péruviens, employèrent une grande variété de moyens. Faute de trouver la mère des émeraudes, ils s'éprirent d'une violente passion pour ses filles, et les enlevèrent toutes comme les Romains firent des Sabines; — mais ils avaient lu ou appris, je ne sais où ni comment, que les émeraudes fines résistaient au marteau, et, pour les éprouver, ils brisèrent une énorme quantité de ces pierres précieuses avant de reconnaître leur erreur.

On vint à douter de l'existence de la mère des émeraudes, que l'on n'avait pu retrouver, et à penser que c'était quelque pierre fausse ou factice, au moyen de laquelle les prêtres des temples avaient ainsi amassé un trésor de véritables pierreries. — Or, si la pierre était fine, il fallait qu'elle fût extraordinaire, même pour le pays des émeraudes, puisqu'elle était considérée comme la mère et la déesse des autres; — si elle était fausse, il fallait que cette grosseur eût été l'extrême limite où les prêtres avaient cru pouvoir pousser le prodige pour ne pas décourager la crédulité.

On prétend que le nom de la topaze vient d'une île de la mer Rouge où un roi de Mauritanie trouva la première. On ajoute que c'est d'une topaze de cette île haute de quatre coudées dont Ptolémée Philadelphe fit faire la statue de sa femme Arsinoë. Les Hébreux connaissaient cette pierre. On lit, psaume CXVIII, verset 127 : « Seigneur, j'ai aimé vos commandements plus que l'or et la topaze. »

L'émeraude est du silicate d'alumine et de glucyne coloré en vert par de l'oxyde de chrome. L'*aigue marine* est la même substance colorée par l'oxyde de fer.

Les turquoises sont des os fossiles colorés par des oxydes de cuivre. Cette coloration de l'ivoire et des os étonne moins, depuis qu'on sait colorer de rouge les os des animaux vivants, en leur faisant manger de la garance. — MM. Duhamel et Guettard ont, les premiers, fait cette expérience dans le siècle dernier.

Les turquoises les plus bleues deviennent parfois verdâtres en vieillissant; quand elles ne font que pâlir, on leur rend leur couleur en les grattant, en les mettant quelques instants dans des cendres chaudes, et en les repolissant. On s'est longtemps servi, en médecine, de la turquoise prise intérieurement. — Il en est question chez Pline.

L'*aventurine* factice a été trouvée par hasard : — un verrier laisse tomber dans du verre en fusion de la limaille de laiton ; — le métal, refroidi, se trouva étoilé de points dorés. On trouve en Espagne des quartz, cristaux qui ressemblent à l'aventurine, et qui ont reçu le nom d'aventurine naturelle.—On en trouve aussi en Sibérie et en France, qui varient pour le fond et pour la couleur des parcelles brillantes.

Le *jargon* des lapidaires est le zircon des minéralogistes.—Le jargon incolore est appelé parfois diamant brut. — On en a vendu quelquefois comme diamants inférieurs. — Il y en a d'orangés, qu'on vend encore comme hyacinthe.

Le *jade* est une sorte d'agate d'un aspect huileux, excessivement dur, dont les Polonais et les Turcs aiment à faire des poignées de sabre ; — il est d'un vert blanchâtre, ou d'un vert de poireau ; il y en a d'un ton rosâtre, d'autres vert foncé, d'autres marbré.

L'*opale*, que l'on ne taille pas à facettes, mais en cabochon ou en goutte de suif, — excusez ces mots qui sont techniques, — l'opale, d'un fond blanc laiteux, fait jaillir, en chatoyant, le rouge du rubis, le violet de l'améthyste, le jaune de la topaze, le bleu du saphir et le vert de l'émeraude. Elle a tout l'éclat varié des bulles de savon que font les enfants en se jouant. On attribue ces couleurs variées et irisées à de nombreuses petites fissures.

Les Grecs pensaient que l'opale conciliait la bienveillance universelle à celui qui en était porteur, et l'appelaient, à cause de cela, *païderos*. Si les Romains partageaient cette opinion, le sénateur Nonius dut être très-étonné de devoir son exil à une très-belle pierre de cette espèce dont il était le possesseur envié. Antoine la lui ayant fait demander comme condition de son indulgence, il aima mieux quitter sa patrie que de se priver de son opale. Au chapitre XXI de l'*Apocalypse*, Lemaistre de Saci traduit par *jaspe transparent* un mot que d'autres traducteurs interprètent par opale. Il s'agit de la Jérusalem céleste, dont les murailles étaient d'améthyste, de topaze, de saphir et d'émeraude, et saint Jean compare la ville entière à une opale. Cela s'entend mieux de l'opale, qui réunit toutes les couleurs, que du jaspe.

Le père Lemoyne a fait une description d'un dragon dans laquelle on trouve ces deux vers :

> Dans leurs terribles yeux, des grenats arrondis,
> De leur feu, de leur sang, font peur aux plus hardis.

C'est avec les onyx, agates ayant plusieurs couches de diverses couleurs, que l'on fait les camées ; les camées antiques ont une grande valeur. Mais comment reconnaître les antiques ? Il faudrait qu'à une certaine date on eût pendu tout sculpteur de talent, sans cela entre un beau camée antique et un beau camée moderne, il est fort présomptueux de prétendre reconnaître quel est l'antique. Les plus grands connaisseurs s'y trompent, c'est dire avec quelle facilité on trompe les autres. Un célèbre camée est l'apothéose d'Auguste ; il a près d'un pied de diamètre ; cet onyx avait quatre couches, deux brunes et deux blanches, dont l'artiste a tiré le plus heureux parti. On fait des camées beaucoup moins précieux avec certaines coquilles qui présentent plusieurs couches; les couches sont le plus souvent roses et blanches, d'autres fois blanches et brunes.

L'*onyx*, que dans la Bible on appelle la pierre des

pierres, est, dit-on, réservée à l'empereur chez les Chinois.

Les Romains prétendaient que les premières onyx étaient les rognures des ongles de Vénus. On n'a jamais prouvé le contraire.

Quelques cristaux de roche ont, à l'intérieur, des taches d'un rouge carmin. — Ces morceaux, taillés, se vendent comme rubis ou comme rubasses, selon l'honnêteté du marchand et la crédulité de l'acheteur combinées. Mais il y a encore des rubasses naturelles et des rubasses artificielles — un morceau de cristal de roche, incolore, chauffé, et plongé en cet état dans un liquide coloré, absorbe la couleur par de petites fissures presque imperceptibles.

L'ambre jaune ou succin a été formé, dit la mythologie, des larmes des sœurs de Phaéton. C'est une des moins extravagantes origines que l'on ait données à l'ambre. On sait aujourd'hui que c'est un bitume.

Les perles sont une concrétion de la matière que transsude l'animal qui habite certaines coquilles, — contrairement à l'opinion des anciens, qui croyaient que c'était de la rosée durcie dans la mer, — et qui est destinée à former la nacre dont ces coquilles sont tapissées. Presque toutes les perles viennent de l'Orient. On les trouve surtout dans les huîtres. On a trouvé des perles de couleur plombée, de noirâtres, de verdâtres, de gris de lin, de rouges, etc.

Les perles qui ne sont ni rondes ni en forme de poire s'appellent *baroques*. Les belles perles doivent être parfaitement rondes, blanches, rayonnantes, paraissant transparentes sans l'être. La perle ne tient pas à la coquille ; on appelle nœud ou loupe de perle une protubérance que l'ouvrier doit en détacher ; de deux de ces nœuds habilement collés on fait une perle. Les perles se jaunissent par l'usage et le temps, et perdent leur éclat.

Pline donne à la perle avalée par Cléopâtre la valeur d'un province. L'empereur Charles-Quint en perdit une qui était de la grosseur d'un œuf de pigeon.

Dans une église d'Espagne, on a mis à une statue de la Vierge une robe entièrement couverte de perles, de rubis et d'émeraudes.

Clodius Esopus, fameux comédien romain, fit avaler dans un repas une perle à chacun de ses convives. C'est plus coûteux, mais dans le même ordre d'idées, que de faire manger aux gens des légumes et des fruits avant leur maturité, et conséquemment sans saveur, — mais on leur fait manger quelque chose de cher. On a longtemps fait du fard pour les femmes avec de la nacre de perles ; on le vendait fort cher, en l'annonçant comme fait avec des perles. Du reste, c'est la même substance. On a employé également les perles en médecine ; les préparateurs ne manquaient pas de faire la même fraude.

L'ancienne médecine a longtemps fait avaler à ses patients une drogue fort chère intitulée les *Cinq fragments précieux*. C'était de la poudre formée de rubis, de topaze, de saphir, d'émeraude et d'hyacinthe. A-t-on dû avaler de poudre de fausses pierres ! Mais les fausses ont la même action que les fines ; heureux ceux auxquels cela ne faisait pas de mal ! Toutes ces idées saugrenues ne sont pas encore détruites dans les campagnes ; ainsi une plaque de cristal de roche pendue au cou empêche de faire de mauvais songes.

Les oiseaux avalent souvent de petites pierres ; mais celle qu'on trouve dans les hirondelles, la pierre de chilédoine, est merveilleuse pour les maux d'yeux ; il faut dire que les hirondelles doivent aller la chercher sur une roche inaccessible de la montagne de Sassenage, en Dauphiné.

Je ne finirais jamais si je vous disais ici toutes les histoires que le charlatanisme a débitées au sujet des pierres. Je ferai comme pour les pierres précieuses, je ne parlerai que des principales. De toutes ces pierres, celle qui aurait le plus de vertus variées, c'est, sans contredit, celle qu'on trouve dans la tête du dragon. La difficulté est de trouver le dragon. La pierre ostéocolle, ou pierre des rompus, raccommode les fractures quand on l'avale en poudre.

La *crapaudine* se portait au cou contre les maléfices. Quand une femelle d'aigle éprouve des difficultés pour pondre, le mâle va lui chercher aux Indes, le plus vite possible, une certaine pierre qu'il place dans le nid, et la difficulté disparaît. On comprend qu'on a dû vendre de ces pierres aux femmes en couches.

Cette pierre d'aigle ou étite (d'aïtos) ne borne pas là ses vertus. Si vous soupçonnez un homme de vol ou de fraude, invitez-le à dîner; mettez une de ces pierres dans la soupe, il lui sera impossible d'en avaler une cuillerée. On pense aujourd'hui qu'on est encore plus sûr de la chose si en outre votre convive met la cuiller dans sa poche.

Les *bézoards* sont des calculs, ou pierres tirées des animaux. On leur attribuait toutes sortes de vertus, entre autres celle de chasser du corps tout venin. Naturellement, on en fait de faux.

En 1730, on louait encore en Hollande et en Portugal les bézoards un ducat par jour pour les gens qui se croyaient exposés à quelque contagion. On louait la pierre d'aigle, en Allemagne, pour les femmes en couches, à des conditions plus modérées. Ne rions pas : en 1780, on louait, en France, du jade pour guérir la gravelle, et de l'aimant contre la fièvre, et la pierre de limaçon qui, attachée au bras d'un enfant, lui fait percer les dents plus facilement. Est-ce qu'on ne vend pas aujourd'hui des colliers pour ce même usage ? S'il se trouve moins de gens pour acheter et louer ces choses, il s'en trouverait encore pour les vendre. Soyez tranquilles, d'ailleurs, on vous fait croire et payer bien d'autres billevesées que vous achetez avec un enthousiasme unanime; on ne fait que changer de crédulités; cela s'appelle le progrès. Ce ne sont pas les preuves qui manqueraient pour ce que je vous dis là.

Je passe sous silence la pierre de vautour, la pierre de foudre, etc. Un joli bézoard, c'est celui d'un certain serpent appelé *cobra de capellos*, parce qu'il a sur la tête une petite éminence en forme de chapeau. Cette pierre se met sur la plaie envenimée, elle s'y attache fortement et se met à sucer le poison. Quand elle a tout bu, elle tombe. Vous la mettez dans du lait, où elle dégorge le venin, et elle est prête à recommencer. Si vous la mettez sur une plaie non venimeuse, elle n'y adhérera pas.

Il entrait des perles dans l'orviétan. On trouve dans un livre publié, avec privilège du roi Louis XIV, par le chevalier Digby, plusieurs remèdes alors usités. Ainsi, le crâne humain râpé, et la rognure d'ongles d'hommes morts pendus avaient une grande vertu. Il y a encore dans les pharmacies un bocal pour la chair de vipère.

Finissons par la pierre de cerf : ce bézoard est celui qui se ramasse de la façon la plus compliquée.

Quand les cerfs sont trop vieux, ils ont un moyen de se rajeunir : ils n'ont pour cela qu'à manger certains serpents qu'ils connaissent très-bien. Mais ces aliments sont venimeux. Le cerf, après son repas de serpents, va se mettre dans l'eau en gardant la tête dehors; là il lui sort du coin de chaque œil une larme qui ne tarde pas à se durcir, il est sauvé, et il sort de l'eau ; mais, au moment où il touche terre, ses deux larmes pétrifiées tombent, et sont ramassées par des gens qui les ont épiées, etc., etc.

Je ne m'étendrai pas davantage sur les pierres. J'ai voulu seulement réduire la valeur des pierres précieuses à de justes proportions. Résumons :

Les pierres fausses sont du cristal en petits fragments (quartz) fondus et colorés très-vite par les mêmes substances qui colorent lentement dans les mines de cristal de roche (quartz hyalin) avec une grande lenteur.

Les pierres vraies nous sont vendues souvent les unes pour les autres ; les moins chères usurpent le nom et le prix des plus chères.

La taille fait une grande partie de leur éclat. On est sûr d'avoir de vraies pierres fines.

On fait les pierres fausses, aujourd'hui, de façon que beaucoup de bijoutiers s'y tromperaient, et que bien peu de lapidaires les reconnaîtraient à un pied de leurs yeux, aucun lapidaire à cinq pas.

Que les gens très-riches dépensent leur argent à cela, rien de mieux ; mais que d'autres laissent mettre ces choses au nombre des besoins, c'est sottise et folie !

Et remarquez combien les plus pauvres sont toujours dupes ! De même que l'histoire n'a pas besoin d'être vraisemblable, quand le roman y est si nécessairement obligé, les femmes peu riches, qui seraient facilement soupçonnées de pierres fausses, n'oseraient se permettre de s'en servir pour rehausser ou remplacer leur beauté ; tandis que les femmes riches, certaines qu'on ne soupçonnera pas la sincérité de leurs joyaux, ne s'en font aucun scrupule. Je sais de très-bonne part que la clientèle du marchand de pierres factices est dans les gens d'une grande fortune notoire. Aussi, tandis que vous portez modestement de pauvres petits bijoux timides mais *fins*, qui ne peuvent pas plus être soupçonnés que la femme de César, vous êtes exposées à deux choses : d'abord à avoir payé comme fines des pierres relativement fausses, c'est-à-dire une topaze brûlée pour un rubis, ou un *doublet*, ou une pierre aidée, etc., et ensuite, à regarder avec respect, admiration et haine des femmes chargées de pierreries factices, qu'elles portent avec aplomb parce qu'on sait qu'elles peuvent en acheter de vraies.

Un homme qui faisait des affaires avait une femme qui voulait avoir des diamants. Elle avait renouvelé sa demande à l'issue de plusieurs affaires fameuses en leur temps, mais son mari lui avait toujours donné de bonnes raisons pour ajourner l'exécution d'une promesse faite depuis longtemps.

Enfin, un jour, à l'issue de la Bourse, il arrive dans sa chambre :

— Ma chère amie, il y a longtemps que vous avez envie d'une parure de diamants ?

— Oui, mais je n'y compte plus beaucoup.

— Vous vous trompez, le moment est arrivé.

— Ce n'est pas possible !

— Peut-être, mais c'est vrai. J'ai fait hier à la Bourse une perte importante qu'il est nécessaire de cacher.

— Jamais vous ne m'avez donné de si bonnes raisons pour ne pas me donner cette parure.

—. Erreur, voici la parure.

Et il étale les plus gros et les plus éclatants diamants qu'on puisse voir. La femme les retourne, les fait jouer à la lumière, essaye le collier.

— Quelle belle eau !

— Que diriez-vous, ma chère amie, si vous voyiez

ses diamants demain soir parant une autre femme?

— Ce que je dis aujourd'hui : qu'ils sont magnifiques.

— Et de son mari ?

— Que c'est un homme charmant, le meilleur et le plus généreux des maris.

— Et si l'on venait vous dire : « On assure qu'il a fait hier une perte énorme à la Bourse? »

— Ah ! j'y suis... je comprends. Je dirais : C'est impossible ! Il a donné *hier* pour cent mille francs de diamants à sa femme.

— Très-bien. Vous avez une soirée demain ; vous mettrez vos diamants.

Le lendemain, la femme fait au bal une ample moisson d'admiration, d'éloges de ses diamants, — de haine et d'envie des autres femmes.

Le jour suivant, la femme, en parcourant les journaux pendant qu'on la coiffe, s'arrête sur un article où elle reconnaît son mari désigné par de transparentes initiales.

A ce moment, il entre; elle jette le journal sous sa toilette.

— Ma chère amie, est-ce que vous n'avez pas les journaux ?

— Les journaux !... Je ne sais pas... Ah ! oui... je ne les ai pas lus.

— Mais je ne trouve pas celui que je cherche.

— Oh !... il ne sera pas venu... la poste n'en fait jamais d'autres.

— Mais qu'est-ce que vous me dites donc ? Le voici sous votre toilette.

— Ah !... je ne l'avais pas vu. Laissez-moi le lire, je vous le donnerai ensuite.

— Non, je n'ai qu'à jeter les yeux dessus.

— Vous avez tort, mon ami, de lire les journaux... Quelle race que ces journalistes !....

— Que vous ont-ils fait?

— Ah ! je parle en général...

— Voyons... donnez-moi.

— Écoutez... on ne peut empêcher les envieux de crier... promettez-moi une chose...

— Quoi?

— Que vous ne vous fâcherez pas, que vous ne prendrez pas de chagrin... il y a un article...

— Vous disiez que vous ne l'aviez pas lu...

— C'est que... les hommes sont si ridicules quelquefois, avec leur point d'honneur...

— Mais donnez donc !

Il arrache le journal. La femme est pâle, tremblante. Il lit haut :

« Encore un scandale ! encore un de ces loups-cerviers » dont la fortune insolente se forme des dépouilles des » malheureux ! Il paraît que M. *** a fait quelque bon coup, » car hier on a vu sa femme au bal donné par madame C***, » toute couverte de diamants nouveaux de la plus grande » beauté, et auxquels les connaisseurs donnaient un prix » fabuleux. »

— Ah ! mon ami, promettez-moi...

— Je vais remercier l'auteur.

— Vous n'en ferez rien.

— Comment ! c'est un de mes amis !

— Je comprends votre indignation ; mais...

— Mais qui vous parle d'indignation? Je vais le remercier et l'inviter à déjeuner.

— Ah ! c'est plus que je ne vous demandais.

— Pourquoi ?

— Comment ! un homme qui vous insulte !...

— Lui ! c'est mon meilleur camarade.

— Mais cet article ?...

— C'est moi qui l'ai fait ; je n'ai à le remercier que de ce qu'il l'a fait passer dans son journal.

— Ah çà ! je ne comprends plus.

— Ma chère amie, cela va s'éclaircir. Quelle est l'impression qui ressort de cet article ? Supposez qu'il ne s'agisse pas de moi, et que vous lisiez ceci d'un autre : que penseriez-vous de l'homme sur lequel on écrirait ce que je viens de vous lire ?

— Mais... que c'est un coquin...

— Oui, mais un heureux coquin, un coquin qui vient de gagner beaucoup d'argent ; donc le but est atteint. Et que penseriez-vous des diamants ?

— Qu'ils ont été donnés et reçus dans un mauvais moment.

— Ce n'est pas ce que je vous demande... Je vous demande quelle opinion vous auriez des diamants, indépendamment de la circonstance et des personnes ?

— Qu'ils sont magnifiques... jusqu'au scandale !

— Eh bien ! moi, j'ai fait une grosse perte, et vos diamants sont faux.

— Grand Dieu !

— Tranquillisez-vous : ces lignes qui vous ont si fort irritée sont les lettres de noblesse de vos diamants. Personne ne s'avisera jamais de les soupçonner. Chacun de ceux qui liront cet article gardera dans sa mémoire la date de leur apparition, et la preuve sans réplique de leur beauté et de leur finesse. On aime bien mieux dire du mal d'un homme que d'une pierre. Le bien qu'on dira des diamants sera du mal de moi. Avant huit jours, on évaluera vos diamants à cent mille écus, et moi, déclaré scandaleux mais riche coquin, j'aurai retrouvé la confiance un moment ébranlée.

DE QUELQUES JOURNAUX

ET D'UN FONCTIONNAIRE.

Les pages que j'envoie de ma retraite du bord de la mer ont un attrait particulier pour quelques personnes. Ces personnes sont celles qui font un certain commerce littéraire assez singulier.

La librairie est une profession qui consiste à acheter du papier blanc au meilleur marché possible, et à le vendre noirci le plus cher que l'on peut.

La différence est dans la manière de le noircir. — Les uns y tracent leurs propres pensées et leurs inventions ; ce sont les auteurs. Tant mieux pour eux, quand ils n'ont pas, après beaucoup de veilles et de travaux, diminué la valeur intrinsèque du papier blanc. — D'autres, ce sont les libraires, ont deux choses à acheter : le papier blanc d'abord, et les ouvrages des auteurs ensuite, pour noircir ledit papier blanc.

Il est une troisième industrie, qui consiste à noircir le papier blanc sans se fatiguer la cervelle et sans bourse délier, c'est-à-dire à vendre au public les pensées et les imaginations d'autrui, sans autre peine et sans autre dépense que de les prendre.

La Société des gens de lettres est une association qui a pour but de protéger contre cette industrie la propriété littéraire, en les obligeant à payer la denrée, non-seulement qu'ils prennent, mais aussi qu'ils revendent.

Je ne fais pas partie de la Société des gens de lettres; Janin, je crois, est dans la même position ; le si regrettable Balzac s'était également abstenu ; de sorte que ceux qui m'empruntent quelques feuillets n'ont absolument rien à payer pour cela.

On comprend que cela m'attire leur indulgence, et qu'ils me choisissent plus volontiers que les autres pour l'objet de leurs emprunts.

J'ai toujours trouvé à cette situation un assez remarquable avantage, et c'est pourquoi je l'ai conservée.

Les quelques abus que, dans ma carrière littéraire, déjà longue, j'ai pu détruire; les quelques améliorations que j'ai pu amener, n'auraient été détruits ni amenées, si je n'avais lâché mes idées en toute liberté, si je les avais tenues rigoureusement en laisse. En les abandonnant, au contraire, et en laissant à chacun le droit de se les attribuer, j'ai trouvé autant d'appuis et d'associés que j'aurais trouvé d'adversaires et de contradicteurs.

La question à se poser est celle-ci : — Préfère-t-on la vérité et le bien public — aux triomphes de sa propre vanité? Certes, je n'ai pas négligé de satisfaire les appétits de cette vanité, qui est un puissant mobile pour tout artiste, pour tout écrivain ; je suis très-heureux des sympathies qu'ont pu m'acquérir mes ouvrages, et c'est pour moi une joie que je ne cherche pas à dissimuler, lorsque je découvre par hasard un des amis inconnus que je me suis conciliés en leur racontant de loin, au coin de leur feu, quelque histoire gaie ou touchante, ou en leur fournissant, à l'ombre des saules, des formules pour leurs pensées vagues, et leur portant des consolations pour leurs peines secrètes.

Mais il est des vérités au succès desquelles je tiens pour elles-mêmes, — parce que j'aime la vérité comme j'aime la lumière, parce que les esprits s'étiolent dans l'erreur comme les plantes dans l'obscurité.

Ces vérités, quand j'ai pu les saisir et les formuler d'une manière heureuse, c'est-à-dire irréfutable, claire et saisissante, — je les ai exprès perdues, je me les suis laissé voler de dessein prémédité. En effet, on ne peut dire aux gens : « Voici une vérité dont la manifestation me fait beaucoup d'honneur ; faites-moi le plaisir d'employer tous vos efforts pour la répandre, et en même temps pour me glorifier. »

Il est bien plus sûr de dire aux gens : « Voici un pauvre petit enfant, chétif, mal venu, souffreteux, qui va périr de froid et de misère ; vous devriez bien en être le parrain, et lui donner l'autorité de votre nom et la force de votre appui. »

Voici une anecdote à l'appui de ce que j'avance, et pour vous désennuyer :

C'est à Parmentier que l'on doit l'introduction de la pomme de terre comme aliment usuel. Lorsqu'il proposa de récolter ces petits pains tout faits, on le traita de visionnaire. — On aimait bien mieux le blé, qu'il faut moudre, bluter, pétrir, etc.

Il voulait engager les paysans à planter des pommes de

terre, qui, entre autres avantages, ont celui de ne pas exiger une aussi bonne terre que le blé, et de fournir un aliment sain et nutritif à meilleur marché.

Il distribua des pommes de terre pour la semence à ses voisins de campagne ; on les jeta sur le tas de fumier sans consentir à les planter. Il en offrit de toutes venues pour qu'on les mangeât, elles eurent le même sort. Il s'avisa d'un autre expédient, — il fit entourer de palissades un champ de pommes de terre mûres ; il fit annoncer qu'il allait en faire la récolte, et qu'il les vendrait à tel prix.

Puis il fit afficher auprès du champ une défense formelle de franchir les palissades, et des menaces terribles contre ceux qui déroberaient les précieux tubercules. — Il plaça autour du terrain des gardes armés jusqu'aux dents. — Puis, un jour, les gardes ne vinrent pas. — En deux nuits, toutes les pommes de terre furent volées ; en huit jours, elles furent mangées et déclarées excellentes.

De ce moment, la culture des pommes de terre fut établie en France.

Ce n'est pas tout ; — les idées de Parmentier avaient été attaquées avec véhémence ; on avait soutenu que le tubercule qu'il préconisait non-seulement était détestable au goût et nullement nutritif, mais encore que c'était une substance parfaitement vénéneuse. — Les journaux et les écrits de tous genres de ce temps sont remplis de diatribes en ce sens ; alors on appelait le nouveau légume *parmentière*, du nom de son introducteur.

Mais du jour où on rendit justice au tubercule, comme du peu de justice qu'ont les hommes on ne peut faire plusieurs parts, on lui ôta le nom de Parmentier, et on l'appela pomme de terre.

On a élevé récemment une statue à Parmentier dans sa

ville natale. — Ceci est pour la vanité de la ville, qui se reconnaît volontiers solidaire du bienfait. — Mais d'où vient que ce ne soit pas au milieu d'une des places publiques de la capitale que cette statue soit dressée sur une colonne ? — Je ne crois pas que le portrait de Parmentier soit dans les galeries que le roi Louis-Philippe a consacrées, dans le palais de Versailles, à la mémoire de toutes les gloires de la France.—Je déclare que, pour ma part, je ne puis mettre les grands guerriers dont notre histoire fourmille, même ceux qui ont tué et fait tuer le plus grand nombre d'hommes, à côté de Parmentier, qui a doté la France de la culture de ce légume auquel il serait juste de laisser son nom.

J'ai donc, instruit par plusieurs exemples, laissé circuler sans réclamations les cinq ou six idées utiles que j'ai pu rencontrer, me réjouissant de voir à mes enfants le plus grand nombre de pères intéressés à leur fortune. Ma vanité, du reste, n'a fait qu'un crédit plus ou moins long ; les réformes une fois adoptées, les abus une fois renversés, — j'ai crié sur les toits que j'étais le véritable père, et j'ai revendiqué de mon mieux les droits y attachés.

Mais il est cependant des bornes que je suis obligé de mettre à certaines avidités.

Entre autres, l'éditeur d'un recueil — a imaginé cette façon de reproduire les *Guêpes* et de les vendre à ses abonnés.

Il les imprime dans son recueil, en totalité ou en partie, et il les fait suivre d'une note à peu près ainsi conçue :

« On publie de nouveau des drôleries et des pantalonades, sous le titre de *Guêpes*. Ce recueil de cancans de portiers et de coq-à-l'âne a eu, on n'a jamais su pourquoi, quelque succès. — Ça n'a pas grande valeur ; mais cependant, en élaguant toutes les niaiseries, toutes les saugrenuités, toutes les vulgarités, nous avons péniblement extrait du nouveau recueil quelques morceaux bien clair-semés, qui pourront peut-être ne pas trop déplaire à ceux de nos lecteurs qui n'ont pas le goût trop difficile, ou qui aiment à se reposer des choses sérieuses et utiles, et de la littérature honnête, en se permettant, à de longs intervalles, et presque en secret, une lecture futile et sans importance. On a vu Nodier manquer une séance de l'Académie pour regarder le théâtre de Guignol. — Puissent nos lecteurs, plus sévères, nous pardonner de remplir quelques pages de ces babioles, et être bien persuadés que nous partageons au fond leur légitime dédain pour de si petites choses. »

Cette curieuse façon de vendre à son bénéfice la propriété d'autrui a des variétés.

Un autre recueil — prend un chapitre entier de moi sur la civilité, et voici comment il procède : après quelques lignes d'introduction, il dit : — Laissons parler M. Karr, qui, cette fois, par hasard, a assez bien rencontré — deux points, à la ligne ; puis on copie cinq lignes que l'on place entre des guillemets. — Au bout de cinq lignes on continue à copier ; mais on oublie de mettre les guillemets pendant soixante lignes — jusqu'à ce qu'on rencontre quelque chose qui paraît un peu faible ; — à ce moment reparaissent les guillemets avec ces mots : *L'auteur continue ainsi ;* puis on recommence à copier sans guillemets.

Pour terminer d'une manière brillante, après cinq nouvelles lignes de citations avouées, on ajoute de son cru trois ou quatre lignes fâcheuses pour l'auteur cité; « on ne partage pas l'opinion risquée, on n'est pas solidaire des idées excentriques, etc.; » puis on signe le tout. Or, pour le lecteur qui n'est pas prévenu, voici l'impression qui résulte : Sur trois cents lignes qui composent l'article, il attribue deux cent soixante lignes au signataire, trente ou quarante au véritable auteur, celles qui sont entre des guillemets, les plus faibles — et le tour est fait.

―――――

Il m'est arrivé, il y a plusieurs années, quelque chose d'assez amusant dans cet ordre d'idées.

Un fonctionnaire momentané avait un discours à prononcer en public dans une ville de province. — Le hasard nous fit nous rencontrer; après de longs ambages, il m'avoua qu'il était fort embarrassé; il avait la tête fatiguée de préoccupations, d'importunités, etc., — il me pria de lui faire son discours.— Outre le désir naturel d'obliger quelqu'un qui avait recours à moi, cette circonstance m'offrait une occasion favorable de rassurer la ville sur quelques dangers imaginaires. — J'écrivis quelques lignes au bout d'une table, — mon homme trouva le discours parfait; — il essaya de l'apprendre, mais sa mémoire ingrate ou fourbue lui refusa ce léger service, et, le moment arrivé, il prit le parti de le lire — ce qu'il fit avec un assez remarquable succès; seulement il avait ajouté une phrase à mon œuvre. — Sans doute il avait pensé qu'on pouvait savoir que nous avions passé une heure ensemble, que la malignité pourrait deviner la vérité et m'attribuer le morceau d'éloquence; c'est pour repousser d'avance cette imputation qu'il avait ajouté quelques lignes à celles que je lui avais faites ; — ces lignes, ajoutées par lui, contenaient un conseil de se défier de moi, de mes idées, de la petite influence et de la popularité éphémère que je pouvais avoir dans le pays.

Je continue à donner les raisons de la prohibition que je suis forcé de promulguer.

Un romancier dont j'aime beaucoup le talent, et qui est justement placé entre les premiers, — se laissa raconter un jour par une personne de sa connaissance une anecdote assez singulière, que le narrateur prétendait lui être arrivée à lui-même. — Le romancier fit ce que vous auriez fait, ce que j'aurais fait à sa place : il s'empara de l'anecdote et s'en servit pour en faire la première partie d'un de ses romans qu'il publiait dans une revue. — Comme je lis ses ouvrages avec grand plaisir, je ne manquai pas l'occasion de m'offrir ce régal ; — mais je fus surpris et chagriné, en reconnaissant l'idée entière d'un roman appelé *Fa-Dièze*, — publié par moi cinq ou six années auparavant. Je lui écrivis : « Lisez *Fa-Dièze*, publié à telle époque, chez tel libraire. » Il me répondit : « L'idée en effet vous appartient, mais je suis un honnête criminel. » Et il me raconta comment cela s'était fait : — ce que j'avais deviné déjà.

Ceci est le plagiat involontaire, et je suis convaincu que, dans l'édition en volumes qui a été faite de l'ouvrage, l'auteur s'est empressé d'expliquer et de reconnaître la chose.

D'autre part, on a tiré plusieurs pièces de théâtre de différents romans de ma fabrique. — Quelques-unes ont obtenu un grand succès, — grâce surtout sans doute à l'arrangement et aux détails ajoutés et retranchés par les auteurs de ces pièces.

Mais aujourd'hui je trouve à ces emprunts un assez grand inconvénient, — le journalisme devient difficile à pratiquer, — je veux m'essayer au théâtre.

Cette tentative aura au moins un résultat heureux pour moi ; il y a gros à parier que le lendemain de la première représentation de ma première pièce, quelques feuilletons diront : « Ne forçons pas notre talent... Quel mauvais génie a poussé au théâtre, pour y faire de mauvaises pièces, l'auteur de... et de... »

Ma modestie supprime les éloges qui seront alors donnés à mes romans, — c'est-à-dire que l'on fera ce jour-là de mes livres une colonne provisoirement très-élevée pour se donner la joie de m'en précipiter.

Or, je ne peux plus tirer de mes romans les pièces qui en ont été tirées par d'autres. — Je fais donc ici la déclaration de mes intentions, et je prie mes futurs confrères de vouloir bien s'abstenir de tout emprunt de ce genre.

Je sais que je joue aujourd'hui un rôle déplorable ; que j'ai l'air... avare, ce ne serait rien, mais pauvre. — J'ai longtemps hésité, j'ai essayé, comme j'ai été forcé de l'avouer, de recueillir les bénéfices de la démarche, en en laissant l'odieux à un autre, — mais cette tentative astucieuse ayant échoué, j'ai dû prendre mon parti.

Je déclare donc — que, comme par le passé, je ne fais pas partie de la Société des gens de lettres, et que, conséquemment, je ne prétends à aucune rétribution pour les emprunts que l'on voudra bien me faire, mais je demande sérieusement que l'on me consulte en pareille occurrence, c'est-à-dire que l'on emprunte et que l'on ne prenne pas.

UN HÉRITAGE.

Un homme, qui autrefois a occupé dans la diplomatie des postes importants, vient de finir doucement ses jours avec le calme d'une conscience tranquille ;— la veille de sa mort, il a mis en ordre, ficelé, cacheté et étiqueté un certain nombre de papiers ; — deux enveloppes, entre autres, ont été trouvées sous son chevet, soigneusement scellées et cachetées de ses armes. — L'une de ces enveloppes portait le nom de son fils, apprenti diplomate; l'autre, l'adresse et et le nom d'une danseuse qu'il a jusqu'à la fin de sa vie entourée de soins-tournois et d'affections-sterling. Le fils, qui hérite d'une immense fortune, a trouvé avec surprise sous le pli à son adresse cent mille francs en billets de banque. La danseuse a trouvé avec non moins d'étonnement, dans l'enveloppe qui lui a été remise, un petit manuscrit d'une écriture fine, nette et serrée, avec ce titre : « Notes, souve-
» nirs et instructions, recueillis pendant une longue car-
» rière diplomatique et destinés à mon fils. »

La danseuse, après le premier moment de stupéfaction, vit bien que c'était un dernier quiproquo d'un homme qui passait pour en avoir commis plusieurs durant sa vie. — Elle alla, pleine de confiance, trouver le fils du mort, et lui dit :

— Monsieur, une erreur a mis entre mes mains des papiers qui doivent être pour vous bien importants et bien précieux ; les voici. — Vous avez dû, par la même erreur, recevoir un paquet à mon adresse qui m'avait été annoncé par votre père?

L'héritier jeta un coup d'œil rapide sur les papiers qu'on lui présentait, et dit : « Je n'ai que faire de ces papiers, mademoiselle ; rien ne se fait aujourd'hui comme du temps de mon père. — Les conventions, les procédés, les vertus, les vices, l'infamie et l'honneur de ce temps-là ne sont pas plus de service aujourd'hui que ne le seraient les coiffes de ma grand'mère et les boucles de stras de mon bisaïeul. — Il n'y a que des modes en France ; on accuse parfois à tort les Français d'être inconstants en fait d'idées, d'opinions, de principes et de morale. C'est un tort. On n'a pas d'idées, de principes, d'opinions et de morale en France ; — on en porte. Une année les gilets sont trop courts, et les principes très-étroits. — L'année d'après, les gilets sont longs, et la morale trop large. Tout cela se porte et se rejette, se succède, s'oublie et revient. Il serait parfaitement injuste de prendre les Français trop au sérieux et de les juger sévèrement. C'est un peuple élégant, coquet, qui crée des modes et qui en change facilement ; car, sans cela, ce ne serait plus des modes.

» Or, les idées de mon respectable père n'étaient plus à la mode, — je n'en saurais faire aucun usage ; — je vous remercie donc, et ne veux pas vous priver d'un souvenir qui doit vous être cher. »

Cela dit, il pirouetta sur les talons, sortit de son salon, et laissa stupéfiée et atterrée la danseuse, — qui n'eut qu'à s'en aller.

UNE HISTOIRE DE VOLEURS.

L'autre soir, — comme je passais tranquillement dans une rue de la Chaussée-d'Antin, j'entendis de telles clameurs, des cris si désespérés, qu'ils m'auraient paru exagérés, même jetés par quelqu'un qu'on aurait étranglé. — Il est vrai qu'il s'agissait de bien pis que d'être étranglé pour celui qui les poussait. — C'était un épicier auquel un voleur avait pris la moitié d'un pain de sucre. Tous les boutiquiers de la rue sortirent en grande hâte, et, joignant leurs voix à celle du volé, remplirent le quartier des cris : « Au voleur ! » et « Arrêtez-le ! » qui amenèrent en effet l'arrestation du coquin. Et je continuai ma route en roulant dans ma tête diverses réflexions au sujet de ce qui venait de se passer.

On vous fait lire au collége, avec un étonnement de commande, cette loi des Lacédémoniens qui ne punissait que le voleur maladroit qui se laissait prendre. Et je me demandai ce qu'avait cette loi d'extraordinaire, puisqu'elle existe de fait dans tous les temps de l'histoire et dans tous les pays du monde.

Je me rappelai aussi que j'avais vu le matin, dans un grand journal, une longue liste de marchands de diverses denrées condamnés par les tribunaux, la veille, pour vente à faux poids, tromperie sur la qualité de la marchandise, sophistication, etc., etc., — et je me demandai s'il ne se trouvait pas dans cette foule qui criait : « Au voleur ! » avec tant d'acharnement, quelque nom qui figurât sur la liste du journal, — s'il y avait beaucoup de ces boutiquiers justement irrités qui n'eût jamais fait un peu pencher la balance en sa faveur, ou trompé légèrement sur « la qualité de la marchandise vendue, » mêlé de la chicorée au café et du sable à la cassonade, etc.

« Que celui qui est sans péché jette le premier cri ! »

Il est remarquable de voir combien on a peu d'idées nettes. — En général, — voler, — pour presque tout le monde, ce n'est pas seulement prendre pour soi la chose d'autrui, — c'est encore la prendre d'une certaine façon convenue. — On ne voit jamais une horde d'acheteurs poursuivre à travers les rues en criant : « Au voleur ! » le marchand qui leur a vendu une denrée à faux poids ou traîtreusement mélangée. — Non, on lui dit tout au plus, et d'un air timide : — « Il me semble que vous ne me pesez guère bien ; » — ou : — « Dites donc, votre marchandise n'est guère belle. »

Ce n'est pas tout de suite qu'on arrive aux idées simples. Il en est de même dans les opérations de l'esprit et dans celles de la mécanique : on commence par des machines composées et compliquées, et on n'arrive aux machines simples qu'après de longs efforts : c'est une infirmité de l'esprit humain.

Qu'est-ce que le vol ? L'action de s'attribuer injustement la chose d'autrui.

Pourquoi alors ne pas toujours donner au vol le nom de vol ?

Si je prends un morceau de sucre à l'épicier, c'est un vol.

Si l'épicier pèse mal la livre de sucre que je lui achète, et qui est ma chose, il me prend un morceau de sucre ; c'est une « vente à faux poids. »

Si je mets dans la marmite de l'épicier une substance empoisonnée, cela s'appelle empoisonnement.

Si l'épicier me vend sous un autre nom, en mélange, la même substance vénéneuse, — c'est-à-dire s'il m'empoisonne en me volant, cela s'appelle « marchandise sophistiquée. »

Si je prends un livre au libraire, c'est un vol; — si le libraire me prend un livre, c'est une contrefaçon, etc.

Ce ne serait rien, c'est-à-dire ce ne serait que ridicule si la chose ne consistait qu'en synonymes ; — mais, ce qui est grave, c'est que, grâce à ces synonymes, la peine encourue par le vol appelé vol, et la peine imposée au vol appelé vente à faux poids ou contrefaçon, ne sont nullement pareilles ; — il en est de même de l'empoisonnement appelé empoisonnement, et de l'empoisonnement que la justice appelle sophistication et « tromperie sur la nature de la marchandise vendue. »

Un marchand de vin vient cependant d'encourir une peine assez sévère pour avoir, pendant plusieurs années, notablement trempé d'eau le vin vendu à l'hôtel des Invalides pour réconforter ces vieux débris de nos armées. — Sa punition, sévère sous certains rapports, l'est moins cependant que ne l'aurait été la vôtre ou la mienne si nous lui avions volé le vin qu'il donnait en moins à ces pauvres vieux soldats.

Dans le prononcé du jugement, il m'a semblé que les magistrats avaient négligé un détail.

Une grosse amende a été prononcée contre le marchand de vin. Il a été, en outre, condamné à des dommages-intérêts d'une certaine importance. L'amende restera aux caisses de l'État, les dommages-intérêts rentreront dans la caisse de l'hôtel des Invalides ; mais alors, comment réparera-t-on, à l'égard des hôtes de la maison, le désagrément d'avoir bu, pendant plusieurs années, en place de vin, de l'eau plus ou moins rougie? — Comment leur rendra-t-on l'oubli des ennuis, le souvenir de leur gloire, les douces joies que leur aurait donnés le vin pur qui leur était alloué?

— J'aurais voulu, ou que le jugement en ait dit quelque chose, ou que l'administration l'annonçât. — Il me semble que cette amende et ces dommages-intérêts n'auraient fait que leur devoir, en se consacrant à donner chaque matin, tant qu'ils auraient duré, à chaque invalide, un petit verre de fil-en-quatre ou de liqueur des braves, en supplément à la ration ordinaire.

Je me suis ému de la distinction des amendes en général. Un homme vous rencontre dans la rue; il vous donne un coup de bâton sur la tête; vous le citez à comparaître devant les tribunaux. — Il est probable qu'il va être condamné à une amende — à votre profit. — Non pas; au profit de l'État. — L'État a éprouvé, à ce qu'il paraît, bien plus de chagrin que vous du coup de bâton que vous avez reçu, et c'est lui surtout qui a besoin de consolations.

On m'envoie des échantillons de papier que certains détaillants font fabriquer exprès, sous prétexte d'envelopper la marchandise, mais en réalité pour trouver un moyen nouveau de ne pas donner le poids convenu à l'acheteur et payé par lui. Mon correspondant, qui n'observe pas superficiellement, a numéroté ses spécimens de papier.

Ainsi le spécimen 4 — B contient du grès en si grande quantité, qu'on le voit briller à la surface. — Vous comprenez que quand vous enveloppez n'importe quoi avec du papier, et que, par une industrie ingénieuse, ce papier est, en réalité, un morceau de pavé, vous pouvez faire une notable économie sur la quantité de marchandises à livrer à l'acheteur.

Le modèle 2—C a la consistance du carton.

Le sac 3—D est un sac formé de papier moins épais, mais, sous prétexte de le coller, on se rattrape en le doublant sur la moitié de son étendue.

Le modèle 4—A pèse *sec* treize grammes, mais humide, et on n'est pas assez bête pour ne pas le tenir à la cave, son poids monte à dix-huit grammes, lesquels forment juste le septième du poids de la marchandise vendue, attendu qu'il enveloppait cent vingt-cinq grammes de fromage acheté par mon correspondant. Ces procédés, pratiqués sur une certaine échelle, ajoutent aux bénéfices avoués un sou sur sept, c'est-à-dire mille francs sur sept mille francs. —Sans parler des tromperies accessoires sur la qualité de la marchandise et les mélanges plus ou moins dangereux. — Non, certes, je ne cesserai pas cette guerre, faite au bénéfice des gens les plus nécessiteux, qui sont naturellement les victimes sans défense des détaillants de mauvaise foi.

D'UNE CHOSE ROYALE.

Il est probable que les premiers hommes qui ont été pris pour chefs des nations ont été ceux qui ont délivré leurs compagnons de quelque horrible danger, — tels que le sanglier d'Erymanthe, quelque hydre du dragon enjolivé par les terreurs de l'imagination. Je sais qu'il est à ce sujet d'autres théories, et qu'on pourrait établir que les nations se sont souvent donné des maîtres en retour du mal qu'elles avaient reçu de ceux qu'elles élevaient au pouvoir ; on pourrait m'objecter que j'ai moi-même écrit à ce sujet : « Aime bien qui est bien châtié ; » mais, pour le besoin de ma cause, j'adopte pour aujourd'hui la première version. Eh bien ! la chasse, la grande chasse, est réputée un plaisir royal, puisqu'on la désignait ainsi par excellence, et que dans le procès-verbal de la pendaison de plus d'un braconnier, on pourrait lire : « Pour avoir chassé sur les plaisirs du roi. » La chasse devrait être l'image et le souvenir de ces premiers services que je suppose avoir été rendus aux hommes par leurs premiers chefs. Ainsi, quand un roi s'avisait de chasser, il eût été, ce me semble, très-raisonnable que sa chasse eût pour but et pour résultat la destruction de quelques animaux nuisibles et dangereux.

Loin de là, l'animal qui est le sujet habituel et exclusif d'une chasse royale, est le plus beau, le plus gracieux, le plus léger et le plus amoureux des habitants des forêts ; — ce n'est qu'à la fin de la chasse que, exténué, haletant, le cerf essaye d'opposer aux chiens une résistance sans aucunes chances favorables pour lui ; car, si cette résistance dépasse la durée ordinaire, on le dépêche d'un coup de couteau ou d'un coup de fusil.

On ne laisse au cerf aucune égalité dans la lutte ; ce n'est pas un combat entre le chasseur et le cerf, puisque le chasseur ne l'attaque que lorsqu'il est accablé et près de sa fin, et chargé de grappes de chiens ; — ce n'est pas non plus un combat entre les chiens et l'hôte des forêts ; — car il est attaqué successivement par des relais de chiens nouveaux et frais, à mesure qu'il fatigue les premiers. C'est une chasse sans utilité pour personne et sans danger pour le chasseur, qui me fait simplement l'effet d'un boucher prétentieux.

Je trouverais beaucoup plus royal, — dans le sens favorable du mot, car il a d'autres sens, — une chasse aux loups, aux ours, aux renards, aux sangliers, etc., une chasse après laquelle une contrée serait délivrée d'animaux dangereux, une chasse qui serait un bienfait, et qui, en même temps, exigerait du chasseur du courage et du dévouement, et l'exposerait à quelques honorables dangers.

Je n'ai pas voulu parler de la chasse à tir, — de celle qui, faite par des gens auxquels des gardes donnent successivement des fusils chargés d'avance; de celle qui a pour résultat des montagnes de lièvres, de perdrix, traqués et réunis sous les coups faciles des tueurs; je n'ai voulu traiter que la grande chasse, celle dont on a fait une science, celle dont on dit qu'elle est « l'image de la guerre. » D'abord, à quoi bon nous présenter l'image de la guerre? Est-ce donc une si belle et si heureuse chose, qu'il faille se consoler de son absence par la représentation? Quand les imbéciles humains comprendront-ils combien le plus illustre conquérant est au-dessous de la vieille femme qui fait de la charpie dans un coin?

Mais, en outre, il n'est pas exact de dire que la chasse du cerf est l'image de la guerre, — à moins qu'on n'entende parler de la guerre telle qu'elle se pratique au Cirque-Olympique, — guerre dont les péripéties sont convenues d'avance, et dont le résultat n'est jamais douteux.

Au lieu de lire dans le récit d'une chasse : « Le cerf s'est mis à l'eau à tel endroit, il a fait tête aux chiens à tel autre; — M. ***, capitaine des chasses, lui a tiré un coup de carabine, et on a fait la curée aux flambeaux, etc.; tels beaux messieurs et telles belles dames suivaient en calèche, etc.; » si, dis-je, on lisait : « Des loups ayant été signalés dans telle forêt, après une chasse fatigante et dangereuse, on en a détruit plusieurs, » j'affirme que cela serait, à mon gré, infiniment plus royal, toujours dans le sens favorable du mot, bien entendu.

VANITÉ.

On comprend la vanité des vêtements dans certains cas : le Mohican, vêtu d'une ceinture faite de chevelures de ses ennemis tués et scalpés ; Hercule, couvert de la peau du lion de Némée, qu'il a étouffé ; Apollon, orné des écailles du serpent Python, mort sous ses flèches, peuvent s'enorgueillir de ces trophées. — Mais qu'un élégant de nos jours, vêtu de la dépouille d'un bélier innocent, ou d'un ver à soie qui ne lui a pas résisté, marche la tête haute et regarde les autres hommes avec dédain, c'est ce qui m'étonne toujours un peu.

DÉFENSE DE MES HARDES.

J'étais ces jours derniers en Belgique. — J'y ai vu beaucoup de belles choses, et j'y ai reçu une très-cordiale hospitalité. La Belgique est connue par de nombreux récits. — En conséquence, vous n'avez nullement à craindre que je vous raconte mon voyage. — Je rappellerai seulement deux choses. A Gand, dans une église, j'ai découvert une sainte dont je n'avais jamais entendu parler ; son portrait est placé au-dessus d'un tronc ; la sainte s'appelle *Ayaya*.

— Elle a pour état et pour fonctions de faire gagner les procès aux plaideurs qui déposent dans le tronc qui est à ses pieds, des offrandes convenables.—Elle est représentée, sur le tableau, entourée de sacs à procédures, et de papiers timbrés, assignations, déboutés, commandements, — jugements, — procès-verbaux de saisie et de carence, etc.— J'avais vu souvent des saints représentés avec les instruments de leur martyre; le peintre ingénieux a préféré entourer sainte Ayaya des instruments de martyre de ceux qui ont recours à son intervention; de même que le nom de la sainte semble un mot imitatif des doléances des plaideurs. Je suppose que si deux adversaires recommandent également leur affaire à la sainte, c'est celui qui dépose l'offrande la plus forte qui gagne le procès.

Dans cette même ville de Gand, on m'avait mené voir un très-beau Cercle nouvellement bâti. — Je fus abordé à la fois par deux personnes : l'une me priait très-gracieusement d'écrire mon nom sur le registre des membres du Cercle. — C'était l'un des fondateurs. — L'autre, c'était un surveillant, me priait de déguerpir au plus vite, parce qu'on n'admet pas dans le Cercle des *individus* en casquette ; je fis droit à la fois aux deux demandes, en écrivant sur le livre : — « *A. K., renvoyé du Cercle parce qu'il avait une casquette.* »

Mes amis espèrent que cette leçon me profitera, et me fera apporter à ma parure une attention sévère et soutenue; ils fondent surtout leur espérance sur ceci, que ladite leçon avait été, à la fin de cet été, précédée d'une autre avanie pour le même sujet. Le conseil municipal d'une ville maritime, que je ne me soucie pas de nommer ici, a déclaré que j'étais généralement trop mal mis pour qu'on pût m'inviter à une fête littéraire que la ville donnait en l'honneur de deux illustres morts.

Si je relate ces deux faits ici, c'est que je veux saisir une occasion de protester contre la coïncidence qui me donnerait, aux yeux des gens qui ne me connaissent pas, un air de Diogène ou de Chodruc-Duclos.

La plupart des gens ont de singulières idées sur ce qu'ils appellent : *être* bien ou mal mis.

Si on parlait raisonnablement, être bien mis voudrait dire avoir des vêtements propres, bien faits, élégants ou sévères, riches ou simples, selon la fortune, la profession, l'âge et le caractère de celui qui les porte. Il faudrait y ajouter aussi des considérations de saison et de pays. A ce point de vue, ma casquette, à Gand, ne constituait pas un homme mal mis, attendu qu'un chapeau n'est pas commode en voyage, et que ma casquette était toute neuve, et faite de velours noir ; à coup sûr, elle était plus agréable aux yeux que les chapeaux des membres du Cercle, et elle avait la valeur d'une douzaine d'entre eux.

A ce point de vue également, je n'étais pas mal mis dans la sus-non-dite ville maritime, par cela que, dans l'exercice de la pêche sur mon canot, je n'ai pas un chapeau de soie, un habit noir, des souliers vernis, et des gants paille : ce qui serait aussi ridicule qu'incommode.

Mais la plupart des gens entendent par ces mots : *être bien mis*, — être déguisé en quelqu'un de plus riche que soi ; être mis « comme tout le monde, » c'est-à-dire le pauvre comme le riche, l'ouvrier comme le magistrat, le marin comme le négociant ; — c'est-à-dire que l'ouvrier, qui est souvent toute la semaine un beau garçon, fort, gile, souple, bien découplé avec sa veste de travail, devient, le dimanche, à force de privations, une parodie du bourgeois; ridicule, gêné, engoncé, maladroit, gauche, mal bâti en apparence, avec sa longue redingote et son chapeau qui lui fait mal à la tête; lesquels redingote et chapeau, qu'il ne met qu'une fois par semaine, tandis que le bourgeois met les siens tous les jours, lui durent huit fois autant, c'est-à-dire, ne sont pas à la mode pendant sept ans sur huit.

On a conquis en France « l'égalité de dépenses; » il serait effrayant d'énumérer les désordres qu'amène la nécessité de « l'égalité de recettes, » qui en est la conséquence; le superflu est devenu si nécessaire, que, pour le conquérir, beaucoup de gens traitent le nécessaire en superflu, et que d'autres, abandonnant les routes frayées et les métiers corrects, demandent aux jeux et à l'agiotage des ressources aléatoires que les professions libérales, utiles et normales, ne leur offriraient pas.

Les exemples sont assez quotidiens, assez présents, pour que je n'aie pas besoin de les signaler.

Une des conséquences de cet état de choses est celle-ci : — un officier, un magistrat, un fonctionnaire public, occupent, sous le rapport du revenu, des dépenses et de la représentation, des positions relativement inférieures, et sont pauvres dans une société où il devient de plus en plus rare d'obtenir de la considération en n'étant pas riche. Cette situation est absurde et immorale.

Le mieux serait de lutter contre cette tendance qui met le hasard à la place du travail, le jeu à la place des professions; mais, faute de ce mieux, il y a deux expédients assez faciles à employer comme palliatifs; le premier est d'affecter un costume aux magistrats et aux fonctionnaires.

— Cela avait lieu autrefois et on y revient. Les professions libérales auraient grand intérêt à adopter également un costume exclusif. On peut voir l'avantage de cet usage dans l'armée : un officier avec un seul habit qu'il use jusqu'à la corde n'est jamais « mal mis. »

Le second expédient est à la disposition des gens riches. Au lieu d'affecter cette simplicité coûteuse, ce luxe sans éclat, — qu'il est facile d'imiter, — ils n'auraient qu'à adopter un luxe plus franc, que les autres classes ne pourraient ni atteindre ni surtout contrefaire. Un habit noir, des bottes vernies, des gants couleur de paille, ne sont pas au-dessus des efforts et des espérances de tout le monde; mais, si les gens riches portaient, comme à d'autres époques, des habits et des souliers de velours, il y aurait impossibilité de faire comme eux, et on en prendrait son parti. — La première paire de souliers de velours coûterait quatre ou cinq mille francs, parce qu'il faudrait acheter le même jour une voiture et des chevaux. — Ne pouvant se déguiser en gens riches, les membres des classes modestes renonceraient à ce coûteux carnaval qui ne trompe que les masques, et adopteraient des costumes conformes à leurs ressources. — Aucune femme ne s'avise de désirer des étoiles pour pendants d'oreilles, mais descendez les étoiles jusqu'à la cime des peupliers, et elles deviendront quelque chose de nécessaire et dont on ne pourra se passer.

Ainsi, les gants jaunes coûtent trois francs cinquante centimes quand ils sont faits de certaine façon et achetés dans certaines boutiques. mais on en trouve aussi pour vingt-neuf sous dans d'autres boutiques. Les petites voitures à deux francs l'heure imitent dans la même proportion les voitures bourgeoises. Il en est de même de mille choses.

Supposez, au lieu de ces coupés, les anciens carrosses.
— Il me revient à la mémoire la description d'un vis-à-vis qu'on fit en 177... pour madame Dubarry : — tout l'extérieur de la voiture était doré, et le centre des panneaux était occupé par des peintures précieuses. — Les sujets en étaient d'un goût discutable : — c'étaient des corbeilles de roses avec des colombes qui s'entre-becquetaient amoureusement; des cœurs percés de flèches ; en un mot, tous les attributs de la déesse de Cnide et de Paphos ; — mais la question de goût est peu importante ici ; — les roues, le siége du cocher, étaient faits par d'habiles sculpteurs, et étaient des objets d'art.

Puisque le tabac est devenu un besoin, au lieu du piètre luxe de vos cigares à vingt-cinq centimes, qu'imitent pour les yeux les cigares les plus communs, ayez des pipes précieuses, avec de riches bouquins d'ambre et des pierreries, etc., etc., et vous obtiendrez un double résultat. — Le luxe des vrais riches produit l'aisance du pauvre ; — et il découragera une foule innombrable de niais vaniteux, qui, ne pouvant plus paraître riches au moyen des petits coupés à deux francs, des gants à vingt-neuf sous et des cigares à dix centimes, prendront leur parti et cesseront d'être pauvres volontaires et ridicules.

COMÉDIENS ET CORDELIERS.

J'ai vu, un de ces jours derniers encore, dans un journal, je ne sais quelles difficultés de la part d'un curé, relativement à l'enterrement d'un comédien. Certes, aujourd'hui, les comédiens, s'ils n'ont pas gagné sous le rapport de l'art, ont singulièrement progressé sous celui de la *respectabilité*, comme disent les Anglais. Ils sont mariés, pères de famille, rentiers, etc. Il est bizarre de voir l'Église leur montrer une sévérité pareille, surtout si l'on consulte certains documents consignés dans des recueils anciens, où l'on voit qu'il y a des accommodements avec l'enfer, comme on prétend qu'il y en a avec le ciel.

Dans les commencements du Théâtre-Français, les comédiens donnaient chaque mois des secours à certaines communautés religieuses. Les capucins reçurent les premiers cette aumône ; les comédiens reçurent le placet suivant des cordeliers :

« Messieurs,

» Les Pères cordeliers vous supplient très-humblement
» d'avoir la bonté de les mettre au nombre des pauvres re-
» ligieux à qui vous faites la charité. L'honneur qu'ils ont
» d'être vos voisins leur fait espérer que vous leur accor-
» derez l'effet de leurs prières, qu'ils redoublent envers le
» Seigneur, pour la prospérité de votre chère compagnie. »

AUTRE HISTOIRE DE VOLEURS.

Il y a une guerre que les *Guêpes* ont faite pendant dix ans, et qui a amené quelques résultats. On surveille et punit avec plus de sollicitude et de sévérité qu'autrefois les marchands qui vendent à faux poids, ou qui vendent des marchandises *sophistiquées*. Ce n'est pas encore assez. On n'obtiendra de résultats satisfaisants que lorsqu'on aura renoncé à une puérile et injuste distinction, et à ces mots :

Vente à faux poids et *Marchandises sophistiquées*. — Tant qu'on n'aura pas dit : « Le marchand qui vole l'acheteur est dans le même cas que l'acheteur qui vole le marchand ; l'épicier qui empoisonne un chaland est aussi coupable que le chaland qui empoisonnerait l'épicier ; le marchand qui vole est un voleur, — le marchand qui empoisonne est un empoisonneur, il est poursuivi et puni comme tel. » Il n'y a rien à répondre à cela, et aussi on n'y répond pas. Le bon sens est un coin qui doit toujours entrer par le gros bout... On continue à mettre une inégalité énorme entre la répression d'un seul et même crime, selon qu'il est commis par l'acheteur ou par le marchand.

Les *Guêpes* ont signalé bien des fraudes en tous genres. Je viens, par hasard, d'en découvrir une assez ingénieuse. Il s'agit des bougies. On a imaginé, il y a déjà longtemps, de vendre la livre de bougie à très-bon marché, en diminuant le poids en même temps que le prix, et aux reproches certains marchands répondent imperturbablement : « La livre de bougie n'a que douze onces. »

Mais ce n'est pas de cela qu'il s'agit. Il paraît que la bougie dite de l'Étoile est la meilleure ; elle est en même temps un peu plus chère que les autres ; naturellement, on s'est occupé de vendre les autres bougies comme bougie de l'Étoile. — Pour cela, on déchire, *par accident*, une partie de l'étiquette de la bougie quelconque que l'on veut substituer à celle de l'Étoile et il reste : « Bougie de..... » Et on la vend comme bougie de l'Étoile.

— Tiens ! vous voilà à Paris.
— Oui, je viens travailler...

— On ne travaille plus ; on joue à la Bourse.
— Je voudrais savoir un peu ce qui se passe ?
— Tout va bien... le Nord est en hausse.
— Mais...
— Personne ne s'occupe de cela.
— Et...
— Qu'est-ce que ça fait ? Il s'agit de gagner de l'argent. Il n'y a que l'argent...

— Ça a toujours été un peu comme ça. — Mais on ne le disait pas si haut ; on ne s'en vantait pas.

Aujourd'hui, il n'y a même plus d'hypocrites.

Il serait très-bizarre de prendre au mot les professeurs de morale et les débitants de vertu. — Ils ne comprennent pas que les vices contre lesquels ils vendent tant de phrases sont inhérents à la société. Comptez combien de gens mourraient de faim d'ici à une semaine si on supprimait d'un trait de plume les sept péchés capitaux,—à commencer par ceux dont l'état est de débiter des invectives contre eux. — Réprimons les vices, je le veux bien ; mais alors renonçons au luxe, aux grandes villes, aux capitales, rasons Paris, — et retournons aux glands des forêts.

FIN DES CHANTEURS.

J'ai entendu un peu de musique par ces derniers temps, — et j'ai fait quelques observations. — La première, c'est celle-ci : La musique tend de plus en plus à être remplacée par du bruit, la puissance de l'orchestre est de plus en plus formidable, et on a l'air de ne pas s'apercevoir d'une chose qui est cependant inévitable et indiscutable, — à savoir : qu'il n'y aura bientôt plus de chanteurs possibles.

Autrefois, le chant était le principal, — l'orchestre l'accessoire. — Les instruments se groupaient autour de la voix humaine et l'accompagnaient. — Aujourd'hui la voix du chanteur n'est plus qu'un des instruments de l'orchestre, quelque chose qui a la valeur, tantôt de la petite flûte, tantôt du triangle. — Or, nous n'en resterons pas là ; bien plus, nous n'en sommes déjà plus là : on a augmenté d'abord le nombre, ensuite la puissance des instruments fabriqués de main d'homme ; mais la voix humaine est restée stationnaire. — Les efforts que fait un chanteur l'usent en trois ans.—Nous jouissons quelques mois d'une belle voix, et ensuite nous payons chèrement ce plaisir en assistant à sa ruine pendant plusieurs années ; si bien que, si nous faisons le bilan de tout chanteur célèbre qui se retire, il nous a donné plus de sensations pénibles que de sensations agréables.

Il faut donc aujourd'hui, si l'on veut continuer le même système, donner à nos chanteurs le masque des comédiens antiques, qui grossissait la voix et lui permettait de remplir les vastes amphithéâtres des Romains,—ou bien renoncer à la voix humaine, et faire des chanteurs de bois ou de cuivre, qui, eux, pourront suivre les progrès et la puissance nouvelle des autres instruments.

C'était cependant une belle musique que la voix humaine. J'ai éprouvé vivement cet ex-plaisir en entendant à l'Opéra, dans *Moïse*, le chanteur Morelli. Depuis Duprez surtout, nous sommes accoutumés à la pénible sensation d'entendre les chanteurs donner un peu plus de voix qu'ils n'en ont, et vomir avec effort des notes douloureuses cruellement arrachées de leurs entrailles. Il est fort agréable d'entendre Morelli, avec la conviction qu'il ne va pas tout à fait au bout de sa voix, et que le chant est pour lui un art et non un supplice, comme celui que s'imposent les faquirs, qui, pour attirer l'admiration et les aumônes, s'assoient à nu sur des clous, au milieu des places publiques, et se font sur les bras des incisions avec des couteaux.

Une seconde observation que j'ai faite, c'est sur l'injustice de la critique que font les littérateurs de tous les poëmes d'opéra : ils exigent que la poésie des libretti soit de la vraie poésie, qu'elle soit neuve, correcte, élevée, etc., etc.

Pourquoi, d'abord, ferait-on des paroles avec tant de soin, puisque, loin que le public les entende, ce n'est que par intervalles qu'il entend même les voix ? Mais il est une autre objection à faire à ces sévères critiques : — La belle poésie est une musique elle-même, et n'a pas besoin de musicien. Quelque modéré que fût l'orchestre, quelque nettes que fussent les voix, quelque soigneux que fussent les chanteurs, on perdrait toujours quelque chose des paroles ; ce qu'on n'entendrait pas rendrait impossible à comprendre ce qu'on entendrait. Donc, il faut éviter, dans un poëme destiné à être mis en musique, non-seulement les pensées subtiles et recherchées, et les mots peu usités, mais même les pensées fines et neuves. Il faut faire en sorte qu'une syllabe qu'on entend fasse deviner la fin du mot ; qu'un membre de phrase que l'orchestre laisse entendre livre facilement à l'esprit le reste de la phrase que l'orchestre écrase. Il est donc indispensable, pour que le spectateur puisse suivre un opéra, qu'il n'y soit question que de pensées ordinaires, connues et usitées. De là, on arriverait à dire : « Mais, si on ne faisait pas de paroles pour la musique? » Pour ma part, cela me serait bien égal. Vous voyez, du reste, que les Italiens ne s'en gênent guère, et que, dans la liste des sujets qui appartiennent à la troupe, ils placent le poëte après tous les chanteurs, entre le troisième régisseur et le lampiste, et qu'ils ne mettent sur l'affiche que le nom du musicien.

UN BON AVIS.

Le hasard m'a fait quitter Paris quelques jours avant le 1ᵉʳ janvier. — Je suis revenu seulement le 3 ou le 4 du même mois. — Certes, il n'est pas désagréable d'éviter cet aspect affligeant d'une grande cité au moment des *étrennes*, — c'est-à-dire au moment où l'on ne voit plus autour de soi que des mendiants, au moment où l'expression de l'amitié, où les vœux pour votre bonheur, vous grincent désagréablement aux oreilles sans arriver au cœur, et n'ont pour but que de vous dévaliser; où, surtout, l'homme le plus généreux est tristement obligé de faire des calculs d'avare, et d'imaginer des expédients de pingre. Mais ce régal d'une absence de quatre ou cinq jours, à cette époque, est fort cher, et je crois devoir en avertir ceux qui, par hasard ou autrement, tomberaient dans la même erreur que moi.

A peine êtes-vous revenus, que vos portiers vous accueillent d'un air froid; les garçons du cabaret où vous mangez d'ordinaire ne peuvent dissimuler leur inquiétude; — vos connaissances vous félicitent de l'*esprit* avec lequel vous vous êtes dérobés aux *ennuis* et aux *corvées* du premier jour de l'an.

Tout cela, air froid des portiers, anxiété des garçons, et surtout compliments et félicitations de vos connaissances, veut dire : avare, pingre, ladre et voleur.

Et alors, vous êtes obligés de prouver et d'établir, non par des raisons, non par la discussion, mais par des faits, que ce n'est pas par économie, avarice et ladrerie, que vous vous êtes absentés ; — et il vous faut, de toute nécessité, augmenter le chiffre de la somme que vous consacrez d'ordinaire aux étrennes.—Consultez donc vos moyens et votre bourse avant de vous permettre la fantaisie de vous absenter pendant les derniers jours de décembre, et les premiers jours de janvier.—Je vous donne cet avis pour vos étrennes.

SE TAIRE.

Une caricature de Charlet, je crois, représente un sergent avec cet air de gravité sévère particulier aux vieux soldats, en parlant de passe-poils et d'ornements, pour lesquels ils ont une coquetterie tout à fait féminine. — Ce sergent dit à une recrue : « L'immobilité est le plus beau mouvement de l'exercice. » Je dirai avec autant de raison que ce sergent, dussé-je faire sourire comme lui : « que ce qu'il y a de plus important dans la conversation, c'est peut-être le silence. » En effet, savoir se taire à propos équivaut à l'attention de ne pas jeter un pot de fleur par la fenêtre dans une rue fréquentée ; mais, ce que je veux signaler surtout, c'est la rareté des gens qui savent écouter. Je sais telle personne que j'ai vue tous les jours pendant douze ans, et qui, grâce à une charmante vivacité d'esprit, ne m'a jamais laissé terminer une phrase. — Les personnes de ce caractère croient qu'elles devinent aux premiers mots ce que vous voulez dire ; alors, sans attendre plus longtemps, elles vous coupent la parole, et répondent avec ardeur et véhémence à ce que vous n'avez ni dit, ni voulu dire, ni pensé.

Il serait bon de se mettre dans l'esprit la vérité que voici :

Supposez que vous puissiez renfermer et condenser dans une seule phrase tout l'esprit de Voltaire et celui de Montesquieu et de Diderot, l'éloquence de Rousseau, la netteté concise de la Rochefoucauld, la gaieté franche et la profonde sagesse de Rabelais, la raison de Molière, etc., etc., etc.

Eh bien ! soyez sûr que cette phrase, même ainsi construite, ne fera jamais, à celui que vous interromprez pour la placer, autant de plaisir que vous lui en auriez fait en vous abstenant de l'interrompre.

Un autre, pendant que vous lui parlez, se préoccupe du soin de vous faire une réponse très-spirituelle ; il se livre au bruit vague de votre voix, à des méditations à ce sujet ; il est rêveur, son œil semble chercher au dedans de lui-même des aperçus neufs et délicats ; une toute petite partie de son attention est consacrée à vous suivre, et sa réponse se ressentira de sa préoccupation ; elle sera ingénieuse, spirituelle, mais incohérente.

Je ne parle pas de ceux qui, incapables d'une attention soutenue, vous regardent d'un air assoupi et hébété, en souriant de temps à autre à contre-temps, et hors de propos.

Ce n'était pas un compliment sans portée que celui qu'on faisait en disant d'un homme : « Il a un grand talent pour le silence. »

LES CARTES DE VISITE.

Il est tout simple de laisser sa carte chez un ami que l'on ne rencontre pas, pour que le portier ou les domestiques n'oublient pas de dire que vous êtes venu; mais envoyer sa carte par un délégué, au lieu de témoigner d'une attention ou d'une intention, ne peut, en bonne logique, qu'affirmer que vous êtes très-décidé à ne pas vous déranger pour aller voir les gens. En effet, il est possible que l'on ait le désir très-réel et très-vif d'aller voir quelqu'un, et qu'on en soit empêché pendant des semaines et des mois. — Je ne suis pas un des hommes les plus faibles, quoique je ne sois guère fort; — eh bien! j'ai fait dans toute ma vie trois ou quatre fois ce que j'ai voulu. — Ce retard, au besoin, ne prouve rien contre l'amitié; mais l'envoi d'une carte, par un mercenaire, établit incontestablement que vous êtes résolu à ne pas faire de visites. — Ces cartes pourraient s'appeler des cartes de non-visites.

Cela ressemble à cet usage ancien qu'avaient les rois d'envoyer une voiture vide à l'enterrement d'un de leurs fidèles serviteurs, dont ils voulaient ainsi honorer la mémoire. — Si tous les amis d'un mort, qui, lui, ne peut se faire remplacer par un cercueil vide, suivaient cet exemple, cela donnerait aux enterrements une gaieté qui leur manque trop souvent. — En effet, si vous envoyez votre voiture, moi j'enverrai mes bottes, et je vous défie de me prouver que ce ne serait pas exactement la même chose.

DE LA MODESTIE.

Une belle invention, c'est la modestie. Je parle de celle qu'on impose aux autres.

Cette invention est due à des gens qui, sûrs de ne commettre jamais ni une bonne ni une belle action, ni un bon ouvrage, voudraient cacher ce que les autres peuvent faire de bien ; de même que quelques femmes qui avaient de gros vilains pieds ont imaginé, il y a quelques années, les robes trop longues qui cachaient à la fois et leurs susdits gros vilains pieds, et les pieds étroits et cambrés des autres femmes. Les envieux égoïstes s'efforcent d'étouffer et de cacher le bien fait par autrui ; mais ils se sont dit : « Nous n'en viendrons jamais à bout si ces gens-là ne nous aident pas ; il faut leur persuader qu'il vaut mieux ne pas donner de pain à un pauvre que de laisser voir qu'on lui en donne. — Il faut leur faire croire que celui qui regarde un homme se noyer est infiniment au-dessus de celui qui risque sa vie pour le sauver, mais qui ne réussit pas à cacher son action comme on cache un crime. Bien plus, s'il s'avise d'en parler, il faut dire que, non-seulement il a gâté son action, mais qu'il est couvert de ridicule ; il faut établir que, de toutes les belles actions, la plus belle est sans contredit de cacher son mérite. Or, ceci établi, personne ne cachera aussi complétement ses bonnes actions que celui qui n'en fait pas ; de même que la cheminée qui le plus sûrement ne fume pas est celle où on ne fait pas de feu. Il résultera que les susdits envieux égoïstes prendront naturellement rang au-dessus des autres. Notez que ces honnêtes gens partagent l'infirmité commune de l'humanité ;

ils ne sont pas non plus exempts de vanité, — seulement, ils sont fiers d'avoir des bottes vernies ou des gants jaunes, d'avoir des cheveux frisés ou séparés au milieu du front par une raie correcte, ou d'ajouter à leur nom un petit *de* clandestin, et qu'ils ne pardonnent ni à un poëte, ni à un soldat d'être fiers d'un beau livre ou d'un trait de courage.

Je me rappelle, au sujet de la modestie, ce passage d'une oraison funèbre :

« ... Et, messieurs, si vous ne voyez pas ici une foule de pauvres, dont sans doute le défunt prenait soin, c'est que, conformément au précepte, sa main gauche ignorait ce que faisait sa main droite, et qu'il leur cachait ses bienfaits probables. »

Sérieusement, puisqu'il faut que l'homme ait des jouissances de vanité, à ce point qu'on s'en fait une même de ne rien faire de bien; puisque c'est une excitation donnée à l'homme, pour lui faire exécuter un certain nombre de corvées utiles, j'aime mieux la vanité qui porte un homme à partager son bien avec les pauvres, et à leur distribuer des soupes, que celle qui consiste à mettre son chapeau sur l'oreille pour avoir l'air formidable. — J'aime mieux la vanité qui jette un homme dans les flammes pour en retirer un autre homme que celle qui se contente de tenir adroitement un lorgnon entre l'œil et le nez.

LE PAIN QUOTIDIEN.

Lorsque, le matin, un archevêque et son jardinier récitent tous deux leur prière, ils la font l'un et l'autre dans les termes consacrés. Tous deux disent à Dieu : « *Donnez-*

nous aujourd'hui notre pain quotidien. » Je suis convaincu que l'archevêque saurait très-mauvais gré à Dieu de traduire de la même façon cette seule et même phrase, qu'il entend de l'une et l'autre oreille.

En effet, le jardinier parle au propre et sans figure : ce qu'il demande à Dieu, c'est, en réalité, une quantité de pain bis suffisante pour appâter lui et sa famille ; tandis que monseigneur entend par le pain quotidien qu'il espère de la bonté divine : — un potage aux bisques d'écrevisses, — une truite du lac Léman, et un faisan truffé, pour le moins ; — car, si la truite n'est pas saumonnée, il serait tenté de dire du souverain Maître ce qu'en disait Louis XIV au moment de ses désastres : « Comme Dieu me traite ! après ce que j'ai fait pour lui ! »

L'HONNEUR EN 1853.

En arrivant à Paris, — après une absence de plus d'un an, — j'ai dû demander des nouvelles de beaucoup de choses et de beaucoup de gens. — Ce qui m'a le plus frappé en recevant ces nouvelles, ç'a été l'accroissement de l'indulgence que presque tout le monde a montrée en parlant des autres ; cette indulgence se formulait généralement ainsi : « Il n'a pu faire autrement. »

Ainsi : — Est-il vrai, demandai-je, que M*** a fait telle infamie ? — A*** telle platitude ? — C*** telle coquinerie ? »

— Parfaitement vrai, me répondit-on ; — mais ils n'ont pas pu faire autrement.

— Expliquez-vous ?

— Rien n'est plus simple. — Sans son infamie, M*** aurait perdu telle somme; — sans sa platitude, A*** n'aurait pas gagné telle autre somme; — sans sa coquinerie, C*** se serait mal mis dans l'esprit de R***, qui peut lui faire gagner de l'argent. — Vous voyez bien « qu'ils n'ont pas pu faire autrement. » Ce sont néanmoins des gens d'honneur, dit-on.

Anciennement, les règles de l'honneur étaient difficiles, fatigantes et onéreuses; l'homme d'honneur devait être fidèle à sa parole; préférer l'intérêt public au sien propre; — ne jamais mentir ni tromper;—et enfin ne pas endurer un affront.

C'est-à-dire que si le courage, — c'est-à-dire l'action de préférer trois ou quatre choses à sa propre vie, — était le plus fort ingrédient dont se composait l'honneur, il y entrait une forte dose d'honnêteté, une dose égale de justice, et au moins une pincée de chacune des autres vertus morales.

Il faut dire qu'alors, si nous lisons les vieux auteurs, le monde était plein de dragons, de géants, d'oppresseurs de toutes sortes, et que, pour dompter et détruire ces monstres, il y avait besoin de parfaits chevaliers errants.— Mais aujourd'hui que les dents et les griffes des dragons ont depuis longtemps jonché la terre; aujourd'hui qu'il n'y a plus de demoiselles captives tenues ès tours par des géants, ni d'oppresseurs d'aucun genre, à ce qu'on dit, on a dû modifier les règles de l'honneur et le rendre plus commode et plus portatif,—ainsi qu'on a fait à l'usage de la massive argenterie de nos ancêtres, — capital endormi et improductif, — ainsi qu'on a fait de leurs armes pesantes.— La recette de l'honneur moderne est donc changée : — le courage, c'est-à-dire la résolution de recevoir au besoin des coups de pistolet, en forme toujours la base; mais il n'y entre plus qu'une très-faible dose d'honnêteté et point du tout de justice. — On ne méprise plus que les vices platoniques, — c'est-à-dire ceux qui ne rapportent pas d'argent, — parce qu'alors seulement on est censé avoir agi d'après son libre arbitre.

LES SORCIERS.

Il me prend une grande pitié des pauvres devins, sorciers et nécromanciens, contre lesquels le ministère public déploie depuis quelque temps de remarquables rigueurs. — Je me hâte de dire ici que je ne me charge pas toujours d'expliquer certaines austérités, je ne me permets pas d'exprimer ici le moindre blâme. — Je cause un moment, et voilà tout.

Il y a eu le même jour, dernièrement, trois condamnations que voici : Danjou a été condamné pour pain vendu en surtaxe et pour défaut de pesage; — le premier délit lui coûte onze francs, et le second deux francs.

Antoine Boyer, qui a vendu du vin falsifié, payera six francs d'amende.

Foisol, saltimbanque, convaincu d'avoir tiré les cartes et prédit l'avenir, n'en sera pas quitte à moins de quinze francs.

Danjou a vendu du pain trop cher et à faux poids; Boyer a vendu du vin falsifié, du vin qui n'était pas du vin, c'est-à-dire qu'il a vendu l'eau de la Seine colorée avec des baies de sureau et d'hièble. Danjou a obligé peut-être toute une famille pauvre à se rogner les portions d'un pain qui n'est peut-être pas quotidien. — Pour Boyer, *perfidus caupo*, on venait chez lui chercher pour quelques sous une bouteille de force et de courage, un litre d'oubli et de gaieté. On a bu la boisson hypocrite. — On n'a trouvé dans ses fallacieuses bouteilles ni force, ni courage, ni gaieté, ni oubli.

Je suis sûr d'avance que la marchandise de Foisol a été plus loyalement livrée. — Que demandait-on au tireur de cartes, au nécromancien, en plein air ? « Mon ami, lui disait-on, je m'ennuie du présent, j'y suis triste, pauvre, ridicule, abandonné. Ne pourrais-tu me vendre des rêves, des espérances, des illusions ? Trompe-moi, mon ami, fais-moi croire que je deviendrai riche, puissant, heureux, adulé. »
Il y a des gens qui prétendent qu'il suffit de croire à de hautes destinées pour y arriver, et les exemples, au besoin, ne manqueraient pas.

Et Foisol, à coup sûr, ne mélangeait à ces pratiques les prédictions heureuses d'aucun malheur; il ne les chicanait pas sur la mesure ni sur le poids des espérances qu'il leur faisait donner par l'as de trèfle et le valet de cœur, — argent et amour. — Si par hasard il apparaissait dans votre jeu la dame de carreau, cette « méchante femme, » ou le neuf de pique, cette grande tristesse, il ne se faisait aucun scrupule d'obliger avec un peu d'adresse l'as de carreau à paraître un peu plus tôt qu'il n'y songeait, et à vous annoncer une lettre favorable qui déjouerait les intrigues de la rousse Rachel.

Si vous partiez de chez le boulanger en supputant combien exigus seraient les morceaux de pain à distribuer à vos petits qui vous attendaient sur le palier du dernier étage de l'escalier, comme les oiseaux sur le bord d'un nid au haut d'un arbre; — si vous sortiez de chez le marchand de vin la bouche mauvaise, le cœur affadi, l'esprit plus triste que lorsque vous y étiez entré, vous aviez, en quittant la baraque de Foisol, un sourire de confiance qui restait encore empreint sur vos traits jusqu'au coin de la rue ; vous portiez légèrement le présent en songeant à l'avenir qui se levait à l'horizon, paré, comme le soleil du matin, des fraîches couleurs de la rose et du lilas. — Que d'heureux mensonges, d'espérances, de rêves, Foisol vous avait donnés pour votre argent ! — Il vous avait fait bonne mesure. Si j'avais aujourd'hui quelque chance d'être écouté favorablement des sévères organes de la justice, je leur dirais : « Ayez un peu d'indulgence pour ces marchands d'espérances ; faites semblant de ne pas voir leur piètre industrie ; si vous saviez tout ce qu'ils promettent et tout ce qu'ils font croire pour deux sous ! Ces promesses, direz-vous, ne se réaliseront pas ; ces croyances seront trompées. — Ah ! monsieur, faut-il retrancher de la vie tout ce qui fait des promesses menteuses ? — L'amour vous a-t-il, par hasard, donné tout ce qu'il vous avait promis ? — Avez-vous fait vos comptes avec l'amitié ? — Cette rigidité même que vous apportez dans l'exercice de vos respectables et utiles fonctions, êtes-vous bien sûr qu'elle vous rapportera ce que vous en avez le droit d'attendre ? Rien n'arrive dans la vie ni comme on le craint, ni comme on l'espère. — D'ailleurs, combien de personnages illustres que vous ne pourriez blâmer, pas plus que je ne l'oserais moi-même, ont demandé à ces douteux prophètes de caligineuses révélations ! — L'empereur Napoléon Ier était, disent les Mémoires du temps, assez superstitieux, et il est sinon vrai, du moins de notoriété publique, qu'il consultait mademoiselle Lenormand, cette sibylle de la rue de Tournon. Cela n'a nui ni à lui ni aux siens.

16

« Ah ! monsieur, regardez autour de vous, dans les affaires de tous genres, dans l'industrie : Foisol est encore un de ceux qui nous trompent le moins. »

LES PRINCES ET LES POETES.

Les hommes puissants sur les choses matérielles, les *grands*, comme on disait autrefois, ont une destinée qui n'est pas sans analogie avec la destinée des poëtes, mais en sens contraire. Le poëte, l'écrivain de génie, honoré, admiré au loin, est envié à la fois et méprisé autour de lui ; ses parents, ses amis, n'adoptent qu'après une vive résistance l'opinion, à son égard, du public éloigné. — Et, comme disait un Latin : « On les adore où ils ne sont pas, on les brûle où ils sont. » Les grands, au contraire, ahuris d'adulation, étouffés par l'encens de ceux qui les entourent, sont, au loin, vilipendés et quelquefois calomniés.

PLAIDOIRIE EN FAVEUR DU PIANO.

Les plaintes qui s'élèvent contre les pianos en sont arrivées à faire presque autant de bruit que les pianos eux-mêmes ; de telle sorte qu'il devient aussi urgent de faire cesser les plaintes que de faire taire les pianos.

Il est légitime, cependant, de défendre le piano, et je me nomme d'office son avocat, décidé, cependant, à ne plaider en sa faveur que les circonstances atténuantes.

Le piano est, — après tout, — le seul instrument qui ait

le sens commun, — le seul, sur lequel on puisse faire plaisir aux autres sans avoir un grand talent ; — le seul, sans exception, au moyen duquel on se fasse plaisir à soi-même ; le seul après l'orgue, et longtemps après, par exemple, qui soit un orchestre. — En effet, les instruments à vent, — tels que le basson, le cor, dont on ne peut jouer cinq minutes sans devenir violet, et sans que les yeux exorbitants semblent prêts à s'élancer de la tête, comme un noyau de cerise pressé entre deux doigts, ne paraissent pas procurer un grand plaisir aux exécutants, et ressemblent à des instruments de torture. — On sait que la clarinette rend sourds ceux qui l'écoutent et aveugles ceux qui en jouent. — Tous ces instruments, et entre tous le violon, exigent que l'exécutant soit d'une force très-supérieure pour ne pas produire des sensations très-désagréables aux auditeurs. — Le violon surtout, cet instrument dont il faut dompter les aigres rébellions, le violon, cet instrument malgré lequel on joue tandis qu'on joue des autres ou sur les autres, — le violon dont on n'est jamais bien sûr qu'il ne fera pas entendre, quoique vaincu, quelque grincement de cordes en signes de colère ; tous ces instruments ne permettent pas la médiocrité, et l'extrême talent même est mêlé pour moi d'une sensation désagréable. — Quand je vois un lièvre tirer un coup de pistolet, un chat jouer aux dominos, un chien me dire l'avenir, il m'est impossible de ne pas songer au nombre de coups de fouet dont a été émaillée la route de cette science. — En écoutant de même un exécutant célèbre, immense pianiste, violon extraordinaire ou autre, — je me retrace quels supplices il s'est infligés à lui-même pendant de longues années avant de pouvoir se faire entendre en public. Si j'entends un exécutant médiocre, je m'arrange pour ne pas l'entendre longtemps ; mais comme, au résumé, c'est encore le plus grand nombre, au grand détriment des auditeurs, il s'ensuit que la musique est en général quelque chose qui se passe entre exécutants et exécutés.

Pour le piano, au contraire, je déclare hautement que les plus grands plaisirs qu'il m'ait donnés venaient de gens qui jouaient du piano comme on cause, et qui n'étaient nullement virtuoses ; — je citerai entre autres mon bon et si regrettable Tony Johannot ; — il faut excepter mon père, qui était un pianiste célèbre, quoique gracieux et fécond compositeur ; mais il avait sur le piano des idées particulières à la vieille école allemande, qui avait trouvé le clavecin, espèce de très-grosse guimbarde, et en avait fait le piano.

Il disait : « Il ne faut faire sur un instrument de difficultés que celles que l'on surmonte, tellement que les auditeurs ne soupçonnent pas qu'il y a une difficulté.— Quand j'entends, disait-il, que l'on m'applaudit sous prétexte d'une difficulté vaincue, je me dis : « C'est qu'elle n'est pas assez vaincue. » Tant qu'on pense à moi, même pour m'applaudir, je ne suis pas content ; je veux qu'on ne pense plus qu'à la musique, — c'est-à-dire qu'on oublie le piano, le pianiste, un peu la terre, un peu la vie, et que les âmes de mes auditeurs se laissent bercer voluptueusement. Je ne suis tout à fait content de moi que lorsque je vois des visages éclairés d'enthousiasme, des yeux humides et un oubli profond de ma présence ; — ces jours-là, celui qui, le dernier, m'adresse son compliment, est celui auquel je crois avoir fait le plus de plaisir, — à moins qu'il n'y en ait un qui s'en aille en pleurant, sans rien me dire. »

Mon père ne s'occupait pas de faire beaucoup de notes à l'heure ; il voulait que le piano eût, non un son, mais une voix. — Il disait quelquefois, en entendant certaines mains rapides courir sur les claviers : « Toutes ces notes semblent des cris de douleur que pousse le piano lorsqu'on le bat ; chacune de ces notes crie : « Je suis du bois, je suis du bois. » — Eh ! parbleu ! on le sait bien, et c'est surtout ce qu'il s'agit de faire oublier. »

Quand mon père jouait du piano, on se laissait aller au plaisir de la musique. — Ce n'était que le soir, en s'en allant, qu'on pensait que cette musique était produite par un piano. — Ce n'était que le lendemain qu'on se disait : « Il faut pourtant que ce soit un pianiste très-habile que j'ai entendu hier. »

Le piano est encore le seul instrument sur lequel on trouve de la musique. — Et, lorsque ses doigts erraient sur le clavier, il semblait y cueillir de gracieuses mélodies, comme lorsqu'en se promenant on cueille des bluets et des coquelicots sur la lisière des blés jaunis.

Il en est de la musique comme du style. — Quand on dit d'un écrivain qu'il a un style châtié, c'est un signe certain qu'il ne l'est pas assez. — Quand vous voyez la trace de la lime, c'est que l'objet qui a gardé cette trace n'est pas assez limé. Si votre lecteur dit : « Comme cet homme prouve bien ce qu'il veut prouver ; » ne vous enorgueillissez pas, votre triomphe est incomplet. — Vous n'aurez un succès de bon aloi que si votre lecteur persuadé est de votre avis sans songer que vous existez.

Après cette plaidoirie en faveur du piano, faisons un résumé.

(A propos de résumé, je lis tous les jours dans les journaux de tribunaux : *Après le résumé impartial du président*, etc.) — Si le journaliste croit faire aux magistrats un compliment délicat, je ne suis pas fâché de lui dire ici qu'il se trompe vigoureusement. Un résumé fait par un président de cour d'assises, si ce résumé n'était pas impartial, serait un crime plus grand qu'aucun de ceux que ladite cour est appelée à juger, et le président serait un infâme coquin. Il n'est donc pas permis d'avoir assez cette pensée qu'il en pouvait être ainsi pour qu'on se croie en droit de remarquer et de louer le contraire.

Selon moi, le plus grand crime social qui se puisse commettre est celui d'un juge prévaricateur. — Eh quoi! chacun des membres de la société dit au magistrat : — « Je te donne la force morale et la force physique; tu auras la majesté et la puissance, tu parleras au nom de Dieu et de la justice, son plus bel attribut : tu auras derrière toi et avec toi la force armée, les prisons, les cachots, les chaînes, le bourreau et la guillotine, » et cet homme se servirait de tout cela pour autre chose que pour la justice ! Cet homme emploierait cette puissance au bénéfice de ses passions et de son avidité ! Non, on ne doit jamais le supposer, sans cela la société croulerait comme un édifice bâti sans ciment, — et c'est un peu le supposer que de louer un magistrat d'être impartial. — Le tyran Cambyse fit clouer la peau d'un juge prévaricateur sur le siége où devait s'asseoir son successeur; — c'est le seul cas où je ne sois pas exaspéré par la cruauté, et je dis, en songeant à cette action de Cambyse : « Les tyrans ont du bon — comme les pianos. »

RÉSUMÉ.

Le plus grand inconvénient des pianos consiste, sans contredit, dans les pianistes. — S'il est douteux, souvent, que les pianistes célèbres fassent réellement plaisir, il ne l'est pas du tout que ceux qui sont en train de devenir des pianistes célèbres soient des ennemis publics.

Dans l'intérêt donc de tout le monde, du piano et des pianistes, il est temps de prendre un parti. — Au-dessus du bruit des concerts qui remplit Paris, il s'élève de toutes parts un concert de malédictions et d'anathèmes contre les pianos et surtout contre les pianistes.

Paris, qui a mérité d'être appelée *Pianopolis*, se dispose à secouer le joug. « Tout mauvais homme, dit le Turc, aura son mauvais jour ; toute tyrannie sera renversée ; — celle des pianistes est exorbitante, en ceci surtout, — que d'ordinaire ce sont les victimes qui ont la consolation de se plaindre et de crier, tandis que ce sont ici les tourmenteurs et les bourreaux qui font tout le bruit.

Il faudrait trouver quelque part une île pour y transporter tous les pianistes et ceux qui veulent le devenir, — il est peu important de demander que cette île soit déserte. — Si elle ne l'était pas, elle ne tarderait pas à le devenir ; j'entends parler des habitants indigènes qui s'enfuiraient bien vite ; puis elle serait aussi vite au moins assez peuplée par les pianistes présents, futurs, éminents et imminents.

Là, on battrait les pauvres pianos tant qu'on voudrait, et les pianos pourraient faire entendre leurs cris de détresse, leurs glapissements d'angoisses, leurs hurlements de douleur, que l'on veut faire passer pour des gammes et des exercices.

Tant qu'un pianiste ne serait pas immense, on ne lui permettrait, sous aucun prétexte, de sortir de l'île. Quand il serait immense et qu'il voudrait donner un concert, — on le transporterait à Paris, dans une voiture dite « panier à salade. » — Le concert fini, on le serrerait immédiatement dans le même véhicule, qui le reporterait dans l'île des Pianos à grande vitesse.

J'indique la seule voie de salut. — On en profitera, si on veut.

AVOIR RAISON TROP TÔT.

Quand on attaque avec des armes légères les manies et les vanités des hommes, ils ont bien vite fait de vous accuser de n'être pas un homme sérieux ; — ils exigeraient volontiers qu'on s'armât de pied en cap, et qu'on prît l'épée de Charlemagne et la lance de Rolland pour crever les bulles de savon que les enfants de tout âge gonflent avec un si comique sérieux. — Ils ne pardonnent pas de souffler dessus. — Je ne souffle dessus cependant, pour ma part, que lorsque les gens me soutiennent, en poussant dans leur chalumeau, qu'ils construisent des monuments impérissables, et qu'ils veulent me contraindre à élire mon propre domicile dans ces globes brillants et fragiles. — Pour ceux qui font tranquillement des bulles de savon pour s'amuser et pour regarder leurs harmonieuses couleurs, je ne les dérange pas. — On recommande souvent de respecter le malheur ; — et le bonheur donc ! c'est lui qui est rare, c'est lui qui est fragile, c'est lui qui a besoin d'être respecté.

Je dis ces choses à propos d'une lettre où l'on me reproche avec acrimonie les formes de la guerre que j'ai faite toute ma vie aux hommes méchants et aux choses mauvaises. — Ah ! celui-là, par exemple, il ne rit guère, c'est avec une cuirasse de fer et la framée antique à la main qu'il s'avance contre moi ; — il est si bien armé, qu'il en est un peu lourd. — Je lui demanderai la permission de continuer à ma manière. — Je refuse net de prendre une massue pour écraser les gros ballons gonflés de vent qui s'aplatissent si bien quand on les perce avec une aiguille.

— Les gens qui accordent tant de sérieux aux choses puériles ont coutume de n'en pas conserver assez pour les choses sérieuses.

Je dis ces choses aussi à propos d'un souvenir que fait naître en moi un mandement récent de l'archevêque de Paris contre l'*Univers* et le sieur Veuillot. — La forme légère donne le moyen et le droit d'avoir raison un peu plus tôt que les autres ; — l'esprit léger (on appelle quelquefois les esprits légers parce qu'ils s'élèvent), l'esprit léger qui marche en droite ligne a des chances d'arriver le premier et de gagner le prix de la course. — Il y a longtemps déjà, — dans une lettre adressée à l'archevêque précédent, le respectable Affre (*Guêpes* de mars 1843), je disais à propos de l'*Univers* et du même sieur Veuillot : « *Pour les besoins de l'église*, monseigneur, faites comme votre maître Jésus-Christ un *fouet de cordelettes*, et chassez ces gens-là du temple, pour qu'on n'abatte pas sur vous le temple lui-même ; » ce qui fut déclaré par ledit Veuillot *impie et léger*, — parce que je parlais en 1843 comme parle un autre archevêque aujourd'hui, en 1853 ; — parce que j'avais raison trop tôt, — parce que j'avançais de deux lustres et d'un archevêque.

Sérieusement, — les tartufes devraient se modérer et aller moins vite. — Que gagneraient-ils à détruire les religions ? — L'ombre périt quand le soleil se voile.

SUR LE BONHEUR.

Nous parlions tout à l'heure du bonheur : s'il faut respecter celui des autres, il faut également traiter le sien avec délicatesse.

Nous nous promenons dans la campagne, nous voici au bord d'une rivière derrière laquelle s'élève une colline verte. Une pente douce conduit à une petite maison cachée sous de grands rosiers dans lesquels on a dû découper les fenêtres. — Les rayons obliques du soleil couchant colorent splendidement la petite maison.

« Quel délicieux séjour ! nous écrions-nous ; quel bonheur de vivre dans cette petite maison et de n'en sortir jamais ! » Alors nous traversons la rivière, — s'il n'y a pas de bateau, nous nous jetons à la nage, — puis nous gravissons péniblement la colline. — Nous arrivons haletants, nous entrons dans la maison. Là, nous nous mettons à la fenêtre, — comme tout est changé ! — Le soleil, en face de nous, nous aveugle douloureusement. En abritant nos yeux avec la main, nous voyons la route monotone sur laquelle nous étions tout à l'heure. — Il y passe des charrettes chargées de fumier. — Puis, de l'autre côté de la route, des maisons pauvres, tristes, sales, et des cabarets peints d'une affreuse nuance de rouge. Nous ne voyons plus la colline verte, la maison épanouie, les rosiers en fleurs peints par le soleil couchant.

Pour que les choses qui nous paraissent belles et riantes ne changent pas d'aspect, il faut ne pas pénétrer, ne pas entrer au milieu d'elles ; — il faut rester en face, et le plus souvent les voir d'un peu loin.

Les bonheurs durables sont ceux entre lesquels et nous il y a beaucoup de chemin à faire, — ceux qui reculent à mesure que nous avançons.

> . . . . Le bonheur, c'est la boule
> Que cet enfant poursuit tout le temps qu'elle roule,
> Et que, dès qu'elle arrête, il repousse du pied.

LA VERTU DONNE SA DÉMISSION.

A tous ayants droit et intéressés, salut. Il est fait savoir que dans le grand combat qui dure depuis l'origine du monde entre le mal et le bien, entre le vice et la vertu, entre Arimane et Oromaze; le bien, Oromaze et la vertu viennent de se déclarer vaincus, et de demander grâce publiquement, officiellement, par la voix des journaux.

En effet, on lit dans les feuilles :

« M. le ministre de la police générale, sur la proposition de la commission spéciale établie auprès de son ministère, a décidé que le colportage des arrêts des cours d'assises, des histoires de brigands, des relations plus ou moins exactes de crimes de toute nature, serait interdit. La lecture de semblables écrits est sans utilité pour la morale, et peut exercer une mauvaise influence sur l'éducation publique. »

O vertu! on t'a accusée quelquefois, et avec raison, de te mettre à l'empois volontiers, d'être un peu aigre, un peu altière, un peu présomptueuse; — mais tu ne recevras plus, ô vertu! de semblables reproches; le malheur, ô vertu! t'a réduite à la modestie. — Te voilà modeste et humble, et tu dis au vice : « Vice, vice fort, vice puissant, vice vainqueur, ménage une pauvre vertu qui ne résiste plus qu'avec peine ; il y aurait de la lâcheté à toi d'attaquer une vertu faible et sans défense, une vertu découragée, une vertu fatiguée, une vertu essoufflée, une vertu aux abois. O vice, mon cher vice, contente-toi de cet aveu, n'abuse pas de ta victoire, — grâce pour moi, — comme dit Isabelle dans *Robert le Diable*. — Vice, mon salut n'est plus que dans ta mansuétude ; ô vice ! sois généreux, sois grand, sois miséricordieux, ou je suis... perdue.

« Je renonce à une lutte désormais impossible, — j'abdique ; je rentre désormais dans la vie privée, ou plutôt je régnerai, car, quand on a été un peu reine ou qu'on a cru l'être, on n'est plus bonne à autre chose, je régnerai incognito, clandestinement, sournoisement, sur ceux qui ne te connaissent pas, ô vice aimable ! ô vice irrésistible ! — Je régnerai comme certains évêques, — évêques *in partibus*, dont les évêchés sont au pouvoir des infidèles et des sauvages, — *in partibus infidelium*, — et qui courraient grand risque d'être mangés par leurs ouailles s'ils s'avisaient par hasard de leur vouloir porter le pain de la parole. — Laisse-moi, par pitié, ô vice ! un simulacre d'empire, abandonne-moi ceux que tu ne veux pas, le fretin du monde ; mais à ceux-là, ne te montre pas, ô vice ! car je ne puis soutenir ta présence victorieuse ; à ton aspect, je prendrai la fuite, sans résistance, car, pour te résister, il faudrait t'attendre, et, si je t'attendais... O vice ! je sais maintenant combien tu es aimable, combien tu es séduisant, combien tu es irrésistible, et moi-même, je succomberais peut-être à tes attaques. »

Ainsi parle la vertu par la voix des journaux.

Eh quoi ! en sommes-nous là, et la vertu est-elle en vérité sans défense, parce que le Veuillot est à Rome? Le vol et l'assassinat sont-ils si jolis en eux-mêmes, que le récit entraîne invinciblement ceux qui l'écoutent à pratiquer eux-mêmes le vol et l'assassinat?

Je comprendrais, à la rigueur, que l'on défendît de raconter ces crimes dont les auteurs sont restés ignorés et impunis; ces crimes dont les journaux ont dit: « La justice informe, » et dont il n'a plus été question depuis; ces crimes devant lesquels la justice humaine a été vaincue et a été obligée de recommander les auteurs à la justice divine et aux remords douteux. Mais le récit des triomphes de la justice, le récit des punitions, des expiations, est-il réellement si dangereux?

On raconte qu'un tel a crocheté une porte de telle façon, — qu'il est entré dans une maison armé de telle arme, qu'il a tué ainsi l'habitant de la maison, qu'il a enlevé l'argent et le linge, etc. — Puis il a été pris, emprisonné et jugé. — Voici le discours éloquent du ministère public; écoutez comme le ministère public flétrit le vice, le vol, l'assassinat. — Puis, le verdict du jury, la condamnation à mort; — la cassation, le recours en grâce, le sursis, tout est rejeté. — Voici le grand jour de l'expiation. Détails de la toilette du condamné; — on le porte sur l'échafaud, une tête roule sanglante, etc., etc.

Et vous pensez que l'impression qui reste dans l'esprit des lecteurs est celle-ci: « Ah! le gaillard avait là un nouveau et ingénieux moyen de crocheter les portes; je vais l'étudier. — Eh! eh! le marteau est un joli instrument pour assassiner; on néglige trop le marteau: j'essayerai du marteau à la première occasion! »

Vous comptez pour rien la prison, le jugement, la condamnation, la guillotine, et le discours du ministère public.

Oh! alors, l'homme est pire encore que je ne le croyais. Oh! alors, la société est encore plus malade qu'elle n'en a l'air. — C'est être vaincu que de refuser le combat.

Il me semble que cela est aussi par trop humble, et que cette décision de l'autorité a besoin d'être modifiée.

Je comprends très-bien ce qui y a donné lieu. — Les morceaux de papier qui se vendent au sujet des crimes sont rédigés par des écrivains spéciaux qui n'ont le plus souvent ni un grand talent, ni des vues très-élevées. On y donne en général au crime un air d'épopée, aux assassins et aux voleurs un vernis d'héroïsme qui fait que le lecteur peu éclairé s'intéresse à eux et prend volontiers parti contre la justice. — Mais je veux espérer encore que cela provient moins du fait que du récit, du criminel que du narrateur.

Il me semble même que l'exposé de ces drames où le crime est puni au dénoûment pourrait, au contraire, exercer une certaine influence sur l'éducation publique. Il s'agit seulement de faire en sorte que le rôle de la vertu soit aussi bien joué que le rôle du vice, que l'on ne confie pas le rôle du bien, le rôle d'Oromaze, à des saltimbanques sans talent, à des acrobates de tréteaux, à des doublures ridicules, mal grimées, et n'osant quitter le trou du souffleur, — quand le personnage du vice, d'Arimane, est confié aux premiers sujets.

Je n'ai pas la prétention d'être un grand clerc; mais donnez-moi un assassin et un assassiné, et je me fais fort de mettre l'intérêt sur le mort, et de rendre le meurtrier haïssable, et d'obtenir de mes lecteurs, comme vous du jury, un verdict de condamnation, et, qui plus est, « sans circonstances atténuantes. » Puis, pour ceux que, par impossible, je n'aurais pas réussi à faire prendre parti pour la victime, laissez-moi la description du supplice, — et si, dans l'auditoire que j'aurai, je laisse un seul homme sans l'avoir touché ou de pitié pour le tué et le volé, ou de haine contre le voleur et l'assassin, ou tout au moins de terreur de la justice, — alors, il faut déclarer la société dissoute, revenir aux glands des forêts, et reprendre l'arc et la massue.

Non, non, l'autorité a cédé trop vite à un mouvement de découragement; elle a jugé avec raison que les récits des crimes produisaient un effet désastreux, mais elle n'a pas pris le temps de voir que ce n'était pas le sujet des récits, mais la façon dont ils sont faits, qui amène le danger qu'elle constate.

Eh quoi! vous ne voulez pas qu'on raconte même les batailles où vous avez été vainqueurs, dans la crainte d'encourager vos ennemis!

Quand les Lacédémoniens faisaient paraître dans les repas des esclaves ivres, cela n'encourageait pas la jeunesse à boire outre mesure; loin de là, c'était une puissante leçon de sobriété. — Ils n'avaient même pas besoin de faire suivre cette exhibition de la punition des ivrognes et de les frapper de verges.

Non, non, ce n'est pas dans la publicité qu'est le mal; loin de là, je soutiens que c'est dans la publicité que serait le bien, le remède et le salut. Ne confiez pas la garde et la défense de la vertu à des eunuques sans courage, à des hypocrites sans conscience, à des tartufes, à des imbéciles.

Ne laissez pas surtout mettre au rang des crimes ce qui n'a de tort que de gêner l'ambition ou la vanité de certaines personnes; c'est un moyen d'amener des doutes sur les crimes réels dans les esprits sans vigueur et sans lumière.

Quand vous racontez un vrai crime, — peignez les misères, les angoisses du criminel, — ses terreurs, ses lâchetés ; — plaidez avec conviction, avec courage, avec talent, la cause de la victime.

Ne permettez pas qu'on fasse des mensonges pour donner à de vils coquins des proportions homériques. — Si quelques sots, jaloux d'avoir une part dans tout ce qui attire l'attention publique, veulent louer les talents de Lacenaire, l'esprit de Fieschi, et les charmes d'une empoisonneuse, faites répondre à ces sots, écrasez-les sous le poids de la vérité, du bon sens, de la raillerie ; au lieu de défendre la publicité, exigez-la, faites-la vous-même.

Eh quoi ! il n'y a pas de gredin, de filou, d'assassin, qui ne trouve un avocat pour plaider en sa faveur au moins les circonstances atténuantes, — et vous n'oseriez plus défendre la société, l'innocence et la vertu ! — Quand la loi ordonne la publicité des débats, vous demandez, vous ordonnez humblement le huis clos ! — N'êtes-vous donc pas certains d'avoir raison contre le crime ?

C'est une erreur, — elle est basée sur un fait vrai, le mauvais effet produit par les immondes papiers que vous avez laissé vendre jusqu'ici, — mais c'est une erreur. — N'abandonnez pas la partie, revenez de cette terreur panique, et retournons ensemble à l'ennemi.

1852. Sainte-Adresse.

QU'EST-CE QUE LA POLITESSE.

Un de ces derniers soirs, vers minuit, après quelques heures passées je ne sais pourquoi ni comment à la ville voisine, je rentrais chez moi, me confessant à moi-même que pendant toute la soirée on avait beaucoup parlé, mais que l'on n'avait rien dit; que j'avais eu tort de déroger à mes habitudes, que je m'étais parfaitement ennuyé, — et me promettant bien de ne quitter désormais ma solitude qu'à bon escient. J'ouvris la petite porte du haut de mon jardin, et, pénétrant sous les grands arbres, je fus enveloppé d'un suave parfum de chèvrefeuille. La lune éclairait certaines parties du jardin de sa douce et mélancolique lumière. Je me promenai quelque temps, puis j'entrai dans la pauvre vieille maison richement tapissée de verdure et de fleurs. Je n'avais pas sommeil, et il me vint une idée que je mis immédiatement à exécution : je fis en imagination des lettres d'invitation ainsi conçues :

M. A. K. vous prie de lui faire l'insigne honneur de venir parler chez lui quelques heures de la soirée.

Et j'adressai ces lettres :

A M. François Rabelais, curé de Meudon.
A M. Michel de Montaigne.
A madame la marquise de Lambert.
A lord Chesterfield.
A M. Luc de Clapiers, marquis de Vauvenargues.
A M. Jean de la Bruyère.

A M. Blaise Pascal.

A M. le duc de La Rochefoucauld.

A M. Jean-Jacques Rousseau, citoyen de Genève.

A madame Ducrest de Saint-Aubin, marquise de Sillery comtesse de Genlis.

A Georges Villiers, duc de Buckingham.

A Alexandre Pope.

A Jean-Wolfgang Gœthe.

A M. Charles Duclos.

A M. Sébastien-Roch-Nicolas Chamfort.

A M. François-Marie Arouet de Voltaire.

A M. Joseph Joubert.

A Jules César.

Et à quelques autres, car c'était une grande soirée que je voulais me donner, et ce n'était pas sans raison que j'avais choisi ces personnes entre mes nombreux amis. — Je désirais que la conversation roulât sur un sujet spécial, et j'avais rassemblé les gens qui pouvaient surtout élucider la question que j'avais en vue.

A une heure du matin, j'étais dans mon salon, les fenêtres ouvertes sur le jardin éclairé par la lune, parfumé par les ébéniers, les chèvrefeuilles et la glycine, qui tapissent la maison. On entendait le bruit du petit ruisseau si aimé des oiseaux, qui serpente sous l'herbe et va tomber dans la mare où les nénuphars étalent leurs larges feuilles; on n'entendait aucun autre bruit.

Tous mes invités furent exacts, excepté Jean-Wolfgang Gœthe, que j'ai imprudemment prêté il y a huit jours.

Ils ne vinrent ni en carrosse comme les riches, ni à pied comme les pauvres, ni sur des dragons comme les génies des contes, ni sur des manches à balai comme les sorciers. Je les apportai moi-même dans mes bras, et je les rangeai sur une table devant une fenêtre. Deux bougies nous éclairaient suffisamment.

Et je pensai que tout homme peut recevoir chez lui en robe de chambre, quand il lui plaît, les plus grands esprits de tous les temps et de tous les pays ; qu'ils viennent sans se faire prier, qu'ils restent autant qu'on le veut, qu'ils s'en vont quand on est fatigué, sans se fâcher, sans que cela les empêche de revenir.

Il n'y a pas besoin de leur rendre les visites qu'on en reçoit ; il ne faut pour les recevoir ni salons somptueux, ni soupers exquis, ni glaces, ni sorbets, ni punch glacé. Une petite table et une chandelle sont tous les frais et tous les préparatifs nécessaires.

Et ils viennent toujours de bonne humeur, toujours en verve, jamais éteints ni moroses. Vous les faites parler de ce que vous voulez ; jamais ils ne viennent inopportunément quand vous voulez être seul.

Au lieu de cette société si choisie, si illustre, si à vos ordres, il nous plaît à presque tous de convier le plus grand nombre possible de sottes, insignifiantes et malignes personnes, qu'il faut prier beaucoup et qui se font valoir, et auxquelles il faut rendre exactement leurs visites, pour lesquelles il faut imaginer des somptuosités plus ou moins ruineuses, ce qui n'empêche pas que les plus bienveillantes d'entre elles sont celles qui attendent à être en bas de l'escalier pour commencer à critiquer avec âcreté ceux qui les ont reçues de leur mieux, et, si par hasard, au milieu de cette cohue, il se trouve quelques gens de bon esprit et de bon cœur, on ne peut leur donner qu'une petite part de son attention, et eux-mêmes doivent également se diviser.

D'ailleurs, les hommes d'esprit vivants ont leurs mauvais jours, leurs jours de stérilité, de mauvaise humeur, de préoccupations, de chagrins, de découragements, que leur procure soigneusement la conspiration perpétuelle des petits esprits.

Ma foi! vivent les morts!

Voilà donc tout mon monde entré ; personne n'est fâché de ne pas avoir telle ou telle place et n'en manifeste de mauvaise humeur, et chacun ne parle qu'à son tour. Mais écoutez..... Au milieu du silence, trois notes pleines, vibrantes, se font entendre : c'est le rossignol qui entonne l'hymne de la nuit; personne n'est jaloux du rossignol, comme on le serait, dans un salon, du virtuose qui accaparerait l'attention.

Rien ne m'empêcherait d'avoir sur la même table un pot de bière, un verre et une pipe pour nous tous.

Le rossignol se tait, le murmure doucement monotone du ruisseau continue à se faire seul entendre. — Je n'ai pas eu besoin de demander des nouvelles de leur santé à mes chers camarades : c'est toujours autant de banalités d'épargnées. Je prends audacieusement la parole le premier :

« Mes chers amis, je vous ai réunis ce soir, non par un vague désir de votre entretien que j'ai quelquefois, non par un besoin que j'ai rarement de me reposer du papotage vide de certains vivants, mais pour vous prier de m'éclairer sur un point qui me chagrine l'esprit. Depuis quelque temps je suis singulièrement choqué des progrès que fait l'incivilité dans la société. Il me semble que les Français, qui ont dû une partie de leur prééminence dans le monde à leur exquise politesse, sont en voie de redevenir sauvages; ils en sont déjà à la grossièreté. Je suis frappé de tout ce que l'absence de civilité ôte aux relations; la civilité est donc une chose plus sérieuse qu'on ne le croit; je voudrais avoir votre sentiment à ce sujet. »

LA BRUYÈRE. « Il me semble que l'esprit de politesse est une certaine attention à faire que, par nos paroles et par nos manières, les autres soient contents de nous et d'eux-mêmes... La politesse n'inspire pas toujours la bonté, l'équité, la complaisance, la gratitude; elle en donne du moins les apparences et fait paraître l'homme au dehors comme il devrait être au dedans... Il est vrai que les manières polies donnent cours au mérite et le rendent agréable, et qu'il faut avoir de bien éminentes qualités pour se soutenir sans la politesse. »

LA ROCHEFOUCAULD. Allons donc! « la civilité n'est qu'un désir d'en recevoir et d'être estimé poli. »

LORD CHESTERFIELD. Eh quoi! les Français en sont-ils là? Moi qui écrivais : « Que de défauts ne couvre pas souvent la politesse enjouée et aisée des Français. Bon nombre d'entre eux manquent de sens commun, il y en a encore plus qui n'ont pas même le savoir ordinaire, mais, en général, ils réparent si bien ces défauts par leurs manières, que ces défauts passent presque toujours inaperçus. J'ai dit plusieurs fois, et je le pense réellement, qu'un Français qui joint à un fond de vertu, d'érudition et de bon sens, les manières et la politesse de son pays, a atteint la perfection de la nature humaine. Si vous n'avez pas la politesse, qualités, vertus, talents, ne vous serviront de rien. La politesse est le résultat de beaucoup de bon sens, une certaine dose de bon naturel, un peu de renoncement à soi-même pour l'amour d'autrui, et en vue d'obtenir la même indulgence. »

ROUSSEAU. « Hypocrisie que tout cela! Votre politesse tient plus du vice que de la vertu; si vous avez un bon cœur, vous serez toujours assez poli; si vous n'avez qu'un mauvais cœur, vous n'avez qu'un moyen d'être utile aux autres, c'est de le leur laisser voir pour qu'ils s'en puissent défier. »

LA MARQUISE DE LAMBERT. « La politesse est un des plus grands liens de la société, puisqu'elle contribue le plus à la paix ; elle est une préparation à la charité et une imitation de l'humilité. La politesse est l'art de concilier avec agrément ce qu'on doit aux autres et ce qu'on se doit à soi-même. »

JOSEPH JOUBERT. « La politesse est la fleur de l'humanité. Qui n'est pas poli n'est pas assez humain. »

« La politesse est une sorte d'émoussoir qui enveloppe les aspérités de notre caractère, et empêche que les autres n'en soient blessés. »

« La politesse est à la bonté ce que les paroles sont à la pensée. »

MONTAIGNE. « J'ai esté assez soigneusement dressé en mon enfance et ay vescu en assez bonne compagnie pour n'ignorer pas les lois de nostre civilité françoise, et en tiendrois eschole. I'ayme à les ensuyvre, mais non pas si couardement que ma vie en demeure contraincte. — I'ay veu souvent des hommes incivils par trop de civilité et importuns de courtoisie. C'est au demourant une très utile science que la science de l'entrengent. Elle est, — comme la grâce et la beauté, — conciliatrice des premiers abords de la société et familiarité. »

JULES CÉSAR. « Ce que je puis dire avec certitude, c'est que, dans mes luttes quelque peu ardues, j'ai dû une grande partie de mes succès à certaines vertus de second ordre — *leniores virtutes*, — telles que la civilité, la complaisance et le désir d'être agréable aux gens. »

MADAME DE GENLIS. « La politesse n'est pas une chose frivole; elle a, dans tous les temps, contribué à la célébrité des peuples qui l'ont perfectionnée. L'urbanité des Athéniens, après tant de siècles écoulés, nous paraît encore un titre de gloire, et l'*atticisme* sera toujours une épithète flatteuse dans un éloge. »

DUCLOS. « La politesse est l'expression de l'imitation des vertus sociales ; les vertus sociales sont celles qui nous rendent utiles et agréables à ceux avec qui nous avons à vivre. Un homme qui les posséderait toutes aurait nécessairement la politesse au souverain degré. »

CHAMFORT. « En parcourant les mémoires du siècle de Louis XIV, on trouve, même dans la mauvaise compagnie de ce temps-là, quelque chose qui manque à la bonne compagnie d'aujourd'hui. »

PASCAL. « Tous les hommes se haïssant naturellement, il a bien fallu faire à l'usage de la société et pour la rendre possible, une sainte image de la charité : on l'appelle civilité. »

> VOLTAIRE. La politesse est à l'esprit
> Ce que la grâce est au visage;
> De la bonté du cœur elle est la douce image.

M. *** (un monsieur qui a écrit, je ne sais où ni quand, un *Guide de la politesse*. — Ce petit volume s'est trouvé, je ne sais comment, sur la table parmi les autres) :

« Exemple de politesse : Un *monsieur* se présente le chapeau à la main, et, s'avançant vers la *personne*, salue avec grâce et respect. Dès qu'il lui voit faire le mouvement de chercher un siége pour le lui offrir, il s'empresse d'aller le chercher lui-même (une chaise de préférence) ; il la place du côté de la porte d'entrée et à quelque distance de la *personne*. Il ne s'assied que lorsqu'elle est assise... »

RABELAIS. « Mon amy, ie n'entendz point ce barragouin;

ie croy que c'est languaige des antipodes, le dyable ny mordrayt mye. »

M. *** *continuant* : « Et, tenant son chapeau au-dessus des genoux, garde un maintien décent. Il serait de mauvais ton de se débarrasser de son chapeau et de sa canne avant que la *personne* vous ait invité à le faire ; encore il est bien de présenter quelque résistance et de ne céder qu'à la seconde ou troisième sommation. Le chapeau se place sur le bas d'une console. Beaucoup de personnes de bon ton le mettent sur le parquet, ce que la maîtresse de la maison ne doit pas souffrir... »

LE MAITRE DU LOGIS. Dites-moi donc quelque chose, marquis de Vauvenargues.

VAUVENARGUES. « Les hommes, ennemis nés les uns des autres, ont imaginé la bienséance pour donner des lois à la guerre incessante qu'ils se font. Si les hommes ne se flattaient pas les uns les autres, il n'y aurait guère de société. »

POPE. « La vertu chez les hommes durs ou grossiers est une pierre précieuse qui, mal enchâssée, perd une partie de son éclat. »

DIDEROT. « J'ai connu un homme qui savait tout, excepté une chose : dire bonjour et saluer. Il a vécu pauvre et méprisé. »

BUCKINGHAM. « Si je me suis élevé au faîte de la faveur et de la puissance, ce n'est pas tant,—on avoue ces choses-là quand on est mort,—par mon mérite que par mes manières polies et gracieuses, et jamais je n'ai paru un si grand ministre à mon maître Jacques que la première fois que je lui ai écrit à la fin d'une lettre : « Votre esclave et votre chien, — *Your slave and dog.* »

RABELAIS. « Pouah ! en deux mots, autant de salauderies comme il y ha de poils en dix huyct vaches. »

M. *** « Il ne faut pas couper son pain, mais le rompre. Quand vous avez mangé un œuf à la coque, vous devez briser la coquille. — Vous... »

Je pris M. *** et le jetai sous la table.

Le rossignol recommença à chanter, puis tout retomba dans le silence. La soirée était finie ; il n'y eut ni bruit de voitures, ni confusion pour chercher les manteaux et les chapeaux. Mes hôtes, renfermés dans leur maison de maroquin et de parchemin, avaient été poussés dans un coin. Je repassai dans mon esprit les deux moitiés de ma soirée, et je me dis encore : « Ma foi ! vivent les morts ! »

Décidément on ne vit pas assez avec les morts ; s'ils sont une agréable et instructive société pour le solitaire ou le philosophe, ils pourraient, dans beaucoup d'autres situations, apporter d'immenses avantages.

Un roi digne de ce nom, ne voyant pas dans ce titre une bonne place qui lui permette de bien vivre au gré de sa vanité et de ses autres menues passions, trouverait pour lui et pour le pays qu'il aurait à gouverner, un grand bénéfice à appeler plus de morts que de vivants dans ses conseils. Certes, Montesquieu, Rousseau, et les historiens, lui fourniraient d'aussi bons avis qu'il en pourrait trouver dans tout son royaume, et ces morts ne seraient ni trompés ni entraînés par la tyrannie de leurs passions, de leur ambition, de leur avarice personnelles. Mes réflexions, comme on voit, commençaient à m'emmener assez lestement dans les vastes champs de l'utopie et de l'invraisemblance ; ma pensée devenait vague et s'acheminait aux rêves ; aussi ne tardai-je pas à m'endormir. Je me réveillai aux chants des fauvettes, comme je m'étais endormi aux accents du rossignol, et, en faisant une visite du matin aux hôtes de mon jardin pour voir si quelque plante avait soif, ou avait besoin d'être débarrassée de quelque ennemi, et aussi quelle fleur nouvelle s'était épanouie aux premiers rayons du jour, je songeai à la conversation de la veille. J'étais édifié sur ce que je voulais savoir, mes impressions ne m'avaient pas trompé : la politesse n'est pas une puérilité, une chose sans importance.

Après les lois pour la sûreté, il a fallu imaginer la politesse pour l'agrément de la vie. La politesse se divise en deux parts : l'une qui peut se diviser et qui est toute comprise en quelques mots : « Ne faites pas à autrui ce que vous ne voulez pas qui vous soit fait ; faites à autrui ce que vous voulez qui vous soit fait. Demandez à la raison ce qu'il faut éviter, au cœur ce qu'il est bon de faire. »

L'autre part est moins importante. Les gens de loisir et d'éducation, les gens surtout qui se sont déclarés eux-mêmes et exclusivement la bonne société, ont voulu se reconnaître à certains signes, ils ont imaginé certaines grimaces, certain argot. On peut, à la rigueur, ignorer ces choses ; cependant il est plus commode de les connaître. Certes, il y a à parier qu'une chose acceptée par tout le monde est une sottise ou au moins une banalité ; mais braver certains usages établis, c'est se déclarer ouvertement plus sage que les autres, et c'est ameuter contre soi beaucoup de malveillance inutilement. S'il est puéril de se soumettre à tous les usages, il est ridicule de ne se soumettre à aucun.

Mais il est des cas où l'usage n'a rien à faire.

Lorsqu'en 1683 le roi de Pologne Sobieski eut forcé les Turcs de lever le siége de Vienne, l'empereur Léopold, qui s'était éloigné de cette capitale, y rentra alors et exprima le désir de voir Sobieski. Mais il s'éleva de longues contestations entre les courtisans ; il s'agissait de bien préciser quel serait le cérémonial de l'entrevue, et comment l'empereur pouvait recevoir un roi électif.

— A bras ouverts, dit un officier, puisqu'il a sauvé l'empire.

Il est des tyrannies de l'usage contre lesquelles il est bon de protester. *C'est l'usage* n'est pas, quoi qu'on en dise, une réponse péremptoire à tout. Dans les petites choses, ou plutôt dans les choses indifférentes, vous aurez plus tôt fait de vous soumettre à l'usage que de prendre la peine de réfléchir, de discuter et de combattre; mais, dans les choses respectables, il faut se réserver le droit d'examen, et ne pas vous rendre à ce jugement souvent sans appel dans le monde : *c'est l'usage*.

Demandez à quelque sauvage pourquoi il mange ses ennemis; il vous dira : « C'est l'usage. »

Sans la politesse, on ne se réunirait que pour se battre. Il faut donc ou vivre seul ou être poli.

Nous sommes trois à table, deux hommes et une femme. On sert un poulet; naturellement nous avons tous trois envie de manger une aile. Sans la politesse, l'homme qui découpe commencerait par prendre une des deux ailes; l'autre homme saisirait la seconde. Si le troisième convive était un homme, il y aurait combat.

Mais, grâce à la politesse, nous commençons par servir une aile à la femme; chacun de nous a diminué de moitié ses chances de manger une aile, mais il est récompensé de ce sacrifice douteux par la vanité de passer pour un homme poli et bien élevé. Je vous offre la seconde aile, vous insistez pour que je **la** garde. Si je cède, c'est pour vous obéir; vous êtes un peu privé, mais vous n'êtes pas humilié, et vous gardez sur moi un avantage qui fait que vous me pardonnez la petite privation que je vous cause. D'ailleurs, je n'ai pas pris l'aile, vous me l'avez donnée, et je vous l'avais offerte.

Ce que je dis des ailes de poulets s'applique à toutes les relations.

SUR LES VIEILLARDS.

Les vieillards sont des amis qui s'en vont, il faut au moins les reconduire poliment.

C'est un très-bon signe en faveur d'un jeune homme quand les vieillards disent de lui qu'il est poli.

Nous devons honorer dans les vieillards au moins le point de ressemblance que leur donne leur âge avec nos parents.

Outre qu'il est utile de demander des avis aux vieillards, comme on demande sa route à un voyageur qui revient de de l'endroit où l'on va, c'est un moyen de leur faire plaisir, comme quand on donne au voyageur une occasion de raconter ses pérégrinations.

Le vieillard aime à croire que sa débilité est un perfectionnement, que ses infirmités sont des vertus, et que la force de l'homme est dans sa décadence ; mais il n'en est pas toujours assez sûr pour qu'on ne lui réjouisse pas beaucoup l'esprit en ayant l'air d'être de son avis à ce sujet. Un jeune homme a très-bonne grâce, dans ses entretiens avec un vieillard, à regarder sa séve exubérante comme une sorte de fièvre ou de gourme, — à montrer qu'il se croit au milieu d'un courant dangereux que le vieillard a traversé heureusement avant de se reposer sur l'autre rive.

Il faut rendre aux vieillards les mêmes soins qu'aux enfants, avec lesquels ils ont d'ailleurs beaucoup de points de ressemblance. Seulement, si vous aidez un vieillard à descendre un escalier ou à passer un ruisseau, il faut lui cacher la pitié, de façon qu'il ne prenne ce soin que pour une marque de respect. Si vous lui offrez votre bras dans un chemin malaisé, il faut qu'il puisse croire que c'est surtout pour l'écouter que vous réglez votre pas sur le sien, et que vous pensez que la vigueur qui abandonne ses jambes s'est réfugiée dans sa tête.

Laisser un vieillard heureux de sa vieillesse et fier de n'être plus jeune, est un des plaisirs les plus délicats que puisse se donner un bon cœur.

Donnez la mesure, dans vos rapports avec les vieillards, des égards que vous désirez rencontrer dans votre vieillesse, et établissez-y vos droits.

Ne pas honorer la vieillesse, c'est démolir le matin la maison où l'on doit coucher le soir.

Il ne faut pas attribuer à la vieillesse tous les défauts des vieillards :

Un vieillard qui radote est né radoteur, et a au moins été bavard dans sa jeunesse. L'on ne voit si rarement des vieillards aimables que parce qu'il est peu d'hommes qui le soient.

Il faut traiter les vieillards avec un mélange d'égards qui rappelle qu'il y a pour tout le monde dans le vieillard : un peu de père, un peu de magistrat, et un peu d'enfant.

Il faut tromper les vieillards sur les approches de la mort, comme le fait la nature. Voyez un jeune homme et un vieillard planter des arbres : le jeune homme plante des arbres tout venus et déjà forts, et c'est déjà beaucoup qu'il les plante ; il n'a pas le temps d'attendre. Le vieillard n'est pas pressé : il plante de très-jeunes arbres, et dit : « Ça me fera un joli couvert dans vingt ans. »

ALPHONSE LE SAGE, roi d'Aragon. — « Entre tant de choses que les hommes recherchent, il n'y a rien de meilleur que d'avoir de vieux bois pour se chauffer, de vieux vin pour boire, avec de vieux amis ou de vieux livres ; tout le reste n'est que babiole. »

MONTAIGNE. — « Il faut secourir et étayer la vieillesse. »

CHAMFORT. — « M***, connu par son usage du monde, me disait : — Ce qui m'a le plus formé, c'est d'avoir su aimer des femmes de quarante ans, et écouter des hommes qui en avaient quatre-vingts. »

FONTENELLE. — « J'avais quatre-vingts ans. Je m'empressai de ramasser l'éventail qu'une femme jeune, belle et mal élevée avait laissé tomber. Elle me remercia d'un ton dédaigneux : — Ah ! madame, lui dis-je, vous prodiguez bien vos rigueurs. »

Après avoir dit ce que l'on doit aux vieillards, il est peut-être permis de dire ce que les vieillards doivent à eux-mêmes et aux autres.

FLÉCHIER. — « Il est un âge où, quand même on ne serait pas sage, il faudrait faire semblant de l'être. »

JOUBERT. — « Deux âges de la vie ne doivent pas avoir de sexe : l'enfant et le vieillard doivent être modestes comme des femmes. »

Cette modestie, dont parle Joubert, doit être faite d'ignorance pour les uns et d'oubli pour les autres. Ce semblant, dont parle Féchier, doit consister non à faire des grimaces hypocrites, mais à se renfermer dans la sagesse, comme on reste chez soi quand on est enrhumé.

La religion est à la fois le faible et le soutien des vieillards. Le bœuf fatigué du labour s'appuie sur son joug.

LA ROCHEFOUCAULD. — « Les vieillards aiment à donner de bons préceptes, pour se consoler de n'être plus en état de donner de mauvais exemples. »

« Les défauts de l'esprit augmentent, en vieillissant, comme ceux du visage. »

« La vieillesse est un tyran qui défend, sous peine de la vie, tous les plaisirs de la jeunesse. »

« Peu de gens savent être vieux. »

Je le crois bien, ça n'est ni agréable, ni commode, surtout quand on ne réussit pas à se tromper soi-même, à se faire croire que ne plus digérer est de la sobriété, que ne pouvoir agir est le calme de la sagesse, que l'indifférence est de la vertu.

> Sur nos derniers instants avant l'heure fatale,
> La sagesse, versant ses lueurs, semble bien
> Briller comme la lune au rayon froid et pâle,
> Aux heures de la nuit où l'on ne fait plus rien.

Les vieillards ne doivent croire que l'appétit est une maladie, et la vigueur une faiblesse, que bien juste au point nécessaire pour se consoler eux-mêmes, mais pas assez pour témoigner du mépris à ceux qui ont de la vigueur et de l'appétit.

LA BRUYÈRE. — « Une trop grande négligence comme une excessive parure dans les vieillards multiplient leurs rides et font mieux voir leur caducité. »

JOUBERT. — « Il y a dans les vêtements propres et frais une sorte de jeunesse dont les vieillards doivent s'entourer. »

Le vieillard doit faire oublier qu'il a un corps. — La logique du langage appelle vieillards indifféremment les vieux hommes et les vieilles femmes. — Le vieillard sera plus heureux et plus considéré s'il se persuade bien qu'il est d'un troisième sexe.

Si les jeunes gens doivent songer qu'ils vieilliront, il est important que les vieillards n'oublient pas qu'ils ont été jeunes, et que ça n'était pas alors si facile d'éviter tout ce qu'ils appellent aujourd'hui des faiblesses et des vices.

Les vieillards ne doivent pas blâmer et décrier tous les plaisirs de la jeunesse, comme un buveur qui casse son verre après avoir bu, ou comme le voyageur égoïste qui trouble l'eau de la source quand il n'a plus soif.

GOETHE. — « C'est aux oiseaux et aux enfants qu'il faut demander si les cerises sont bonnes. »

Ne disons pas aux jeunes gens, mais ne laissons pas oublier aux vieillards que la vieillesse n'est pas nécessairement la sagesse ; que l'on n'est pas sage par cela seul qu'il y a longtemps qu'on est fou.

Apprenez à devenir vieux, et évitez de ressembler à ces fruits que le temps pourrit sans les mûrir.

Certains vieillards vantent continuellement le passé d'une façon désobligeante pour ceux qui vivent dans le présent. Ils nous donnent par là la preuve que, dans ce passé qu'ils louent, il y avait au moins des sots tout comme aujourd'hui.

Les vieillards, comme les femmes et les enfants, ne doivent pas abuser de leur faiblesse.

Le vieillard, pas plus que l'enfant, n'a le droit d'exiger que les autres s'amusent exclusivement de ses hochets.

MONTAIGNE. — « Puisque c'est le privilége de l'esprit de

se r'avoir de la vieillesse, ie luy conseille, autant que ie puis, de le faire : qu'il verdisse, qu'il fleurisse ce pendant, s'il peult, comme le guy sur un arbre mort. »

Les jeunes gens doivent rendre leur jeunesse parfois peu bruyante et agréable à visiter aux vieillards, pour qu'ils y viennent avec plaisir faire un tour de promenade.

Les vieillards doivent orner et égayer leur vieillesse de façon que les jeunes gens viennent volontiers s'y reposer quelques instants.

Un vieillard ne doit pas faire dire de lui *senescit et se nescit* : il vieillit sans avoir appris à se connaître.

Il ne sied pas au vieillard d'affecter de la fougue : c'est surtout en descendant l'escalier qu'on doit tenir la main sur la rampe.

Si vous ne pouvez éviter les rides du visage, évitez les rides de l'esprit. Disons aux jeunes gens que les hommes, comme le vin, deviennent meilleurs en vieillissant. Mais disons aux vieillards : « Prenez garde de devenir aigres. »

Il faut reconduire poliment l'ami qui s'en va, — disions-nous aux jeunes gens en commençant ce chapitre ; — disons aux vieillards :

« Un homme près de quitter son pays pour toujours ne doit pas passer les derniers instants de son séjour au milieu de ses amis à les gourmander, à les bouder, à les gronder sans cesse. »

Pour un vieillard, qu'il ait appartenu à l'un ou à l'autre sexe, c'est un si grand malheur d'être amoureux, que je ne songe pas à remarquer que c'est un très-grand ridicule; car, en fait d'amour, un vieillard ne sent plus son cœur que par la douleur.

Les femmes vieillies, qui, dans leur jeunesse et leur beauté, n'ont eu affaire, dans la vie, qu'à des juges corrompus, doivent se défier de déclarer les juges injustes parce qu'elles n'ont plus de quoi les corrompre.

MADAME DE LAMBERT. — Quand on ne pare plus les bals et les assemblées, il faut les abandonner. »

CICÉRON. — « Sophocle, à qui on demandait si, dans sa vieillesse, il regrettait les enivrements de l'amour, répondit : « L'amour? je m'en suis délivré de bon cœur comme d'un maître sauvage et furieux. »

LA FONTAINE. — « Fit-il pas mieux que de se plaindre? »

Il faut attendre que les hommes, que les femmes surtout, se soient eux-mêmes déclarés vieux, et qu'ils aient franchement arboré l'enseigne des vieux, avant de les traiter comme tels. J'ai vu deux femmes devenir ennemies mortelles parce que la plus jeune des deux affectait à l'égard de l'autre une grande humilité, une déférence continuelle et un respect profond, pour faire ressortir les trois ou quatre ans de différence qu'il y avait entre leurs deux âges.

Quand une femme est-elle vieille?

Une duchesse de la cour de Louis XV, qui n'était plus jeune, avait épousé un magistrat qui l'était encore. Cette union avait eu des suites plus que fâcheuses. Une amie de madame de *** saisit cette occasion de lui dire impunément des injures, et insista sur l'imprudence qu'elle avait commise en épousant un homme plus jeune qu'elle. « Madame, dit la duchesse, apprenez qu'une femme de la cour n'est jamais vieille, et qu'un homme de robe est toujours vieux. »

Madame Denis venait de jouer Zaïre chez M. de Voltaire.
— Un homme lui adresse quelques compliments.
— Pour bien rendre ce rôle, dit madame Denis, il faudrait être jeune et belle.
— Ah ! madame, vous êtes bien la preuve du contraire !

Lorsque nous étions enfants, mon cher frère et moi, — nous avions, dans la maison que nous habitions, trois camarades, dont deux étaient à peu près de notre âge et le troisième beaucoup plus jeune. — On nous avait menés quelquefois au Cirque-Olympique, et ce spectacle nous avait inspiré facilement beaucoup le goût du théâtre, un peu celui des batailles. De là à vouloir jouer la comédie nous-mêmes, il n'y avait pas un pas.—Ainsi, le dimanche, pendant que nos mères prenaient le thé au salon, souvent seules, parfois avec quelques amis, — nous nous donnions quelques représentations dramatiques. — Dès le matin, nous avions construit des sabres avec des lattes ; la poignée était recouverte de papier d'or et la lame de papier d'argent ou enduite de mine de plomb. — C'était tout ce que nous préparions de notre drame ; pour le reste, nous comptions sur l'inspiration. Généralement, avec les chaises et les rideaux que nous décrochions des fenêtres d'une grande salle qu'on nous abandonnait, nous faisions les décors. — Le théâtre représentait volontiers une caverne de brigands; — nous nous divisions en brigands et en voyageurs, et on imaginait les péripéties dans les coulisses. — Léon Gatayes et moi, qui étions les aînés, nous obtenions facilement les premiers rôles; — nos deux frères, plus jeunes d'un an, acceptaient les autres, et représentaient ou la troupe de brigands, ou la maréchaussée. — Le fond du drame était toujours un prétexte pour amener des combats au sabre. — Nous avions étudié avec assez de succès le fameux combat des quatre coups, si usité alors aux théâtres du boulevard; nous l'avions presque toujours répété dans la journée. — Le reste du drame, comme je vous l'ai dit, s'improvisait; — cette improvisation amenait quelquefois des difficultés. — Ainsi, fréquemment, au milieu d'un grand combat au sabre, il s'élevait entre Gatayes et moi, une discussion à voix basse.

LE VOYAGEUR, *haut*.—Ah! scélérat! tu attaques un voyageur sans défense; mais je vendrai cher ma vie. (*Bas.*) Tombe donc!

LE BRIGAND, *bas*.—Non, tombe plutôt toi-même. (*Haut.*) Eh bien! au plus fort et au plus brave; bourse et tes trésors. (*Bas.*) Tombe! tu verras ce que je dirai quand tu tomberas; ça sera superbe.

LE VOYAGEUR, *bas*.—Ma foi non! c'est toujours moi qui suis tué. (*Haut.*) Je veux purger ces forêts d'un monstre tel que toi.

Et, pendant ce double dialogue, le combat au sabre continuait avec acharnement et régularité.

Là n'était pas le plus grand inconvénient. — Le cinquième garçon, qui était plus jeune que nous, avait un rôle invariable : — il était le public, il était l'assemblée.— Jouer la comédie sans spectateurs n'était pas possible, — cela lui aurait enlevé tout son charme. Or, notre public s'était assez vite blasé sur nos représentations.— Il vint un moment où il n'en voulut plus entendre parler. Nous étions obligés d'avoir recours à toutes les ruses d'affiches imaginables pour obtenir qu'il voulût bien honorer de sa présence la représentation du soir. D'abord il s'était contenté de promesses vagues, — telles que : « Tu verras, ça sera très-beau ce soir; il y aura quelque chose à quoi tu ne t'attends pas. »

Mais il ne tarda pas à devenir plus exigeant ; — il fallut préciser davantage nos promesses : « Il y aura un grand combat.

— Ah bah ! disait le public, il y en a toujours des combats.

— Oui, mais cette fois les sabres seront d'or et d'argent. »

Une autre fois, nous lui promettions un décor nouveau, — ou un transparent sur lequel serait écrit : « Caverne de la Mort. » Bientôt il fallut passer à l'amorce indirecte. — Il ne voulait plus assister à nos spectacles pour les spectacles eux-mêmes. — Il fallait lui promettre des billes ou une toupie. — Plus tard, le public se montrant de plus en plus récalcitrant, nous fîmes entrer la menace dans nos moyens de l'appeler. — « Si tu ne viens pas, tu verras. — Quand tu voudras jouer avec nous, nous t'enverrons jouer tout seul. — Viens nous demander à jouer à la balle, tu verras comme tu seras reçu ! »

Puis, le public devenant encore plus difficile, nous arrivâmes au même degré que Néron, qui plaçait cinq mille soldats dans le cirque pour garder le public et *chauffer*

DE VÉRITÉS.

l'enthousiasme. — Nous menaçâmes notre public de lui casser son cerceau, et une fois ou deux même, j'en suis encore honteux aujourd'hui, nous essayâmes de l'intimider par la promesse de quelques taloches, s'il n'assistait pas à la représentation du soir. — Il n'est pas étonnant que ce public, malgré lui, profitât de tous les moyens pour échapper à notre tyrannie. — Dans les entr'actes, il se glissait au salon, s'asseyait sur un tabouret aux pieds de sa mère, et attrapait quelques gâteaux et quelques morceaux de sucre. — Il fallait, le plus souvent, aller le chercher, et trouver de nouveaux arguments pour le décider à venir voir l'acte suivant.

Il arriva même, un jour qu'il s'était enfui pendant un magnifique combat au sabre, que l'incertitude de la victoire prolongeait peut-être un peu trop, que nous allâmes le reprendre et l'enlever de force du salon, malgré les cris désespérés qu'il jetait en se cramponnant aux jupes de sa mère. Les parents intervinrent; notre public, sous leur protection, refusa formellement de rentrer dans la salle, et les représentations furent suspendues.

Je n'empêche personne de prendre ceci pour un apologue et de l'appliquer à la politique.

FIN.

POISSY. — TYP. ET STÉR. DE AUG. BOURET.

www.ingramcontent.com/pod-product-compliance
Lightning Source LLC
Chambersburg PA
CBHW071331150426
43191CB00007B/699